NESS

MA VÉRITÉ : DES MOTS ET DES MAUX

avec la collaboration de
Véronique Garcia

Casa éditions

Remerciements

Merci à Yves Bigot, Thierry Laval, François Tron, Éric Angioletti, Thierry Camas, Jean-Baptiste Jouy et Dominique Livet de m'avoir accordé de leur précieux temps et de s'être livrés sans langue de bois. Des entretiens tellement riches que l'on aurait pu en faire un livre.

Merci au réalisateur Olivier Megaton pour son témoignage.

Merci à Laurent Lavige et Lisa Ghalib pour avoir créé la rencontre avec Jean-Baptiste Gilou, mon éditeur, sans qui rien n'aurait été possible.

Merci à Véronique Garcia pour avoir supporté ma voix des dizaines d'heures, tout fait ressortir, pour m'avoir permis de passer au delà de la pudeur qui habite chacun et d'en extraire la structure. Merci Véronique de m'avoir jetée dans ce délicieux précipice qu'est l'écriture.

Merci à tous ceux qui ont jalonné mon parcours de vie, croisé mon chemin et qui m'ont tous appris quelque chose.

Merci à Ryad, fan de la première heure, pour ta disponibilité et ta fidélité.

Merci à François Darmigny pour tes photos, ton talent, tes conseils, ta bienveillance.

Merci à Philippe et Frédéric Charbonneau ainsi qu'à Karim Baila, mes frères de cœur, pour votre soutien permanent.

Merci à ma famille de Aïn Bordja et chacune des âmes de ce quartier de Casablanca. À ma fée, Nana, à mon ange Mehdi et à tous ceux qui ne sont plus là.

À mes amis aux quatre coins du monde, aux Ouazzani, Saad, Chemsedine, Said , Leila, Hicham,

Sonia Maria, Jacques, Hasna et les autres.

Merci à ma jolie fratrie, Khalid, Hicham, Sarah et Majda, mes quatre mousquetaires de sang.

Merci à mon Laurent Jourdan, compagnon de route, complice et soutien de chaque instant. À nos débriefings de vie, insolents et drôles jusqu'au bout de la nuit sur les terrasses de St Germain.

Merci à mes trésors de vie, mes miracles, mes filles Sofia et Anna pour tout ce que vous êtes.

A mes fils de coeur, Martin et Benjamin.

Enfin, à mon Général de coeur, mon père, et à ma mère, soeur de ma vie. A ces deux êtres exceptionnels qui ont fait de moi ce que je suis, m'ont soutenu et suivi dans mes folies, m'ont appris à aimer et à respecter l'autre. A donner avec les tripes et à regarder le monde avec le cœur.

Direction artistique : Martin Laignel
Maquette : Caroline Laleta Ballini / Studio So What Co., Ltd.

12 rue Mozart, 92110 Clichy
ISBN : 978-2-38058-223-9
Dépôt Légal : mars 2022

PRÉAMBULE

Décembre 1973 : Je m'appelle Nezha, maman le prononce Nezhia, j'ai trois ans, je suis une petite Marocaine de Casablanca. Née au milieu d'une grande famille, je baigne dans un immense nid d'amour.
Mon grand-père m'installe dans la voiture. Lui, c'est ma vie.
Je hurle. C'est un souvenir traumatique, une séquence sourde et obsédante, celle d'un déchirement.
Il essaie de me calmer, mais je bondis hors de la voiture, le visage en larmes, le souffle coupé. J'ai perdu les mots, je hurle, je ne sais pas pourquoi, je pressens au fond de moi que c'est un voyage étrange, un voyage sans retour, ou presque.
Je ne veux pas y aller, je ne veux pas quitter ma maison, mon paradis de Aïn Bordja.
Je ne veux pas quitter ma grand-mère, elle m'a allaitée, elle est comme ma mère.
Je ne veux pas quitter Miloud, qui est comme mon frère, je ne veux pas quitter mes dix très jeunes oncles et tantes. Ils sont mon univers.

À l'avant, maman pleure dans une tristesse étouffée… La voiture démarre et plus rien, le trou noir. Puis le souvenir d'un froid glacial, un peu comme des lames de rasoir sur mes joues rondes anesthésiées et qui, comme un premier baiser, marquent mes premières secondes en France.
Ce déchirement est le premier souvenir de mon enfance.
Le souvenir aussi d'une étrange sensation, celle de passer d'un brouhaha d'amour à un silence brutal, une déchirure, un vide que mes parents doivent remplir désormais seuls. Remplir un gouffre.
Le déracinement n'est pas matérialisable, il se vit dans sa chair, il est indescriptible.

Après plusieurs décennies d'amour avec ce pays qui est devenu le mien, je m'appelle Ness, pour le public et pour les professionnels, mais Nezha est toujours là, à l'intérieur de moi.

Nous cohabitons toutes les deux dans une double identité, à cheval sur une double culture, mais bien ancrées dans nos racines et dans les valeurs familiales et universelles qui nous ont été transmises. C'est en partie de cela dont je veux témoigner dans ce livre.
Un livre pour raconter combien les valeurs fortes et universelles sont le socle commun à toutes les réussites, y compris celle d'une petite fille d'immigrés.
Un livre pour remercier tous les parents qui, comme les miens, se sont sacrifiés, n'ont rien lâché et ont porté leurs enfants à destination de leur rêve ou de leur objectif, chacun à leur manière, chacun avec leurs mots.
Une histoire qui témoigne de tous les possibles pour tous, avec pour toile de fond le côté pile et le côté face de l'univers de la télévision.
Écrire l'histoire de la première femme arabe en *prime time* sur des chaînes occidentales majeures m'a été proposé à plusieurs reprises, mais écrire, ce n'est pas rien, et écrire sur soi n'est pas aisé pour moi qui ai passé ma vie à mettre en lumière les autres. J'ai toujours refusé, car je trouvais ça nombriliste et prétentieux. J'avais conscience d'avoir ouvert les portes à d'autres, mais pas suffisamment conscientisé le réel impact que cela avait pu avoir.
Puis le monde a changé, il s'est emballé dans une course folle à la division et à la haine. Devant mes écrans, je ne reconnaissais ni la France, ni ses valeurs. Oppressée par ce climat délétère, j'ai éteint mes écrans et accepté d'écrire pour livrer mon histoire.

Une histoire que je dédie à tous ceux :

- qui pensent que rien n'est possible ;
- qui ont oublié qui était la France ;
- qui crachent dans la soupe en ne tenant que les murs ;
- qui ont oublié la noblesse du mot « journaliste » ;
- qui alimentent la haine et créent la division ;
- qui ont organisé l'exclusion ;
- qui ont choisi le suicide social ;
- qui gouvernent à la Machiavel ;
- qui voilent les voiles ;
- qui pensent que la femme qui réussit a écarté les jambes ;
- qui se prétendent croyants ;
- qui ont choisi l'hypocrisie des discours ;
- qui ne retiennent rien des côtes obscurs de l'histoire ;
- qui, pour le pouvoir, sont prêts à tout faire basculer dans le noir ;

- qui ont tout sans s'en apercevoir ;
- qui ont oublié avoir des acquis qui n'existent nulle part ;
- qui bouffent le cerveau de nos gosses abandonnés dans le noir ;
- qui veulent répandre le sang pour s'approcher du mot « croire » ;
- qui n'ont plus confiance, ni en eux, ni en le pouvoir ;
- qui, pour le buzz et l'audience, font aux valeurs de la France un joli doigt d'honneur ;
- qui, dans les cités, ont oublié les vrais codes d'honneur ;
- qui crachent sur le père et giflent la mère ;
- qui renient leur histoire ;
- qui poussent la République à traiter ses gosses comme des bâtards ;
- qui détruisent les rêves ;
- qui bousillent les potentiels ;
- qui déshabillent les âmes ;
- qui pensent que le chtar fait partie du CV pour être un « bonhomme » ;
- qui usent et abusent de l'ignorance pour distiller les idées noires ;
- qui formatent les rêves et les pensées ;
- qui refusent la fatalité.

Moi, l'immigrée marocaine en France, je dédie mon histoire.
Celle d'une enfant qui a avancé avec la pression de la réussite que connaît chaque famille immigrée, car ceux qui restent au bled, eux, t'attendent au tournant si tu ne donnes aucun sens à ce lourd départ.

Je partage mon histoire comme un témoignage de tous les possibles. Comme un cri d'alarme à toutes les dérives. Je partage mon expérience pour que toi aussi tu y arrives. Je me mets à nu pour que tu te rendes compte que tout est un combat et que les batailles se gagnent.
La vie est un ring sur lequel tu rends les coups que tu reçois. Gagnant, perdant, peu importe car chaque round est une étape qui te mènera forcément à une victoire.

1

PREMIÈRE FEMME ARABE À LA TÊTE D'UN *PRIME TIME*

Il est tard dans cette nuit de décembre 2002 et je suis à la veille d'un tournage très spécial. J'aime travailler la nuit. Tout se désinhibe. C'est là que nous sommes totalement nous-même, libérés de tous jugements, de tous freins. La pensée s'affranchit de toutes les croyances pour se laisser glisser dans chacune de nos cellules. Elle se met à couler dans tous nos circuits.

La douceur de la pénombre, calme et silencieuse, me permet de me connecter totalement à moi-même. Son énergie est propice à la création sans limite, à l'hyper concentration et à la mémorisation, à la réflexion sans pollution interne ou externe. Elle réveille tous nos sens et nous rend complets et disponibles à notre écoute interne. C'est là que l'usine s'active. C'est là que la pierre devient diamant. C'est là que tout prend forme.

Je travaille toujours très tard les veilles de tournage. Je revois cent fois le conducteur, minute par minute. Je rédige mes fiches et les plateaux de lancement.

Le cerveau aime la répétition, c'est son sport favori et le résultat est à chaque fois étonnant. Il devient notre pilote automatique. Lorsque l'adrénaline est à son point culminant, notre subconscient prend alors le relais.

Une dernière cigarette avant d'éteindre l'ordinateur. Il est presque quatre heures du matin. J'allume la télévision, pour regarder un truc léger, un peu comme pour créer une coupure, une transition ou un bug dans le cerveau qui va lui permettre d'activer la mémorisation. Une sorte de sauvegarde ! J'ai besoin de ce pont entre le travail, la concentration et le sommeil.

07 h 00 : le réveil sonne.
J'ai la boule au ventre, un mélange de peur, d'angoisse et d'excitation suprême.
Je me lève, sans me douter à quel point cette journée va avoir quelque chose de fabuleux pour ce que l'on appelle « les gens comme moi ». Est-ce que je réalise à ce moment-là ce qui est en train de se passer ?
Non, pas vraiment, car j'ai toujours le même trac, la même peur, la même boule au ventre, le même stress, la même respiration, le même cœur qui s'emballe à chaque challenge, chaque mission, chaque pitch. Je fais tout avec la même énergie. Je serais incapable de faire autrement. J'ai été programmée comme ça.
Pas de petit-déjeuner, je ne petit-déjeune jamais.
Je réveille Sofia, ma fille, et, comme tous les matins, elle prend son bol de céréales, et, comme tous les matins, nous nous installons devant la télévision pour regarder Pingu. J'adore aussi Pingu, c'est pour moi l'un des meilleurs films animés au monde. J'aime son langage universel et la manière dont il aborde les sujets, même douloureux. La puissance du langage non verbal qui nous oblige à nous comprendre et que l'on n'utilise pas assez…

Je dépose ma Sofia à l'école, Je prends son énergie. C'est une petite fille comme on en rêve tous d'avoir. Intuitive, elle vous démasque, vous ne pouvez rien lui cacher !
Je me souviens d'être rentrée un soir après une journée difficile pour je ne sais quelle raison. Arrivée devant ma porte, je mets sur mon visage le masque qui dissimule les maux. Je rentre dans l'appartement, et elle se jette dans mes bras, alors que d'habitude elle me demande de sa petite voix : « Tu m'as atché quoi Maman ? », car j'ai pour habitude de toujours lui ramener quelque chose. Ce soir-là, elle s'est contentée de me regarder avec ses billes pleines d'amour et d'innocence et m'a dit : « Maman, tu es plus belle que la vie ! ».
Elle avait senti. Ses mots ont suffi à pulvériser la boule au ventre et le stress, qui ont paru si ridicules face à cet amour immense qu'elle m'offrait.

08 h 30, retour à la maison, au calme, et dernier petit rendez-vous avec moi-même pour mon rituel préféré : douche, masque et musique à fond ! La musique a ce don de toucher l'âme et ses vibrations ancrent de manière puissante le *mood* que vous voulez inscrire dans votre mental.
Chez moi, la palette est large, de Vladimir Cosma à Wagner, en passant par Oum Kaltoum ou Kylie Minogue, en fonction de l'état d'esprit dans lequel je souhaite vivre la journée…

Une fois le corps et l'âme chouchoutés, j'attrape la tenue de tournage que j'ai achetée la veille chez Yves Saint Laurent avec mes deniers perso.

10 h 30, je m'engouffre dans un taxi, direction 28 boulevard des Capucines, dans le neuvième arrondissement de Paris. J'ai rendez-vous aujourd'hui avec la grande dame qui règne en maîtresse du music-hall depuis 1888, la mythique salle de l'Olympia.
Le taxi me dépose et je ne réalise toujours pas vraiment.

Avant d'entrer dans ce temple, je passe faire un coucou dans le car-régie. J'ai toujours été fascinée par cet immense engin roulant, sans lequel rien n'est possible, car c'est d'ici que tout est orchestré par le réalisateur et son équipe.
Je salue les gars du son et le commandant de bord, Richard Valverde, l'un des réalisateurs les plus prometteurs de sa génération. J'aime son écriture, son style, son rythme. Chaque réalisateur a la sienne et pour un animateur, il est LE pilier central sur lequel se reposer. Il assure à la fois la mise en image, la captation, la gestion d'une centaine d'âmes, mais aussi ce lien capital avec les animateurs et animatrices, pour que nous soyons les plus beaux et les plus belles, que notre lumière soit parfaite, que nos axes soient valorisants, et il est souvent notre seul contact quand nous sommes jetés dans la fosse. Avec la scripte, il manage le timing d'une émission comme la partition d'une symphonie.
J'observe la dizaine d'écrans installés dans le car. Mais je regarde sans regarder, c'est assez étrange. Comme pour repousser le plus tard possible la réalité de ce que je suis en train de vivre.
Je quitte le car-régie et décide de traverser le boulevard pour découvrir la façade de ce magnifique écrin, et là, c'est le premier effet « waouh » !

Sous l'inscription mythique, « Olympia - Bruno Coquatrix - Music Hall », on lit, en très grosses lettres « La Légende des Voix ».
Moi, toute petite, devant cette façade mythique dont les plus grandes stars du monde ont foulé la scène, moi, avec le nom de mon émission inscrit aux néons rouges qui la caractérisent depuis tant d'années… J'en perds la voix et l'ouïe. Je flotte quelques instants en apesanteur avant d'être ramenée à la réalité par une autre musique, celle des klaxons qui animent ce grand boulevard parisien.

J'emprunte l'entrée des artistes, mes yeux commencent à briller. Tout le monde s'affaire, chacun a une tâche bien précise. Direction les loges, certains artistes sont déjà là pour leur répétition. J'aime l'ambiance des coulisses, j'y suis chez moi.
Je découvre ma loge, confortable, j'ai l'impression d'être une artiste des années vingt, ma période préférée. Dans la loge, mon équipe est déjà là, prête à l'œuvre et pleine de belles énergies. Muriel, Amélie, Caroline et Philippe ne se contentent pas d'être les meilleurs dans les domaines du maquillage, du stylisme et de la coiffure, ce sont aussi mes meilleurs alliés.
Ma productrice, Dominique Cantien, passe faire son traditionnel câlin. Dominique est une femme forte, et en même temps, elle porte en elle une étonnante fragilité enfantine. C'est une éternelle amoureuse. Elle a une sensibilité d'artiste, c'est une sorte d'héroïne romanesque.
Djamel, l'assistant de Dominique, montre aussi le bout de son nez. Avec ses yeux rieurs, il est disponible jour et nuit, et est essentiel à toute cette machine, une sorte de couteau suisse qui a toujours une solution à tout, avec un sourire qui ne le quitte jamais.
Dans la loge, l'ambiance est au rire et à la décontraction.
Une fois maquillée, direction la scène pour la répétition et les essais lumière.

Je passe sur le plateau et je découvre cet écrin magnifique totalement modifié par un décor signé Michel Sarfati.
Comme avant chaque tournage, j'ai besoin de repérer chaque endroit, chaque angle, chaque perspective. Attraper chaque son, chaque couleur, comme si mentalement je modélisais l'espace pour me l'approprier entièrement.
Je termine toujours par la scène, cette scène sur laquelle je vais avoir le privilège de recevoir des artistes comme Elton John, Robbie Williams, Maryah Carey, Jane Birkin, Serge Lama, Luz Casal, Josh Groban, Phil Collins, Christophe, Christina Aguiliera, Diane Tell, Renaud et tant d'autres…

Je quitte la scène et découvre le coin « *talk* », l'espace où l'on reçoit et interview les artistes. Je m'assois sur l'un des canapés, je sens les puissants kilos de lumière sur mon visage. Les couleurs autour de moi sont chaudes et feutrées.
Je scrute la salle, pensive et, tout à coup, je prends comme une claque en pleine figure ! C'est à ce moment précis, où le plateau est presque vide, à part quelques techniciens qui s'affairent, avec cette odeur si particulière des *backstages*, que je réalise que quelque chose de spécial est en train de se passer pour moi.
Je réalise que je suis la première femme arabe à piloter seule un *prime time* sur une chaîne majeure occidentale, en l'occurrence France 2.

Ce n'est plus Ness, mais Nezha qui est assise comme une enfant au beau milieu de l'une des plus prestigieuses salles du monde. Je n'ai jamais eu peur des choses qu'on me proposait, parce que cette gamine-là ne m'a jamais lâchée, elle a grandi avec moi, et m'a fait grandir. Nezha, qui a toujours été là, m'a poussée jusqu'ici.
Et là, tout à coup, au milieu de ce décor magnifique qui se monte, je réalise l'ampleur de ce parcours improbable !
Je conscientise aujourd'hui les mots que l'on m'a dits ou envoyés. « Comment tu as fait ? » ; « C'est toi qui m'as donné la force d'y aller. » ; ou encore plus récemment : « Tu as changé ma vie. »
Je prends conscience qu'au-delà d'avoir fait mon job, j'ai participé à ouvrir les portes à d'autres.

C'est toute ma vie qui défile alors sur le velours rouge cardinal du grand rideau de l'Olympia.
Un peu comme si je prenais conscience seulement, là, maintenant, des distances parcourues et des étapes franchies, sans jamais avoir pris le temps de les regarder en face.

C'est maintenant l'heure de lancer le générique ! Waouh, je pilote le truc, quoi !
Dans l'oreillette, j'ai François Tron, directeur des programmes de France 2, qui me souffle de la régie, comme si je pilotais Space X : « Bonne émission Ness ! »
Je pense à mes parents, aux miens, je ressens le besoin d'être avec eux, de vivre ce moment, les sentir, les prendre dans mes bras car sans eux, rien de tout cela n'aurait pu exister.

2

ANCRAGES

Je suis née à Casablanca le 27 juillet 1970, dans un quartier nommé Hay El Farah, le quartier de la joie. Un quartier dont je n'ai aucun souvenir.
Je suis une enfant de l'amour, viscéralement désirée.

Le rêve le plus précieux de Mohamed, mon père chéri, était d'avoir des enfants. À tel point qu'il avait fait un pari un peu spécial, qui fait encore tordre de rire toute la famille : « Moi, le jour où Naïma est enceinte, je mets une djellaba, des talons, je prends un sac à main et je me balade dans tout le quartier avec ! » Quand il a eu la certitude que Maman était enceinte, il a fait dix fois le tour du quartier déguisé en femme…

J'allais être le premier enfant de la famille, la maison était remplie de joie à l'idée d'entendre ce cri du bébé qui allait arriver, mon père était le plus heureux de la Terre…

J'ai mis trois jours à venir au monde. J'étais déjà engagée dans un combat, celui de rester dans le corps de cette adolescente de seize ans, une magnifique jeune femme que j'allais malheureusement abîmer en naissant. Elle ne m'en a pas voulu.
Maman aussi était un bébé, j'étais son poupon. Elle me faisait faire les mêmes vêtements qu'elle par son couturier. *Seventies* oblige : ce sera taille basse, pattes d'eph' et gilet long assorti… pour moi, pour un bébé…
Le tailleur de la famille était à chaque fois stupéfait de ses commandes, mais, avec tendresse et beaucoup d'humour, il exauçait les rêves de cette gamine « *fashion victim* ».

Maman a vite créé avec moi un lien très fort, très spécial. Elle me racontait sa vie pendant la tétée, j'étais à la fois sa poupée, sa copine et sa confidente.

J'ai été nourrie à la fois du lait et de l'histoire de ma mère. L'histoire d'une enfant pleine de fêlures et de force à la fois. Lorsque je m'endormais après la tétée, elle me chuchotait, tout en me caressant la joue : « Non non, il ne faut pas que tu t'endormes, j'ai pas fini de te raconter ! » C'était en même temps mignon et surréaliste, comme elle le dit elle-même aujourd'hui. Mais elle avait à peine dix-sept ans…
On dit que les ancrages les plus puissants, ceux qui vont déterminer une grande partie de notre personnalité, s'installent dans notre subconscient entre la gestation et l'âge de sept ans. Je vous laisse alors imaginer l'impact sur moi et mon chemin de vie.
Je suis donc le premier enfant de cette grande famille.
J'ai dix oncles et tantes, et on se bat pour me gaver d'amour, de papouilles et de cadeaux. Ma maison du Maroc, mon paradis bien ancré dans ma mémoire, est celle de mes grands-parents à Aïn Bordja, un quartier bien connu des Casablancais. C'est une ancienne base militaire française avec des baraquements transformés en habitations. Un petit village à part, presque en plein cœur de la capitale économique du Maroc. Tout le monde se connaît, il y règne un climat de bienveillance et de sécurité totale.

La maison trône à un petit carrefour, avec ses murs blancs peints à la chaux. Un immense palmier est planté au milieu d'un patio à ciel ouvert et habillé d'un jolin zéllige marocain. Ce patio où mon grand-père et mon arrière-grand-père nous contaient des histoires à la lueur douce d'une lampe à pétrole, dont l'odeur a laissé en moi une trace indélébile signifiant « instant de bonheur »…
Ils savaient tous les deux raconter, c'était un talent inné. Nous pouvions voyager à travers les siècles entre les légendes imaginaires et la réalité des combats en France ou en Indochine, tout ça emballé dans un puissant mélange de poésie, d'autodérision, de suspens, d'action, d'humour et d'héroïsme.

Dans la maison, il y avait deux immenses salons dans lesquels nous adorions nous tasser pour dormir ensemble et prolonger les soirées.
L'ensemble comportait aussi quelques surprises en termes d'architecture et d'agencement. La porte de la salle de bain, par exemple, était une très lourde porte de cellule en fer. Je me souviens du bruit sourd qu'elle faisait. Cela n'a jamais empêché la bonne humeur de régner dans ce havre de bonheur, ni la complicité avec mes oncles, dont certains étaient à peine plus âgés que moi.
Miloud et Fetah, par exemple, sont mes oncles, mais aussi mes frères de lait puisque ma grand-mère et ma mère se relayaient pour les tétées.

D'ailleurs, pour moi, ma grand-mère Yamna, que tout le monde surnommait Nana, était ma mère, et avec mon frère Khalid, nous appelions notre jeune et jolie maman par son prénom : Naïma.
Nana était une femme forte, indépendante. Elle était tout en rondeur, toute moelleuse. Nous nous collions tous à elle comme des louveteaux à la louve.
C'était une Chérifienne de la dynastie alaouite. La voix cassée, la posture, le regard, tout chez elle forçait l'admiration et le respect. Hommes et femmes se taisaient lorsqu'elle se dressait. Elle était comme chargée d'un pouvoir divin. Pour ses dons, les gens venaient de tout le Maroc, mais aussi d'Europe ou du Canada.... Un pouvoir que les êtres rationnels ne peuvent pas vraiment comprendre...
La porte de sa maison était ouverte presque jour et nuit pour recevoir les maux du monde et pour nourrir ceux qui avaient faim.
Nana avait été mariée une première fois à l'âge de huit ans, une sorte de « réservation » due à sa beauté, car une belle blonde au teint laiteux était gage d'une belle descendance. C'est encore le cas dans bien des pays arabes...
Cette grand-mère à la personnalité unique avait pris la fuite après quelques semaines de mariage. Quelques années plus tard, elle avait épousé l'homme de sa vie, mon grand-père Baba. Ils étaient faits l'un pour l'autre. Ils étaient beaux, ils s'aimaient, et, jusqu'à leur dernier souffle, ils ont eu un respect et une tendresse infinis l'un pour l'autre.

Mon grand-père Baba était très grand et il avait un œil vert et un autre noisette, ce qui lui donnait un regard à la fois doux et mystérieux.
Je le revois rentrer du travail, grand, l'allure élégante et une démarche à la John Wayne.
Il m'emmenait dans toutes ses virées avec son copain Ba El Ghazi, que j'adorais.
J'ai été très tôt baignée davantage dans l'univers des hommes que dans celui des femmes...
J'étais toujours collée à mon grand-père, il m'appelait « mon petit moustique ».
À l'époque, le petit moustique en question, avec ses cheveux raides et noirs, ressemblait davantage à une Japonaise qu'à une Arabe. Tout comme mon petit frère Khalid, né onze mois et demi après moi, mon presque jumeau. Lui aussi était une petite boule japonaise ! Un petit personnage de manga espiègle et hyper actif.

Baba, lui aussi, m'a donné en héritage le statut de Chérifienne, mais de la dynastie Idrissi. Je me souviens du jour où Nana m'a montré un document usé par le temps qui portait le sceau et la signature de tous les rois et sultans du Maroc. Un document très impression-

nant qui atteste de notre statut de Chérifiens, c'est-à-dire de descendants du prophète. C'est notamment ce qui fait du roi Mohammed VI le commandeur des croyants.
J'étais jeune, je n'ai pas compris l'importance de ce document et tout ce qu'il impliquait. Beaucoup de trafics de ce genre de documents ont eu lieu dans les années 70 et 80. Certains ont acheté leur statut de Chérifiens, au détriment de familles comme la mienne, qui s'est vue spoliée, dépouillée de ses biens, de ses terrains et de son statut. Je ne sais pas ce qu'est devenu ce précieux document… Il est parti avec Nana et Baba.
Peut-être que ce sera ma prochaîne quête : restaurer le statut des miens, pour l'histoire de ce que l'on appelle la « Chajara », l'arbre familial.

Ma famille a son lot de femmes fortes et charismatiques qui imposent le respect à tous ceux qui croisent leur chemin.
Des femmes combattantes, comme Nana et sa sœur, ma grande tante Hasna. Toutes les deux ont œuvré pour l'organisation secrète de la résistance contre le protectorat français auprès de Mohammed Zerktouni.
Mais aussi des mères, qui sont les grandes oubliées des récits sur les parcours de l'immigration et qui ont pourtant été les bâtisseuses essentielles dans les foyers. Reléguées au rôle de mère au foyer, un statut méprisé par nombre de castes, mais ô combien essentiel. Elles élèvent, elles transmettent, elles éduquent, elles cadrent et, dans le même temps, elles aiment.
Pour elles, le déracinement est une déchirure émotionnelle abyssale.
Ma mère a sacrifié sa vie à une famille fusionnelle. Elle m'a appris à ne jamais oublier d'où l'on vient, ni les siens. Elle m'a appris la rigueur, le travail parfaitement exécuté, l'art de trouver des solutions avec les outils ou moyens que l'on a. Elle m'a appris que l'on n'a rien sans rien. Femme de caractère, elle est avec mon père l'associée à parts égales de cette entreprise qu'est la famille.

J'ai grandi au milieu de femmes indépendantes, de femmes arabes libres et magnifiques. Toutes mariées par amour, toutes libres de leur choix. Une seule règle : se respecter, et donc, par ricochet, se faire respecter. Ne pas se vendre et ce, quel que soit le prix. Ma société n'est pas celle qui enferme ses femmes et je ne me suis pas construite dans la version de la femme arabe fantasmée pour les uns, réelle pour les autres, celle d'une femme enfermée et forcément soumise.
Ce n'est pas possible, ça ne rentre pas dans mes cases… Pas dans ma famille et pas dans mon Maroc à moi.

Du côté de mon père, l'histoire familiale est différente, avec des origines plus modestes. C'est pourtant un dandy élégant, un beau brun aux yeux couleurs miel et à la bouche pulpeuse, parfaitement dessinée et ornée d'un joli grain de beauté dont j'aurais rêvé hériter !
Un autre grain de beauté trône sur sa joue. Celui-ci a une histoire toute particulière. Quand nous étions petits, Papa nous contait ses combats héroïques, et surtout imaginaires, contre les forces allemandes durant la Seconde Guerre mondiale.
Une balle fantastique était restée logée dans sa joue, et elle était devenue un grain de beauté. Nous y avons cru longtemps !
Mon père a été élevé par un petit bout de bonne femme berbère de la région de Taroudant. C'est peut-être ce qui a façonné sa vision, son respect pour la femme et son côté parfois presque féministe.
Je n'ai vu ma grand-mère paternelle qu'une seule fois. Elle était si heureuse de nous rencontrer… mais elle n'a jamais pu voir nos visages, car elle avait perdu la vue.
C'est la femme de la famille à qui, physiquement, je ressemble le plus. Petite, fine et sèche, rien ne lui faisait peur. Elle allait jusqu'à gifler les hommes lui manquant de considération ou de respect.
Le père de Papa était mort alors qu'il est tout petit. C'était un notable qui aurait été empoisonné par erreur lors d'un complot, buvant un verre de thé à la menthe qui ne lui était pas destiné.
Mon père dit souvent : « Je n'ai pas peur de la mort car je vais rencontrer mon père. » C'est ce manque, ce vide immense, qui a sans doute créé chez lui cet amour infini pour ses enfants.

Mon père n'est pas allé à l'école, contraint de faire des petits boulots pour aider sa mère. Des conditions de vie que l'on a du mal à imaginer aujourd'hui…
À quatre ans par exemple, il était berger et gardait des moutons en échange d'un bout de pain, d'un semblant de repas ou d'un manteau quand il faisait froid. Un manteau que la propriétaire du troupeau n'hésitait pas à lui retirer du dos quand il avait le malheur d'égarer une bête…
Mais mon père n'a gardé aucune rancune de ces mauvais traitements. Il n'est pas du style à se plaindre ou à se victimiser. Il conclut toujours ses récits par ce qu'il en a retenu de beau et de bon. Il regarde le monde avec le cœur.

Très jeune, Papa rejoint l'une de ses sœurs, mariée à Moha Arik, un gardien d'usine de textile à Casablanca, qui va devenir un très grand nom de la boxe. Il mettra les gants avec Marcel Cerdan, premier sélectionneur de l'équipe olympique du Maroc. La boxe va d'ailleurs bercer mon enfance en France.
Papa est débrouillard, il s'intègre vite dans cette usine dont les propriétaires sont juifs marocains. C'est là, qu'il va rencontrer Danino, son ami et « banquier ». Papa lui confie tout son argent, que Danino va lui rendre précipitamment un soir et, sans donner aucune explication, il va disparaître. Papa va chercher son ami partout avant d'apprendre son départ pour Israël. Encore récemment, mon père me demandait de faire des recherches sur les réseaux sociaux pour retrouver son ami envolé…
Tout d'abord coursier, il devient laveur de voitures pour le parc des patrons, jusqu'au jour où on lui propose de le former sur les machines à tisser. C'est comme ça qu'il va devenir tisserand.
Par la fenêtre de l'usine, il va bientôt apercevoir ma mère et tomber amoureux. Ils se marieront en septembre 1969.

Oncle Moha quitte le Maroc pour la France et insiste pour que Papa le suive. Il n'est pas convaincu. Sa vie avec Maman est heureuse, petit à petit il ouvre deux épiceries, tout en continuant le tissage. Mes parents ne sont pas millionnaires, mais ont une vie agréable. Papa décide quand même de rendre visite à son beau-frère Moha et à ses amis fraichement installés en France. Pour se faire une idée.

Il se rend à Cholet, chez Ahmed Moutaouil, un ami très cher qu'il considère comme un frère, et qui travaille à l'usine Alexandre Turpault, une marque prestigieuse spécialisée dans le linge de maison de luxe.
Papa visite l'usine, observe les machines et le patron lui demande de lui faire une démonstration de ses talents.
Ils lui proposent un contrat sur-le-champ. Mon père refuse, sa vie est au Maroc. Mais il repart avec un contrat sous le bras… au cas où.
Une fois au pays, ils se concertent avec ma mère, pèsent le pour, le contre, et finalement, prennent la décision de partir pour la France, avec pour principale motivation la perspective d'offrir à leurs enfants la chance d'avoir accès à la qualité de l'enseignement français…
Mon père nous précède de quelques mois, travaille, trouve un appartement, le meuble et nous fait venir en avion, malgré ses petits moyens. Il a toujours voulu ce qu'il y avait de mieux pour nous.

Ma mère est une femme belle, d'une élégance naturelle.
Elle a la peau claire, elle est brune, avec des cheveux raides et soyeux. Un tube de rouge à lèvres fait office de fard à joues, de fard à paupières et rosit légèrement sa jolie bouche pulpeuse. Je la regarde passer son glaçon d'eau de fleur d'oranger sur le visage tous les matins.
J'adore la regarder s'habiller. Toujours au fait des dernières tendances de la mode, toujours, chic, sans aucun faux pas. Tout tombe parfaitement.
Après le départ traumatisant de Casablanca, nous nous installons dans notre appartement de Cholet, dans le quartier des Mauges. Il est agréable, bien agencé, meublé avec goût et à la tendance du moment.
Nous sommes en décembre 1973 et ma mère, moi et mes deux petits frères, Khalid et Hicham, encore nourrissons, découvrons l'hiver et le froid glacial.
J'ai souvenir de grandes séances de jeux dans le parc en bas de l'immeuble, nous nous mettions à hurler dès qu'un autre enfant approchait. Nous avions peur de cette langue inconnue, de ces physiques que nous n'avions pas l'habitude de voir.
Notre résidence était calme, nous étions les seuls Marocains. Il y avait une famille de Portugais dans l'immeuble voisin. Et il y avait Madeleine, ma première copine d'enfance que j'allais rencontrer dans ce bac à sable au pied de l'immeuble.

Je garde de merveilleux souvenirs de cette période. Même si les larmes de ma mère venaient régulièrement assombrir ce tableau.
Ce n'est que plus tard que j'ai compris d'où venaient ces larmes. Le déracinement, le déchirement, l'absence des siens qui lui manquaient terriblement. C'était encore une enfant qui, comme moi, avait une relation fusionnelle avec ses parents, ses frères, ses sœurs, son pays, sa langue. Elle était encore si jeune… Cette souffrance et ce vide abyssal ne l'ont jamais quittée.

À l'époque, mes parents ne maîtrisaient pas la langue française. Tout comme la majorité de leurs amis. Sauf les copains algériens harkis.
Ça a donné lieu à quelques scènes assez drôles, comme le jour où, sur une ordonnance, le médecin a prescrit une cuillère à café de sirop, que mon père a pris une cuillère pleine de café noir moulu et a mis le sirop dessus ! Et il a dit : « Eh oui, il a dit une cuillère à café ! ».
Cette histoire les a fait longtemps se tordre de rire… J'aime cette distance et cette manière de voir les choses. Ce sens de l'autodérision.

Depuis notre tendre enfance jusqu'à aujourd'hui, mes parents nous ont toujours câlinés, cajolés, papouillés, dit des « je t'aime » à la pelle ! À cinquante ans, je joue encore avec mes parents comme si j'en avais cinq. L'amour entre nous est viscéral.
L'amour de mes parents était tellement immense qu'il pouvait effacer tous les maux. Cela ne veut pas dire qu'ils n'étaient pas sévères, oh que non, nous avions notre salle de tribunal quand nous faisions une bêtise et qu'il fallait passer devant le juge… Cela suffisait à calmer l'envie de faire des conneries !
Mes parents avaient des valeurs et des conduites à tenir qui étaient non négociables. À commencer par le rapport à la France et le respect des lois.
Je me souviens de cette phrase que je trouve d'une intelligence exquise : « Ici, nous sommes des invités et lorsqu'on est invité, on ne met pas les pieds sur la table. » Quelle meilleure façon d'expliquer les choses à trois bambins ?
Nous avions même interdiction de jeter nos papiers de bonbon dans la rue. Tout restait dans les poches jusqu'à la maison. Nous devions dire « bonjour », « merci » et aussi « Voulez-vous de l'aide ? » à une mamie française qui vivait juste au-dessous de chez nous. Nous l'aidions à transporter ses courses, à se déplacer…

L'école peut donner des cours de civisme, enrichir intellectuellement, mais pour comprendre comment se comporter en société, ce sont l'éducation, l'amour et la confiance que l'on reçoit au sein de la famille qui sont les clés essentielles de l'équilibre.
Il fallait toujours avoir une attitude irréprochable, vis-à-vis des autres bien sûr, mais aussi vis à vis de soi-même, être propre et toujours correctement habillé.
Les gros mots et la vulgarité étaient tout simplement interdits au sein du foyer. Hors de question de hausser le ton sur mon père ou sur ma mère. Même les rapports entre frères et sœurs ont toujours été empreints de respect. Dans nos fâcheries enfantines, nous préférions prendre de la distance plutôt que de s'écharper. C'est toujours vrai aujourd'hui lors de nos désaccords d'adultes !

Mes parents ont un respect immense pour la France, la République, les lois, et le règlement. Nous étions très cadrés sur les valeurs. Ça aussi, c'était vraiment non négociable ! Ils voulaient apprendre des Français, mais aussi que nous leur fassions découvrir qui nous étions. Pour eux, l'échange était très important. Cela passait par les repas préparés par ma mère, les discussions ou encore les services rendus entre voisins.
J'ai été élevée dans l'idée que pour bien vivre, il fallait aller à la rencontre des gens, échanger avec eux. J'ai eu la chance de ne pas vivre dans un ghetto.

Mon père nous a même inscrits au catéchisme pour nous permettre de mieux comprendre la religion de nos « hôtes » !
Il m'a appris que la spiritualité était quelque chose de très intime. Une conversation entre toi et ta croyance ou le divin.
C'est pourquoi je ne suis pas favorable à l'étalage de tout ça, j'en ressens comme un manque de pudeur.
Je suis croyante, je crois en un dieu, celui de l'humanité, celui qui n'a pas de visage, pour que tout le monde puisse s'identifier à lui.
L'histoire a prouvé combien l'humain, avec ses effroyables stupidités, son avidité et sa soif du pouvoir, a utilisé la foi comme une arme de destruction massive, un outil de division et de haine, alors que son ADN a pour but de nous aider à vivre ensemble...

Mes parents étaient pratiquants, mais chez nous, c'était la fiesta tous les week-ends. On avait un grand *living* avec de l'alcool pour les invités, alors que mes parents ne buvaient pas. Ils ne souhaitaient pas que leurs amis se sentent exclus ou jugés.
La musique était omniprésente chez nous, elle habillait les matinées, les journées et les soirées. Oum Kalthoum, Adelhalim Hafid, les Beatles, le chaabi marocain, le disco, la soul et les variétés françaises... une sacrée macédoine qui a développé chez moi une oreille musicale à toute épreuve !

Pour les réunions familiales, il y avait l'équipe de Cholet et puis celle d'Angers, les neveux et nièces de mon père. Ils étaient tous beaux et avaient pour la plupart l'âge de ma mère. Je me souviens de Fatima, une nièce de mon père qui est juste un peu plus âgée que ma mère. Je l'appelle donc ma tante. Très latino, les cheveux noir ébène et le teint mat. Elle travaille chez Thomson. Elle a un charisme de dingue et la personnalité qui va avec. Une plante sublime, toujours en tailleur impeccable, le brushing toujours parfait : un mix entre Jackie Brown et Jessica, de la série *Suits*.
Du haut de mes sept ans, je bavais devant ses escarpins, j'étais subjuguée par sa beauté, son indépendance, je la regardais comme on regarde une idole !
Fatima a été un référent fort dans ma vie. D'ailleurs, je n'ai pas vraiment souvenir de femmes dites « soumises », ni dans ma famille ni chez les amis de mes parents. Elles étaient toutes libres dans ces années soixante-dix, les années disco et soul, pattes d'éléphant et col pelle à tarte.

Ces jeunes gens arrivaient tous de Casablanca et découvraient le véritable visage de la liberté.

Voilà, j'ai grandi sur ce socle : un père et une mère d'une sagesse absolue qui vivaient dans la générosité, l'amour de leurs enfants et des autres, et la gratitude de chaque instant. Une partie de ma personnalité vient de là, j'y puise ma force.
Et peut-être aussi mes faiblesses…

Quand je suis née, ma grand-mère a dit, en me levant vers le ciel tel Simba dans le Roi Lion : « Cette enfant sera le grand arbre sous lequel tout le monde viendra se réfugier, puis de rajouter, Nezha, avec toi l'abondance et le bonheur viendront. »
La barre a été placée très haut, et ça a pu être parfois difficile quand je ne l'atteignais pas… c'était une sorte de responsabilité vis-à-vis de ma famille, aussi, un engagement moral à les aider et à les protéger…

Bien des années plus tard, après des après-midi shopping avenue Montaigne, il m'arrivait, une fois rentrée à la maison, d'aligner les chaussures et les sacs, et de traverser des moments de solitude et de culpabilité horribles parce que je convertissais mes achats en dirhams et réalisais le nombre de personnes que j'aurais pu aider avec ça…

3

LA PETITE GÉNÉRALE DU ROI

J'ai six ans, je suis en CP au collège Buffon.
J'ai toujours aimé l'école. Ses odeurs, ses couleurs. L'école française était un havre de paix, un arc-en-ciel de légèreté. La bienveillance des maîtres d'école. L'attention du personnel périscolaire. Quelle chance j'ai eue de connaître cette école-là !
Je commence donc à savoir lire et écrire. C'est un point de bascule. Celui qui m'arrache à mon enfance idéale et insouciante, et m'entraîne dans une vie de gestionnaire de la maison, de traductrice, de comptable, d'accompagnatrice pour toutes les démarches administratives, pour les rendez-vous chez les médecins, et pour les relations avec les profs de mes frères et mes sœurs.

Un soir, après mes devoirs, mon père me demande de remplir un chèque.
Je ne comprends pas trop le sens de sa demande, ni ce qu'est un chèque. Il s'assied près de moi et m'explique les lignes à remplir. Cela ne ressemble en rien aux lignes d'écriture ou de lecture de l'école. Je vais me tromper de ligne et faire une rature. Ce sera la dernière fois de ma vie que je ferai une erreur sur un chèque…

Mes parents avaient ce truc, qualité ou névrose, je ne sais pas, qui faisait qu'il n'y avait aucune place pour l'à-peu-près, aucune place pour les choses à moitié faites. Tout devait être au carré dans notre façon de faire nos lits, de nous habiller ou de tenir nos cahiers. La maison était toujours impeccable, une propreté et une organisation cliniques.

J'accompagne mes parents dans toutes leurs démarches.
Je traduis, et, en même temps, j'apprends. Je n'ai pas souvenir de mal-être ou de

pseudo « traumatisme ». Non, je dirais même que j'aimais ça. Mes parents avaient la bonne manière de m'impliquer, tout en douceur. Tant que je continuais à être aimée et câlinée, je ne me posais aucune question. C'était juste normal. J'y voyais même une certaine valorisation. Cette responsabilisation me donnait quelque part un statut supérieur aux autres. J'étais la petite générale du roi.

Pour Papa, la situation était un peu plus gênante, malaisante, je pense.
Un jour, nous allions à la banque, ou dans je ne sais plus quel organisme. Sur le chemin, j'ai senti qu'il posait sur moi un regard spécial, sur ma petite main d'enfant qu'il s'est mis à serrer très fort. Ses yeux un peu humides, empreints de tendresse et de gêne à la fois. Sans qu'il n'ait dit un mot, j'ai compris qu'il était rongé par la culpabilité. J'ai ressenti son profond malaise, c'était un sentiment étrange pour moi.
Je lui ai juste répondu par un grand sourire, avec ce regard amoureux et complice que j'avais pour lui, et j'ai embrassé sa grande main protectrice. Il s'est mis à sourire aussi, de ce sourire magnifique qui lui mange le visage, et, surtout, je le vois sourire des yeux.
J'ai vécu toute mon enfance dans ce mélange de responsabilité, de partage, d'amour, et je me disais que nous avions de la chance. Nous étions ensemble et heureux. C'était pour moi le plus important. Pour rien au monde, je n'aurais changé ce moment.
Avec le recul, je pense à mes parents qui emmenaient ce petit bout de chou pour leur traduire ce qui se passait, et à chaque fois cette même émotion m'envahit. Maintenant que je suis mère, je m'imagine dans leurs souliers et j'arrive presque à ressentir leur malaise, la lourdeur de leur cœur vis-à-vis de moi.

À l'école, je suis une élève qui en a sous le pied, mais je m'ennuie.
Je ne comprends pas ce grand écart entre ma réalité d'enfant/adulte et ce monde un peu aseptisé. Je ne comprends pas les mathématiques.
Au collège, je fais un véritable blocage. Tout ça est tellement loin de mes chiffres et mes calculs à moi. Pas étonnant que je sois très forte en revanche en statistiques et analytiques.
J'adore l'histoire, les langues, le français, le grec, mais il y a un grand décalage entre ce que je vis au quotidien et le monde des « vrais » enfants, c'est tellement brutal de partir de chez soi après avoir vérifié que le virement de la banque a bien été fait et de passer à l'univers acidulé et mignonnet de Sarah Key… Tellement décalé…
En revanche, l'école est mon échappatoire, ma bouffée d'oxygène. Je ne peux pas imaginer ma vie sans l'école, à tel point que j'arrive à en haïr les vacances scolaires.

Malgré toutes les responsabilités, j'étais une grande rêveuse.
J'adorais le samedi par exemple, parce que mes parents partaient faire les courses. Moi, je restais pour faire le ménage, et je profitais de ce moment de solitude pour mettre la musique à fond et danser sur Whitney Houston. Je dansais, je dansais, et je rêvais. Mes rêves étaient très grands et portés par un niveau sonore tel qu'il en a fait exploser les enceintes de cette magnifique chaîne hi-fi que mon père avait payée une fortune…

Il faut rêver et rêver sans limite. Rêver jusqu'à connecter vos tripes à votre cerveau. On n'a pas idée de l'impact que ça a… Rêver, ça veut dire que l'on donne une intention à son projet tellement forte que tout l'univers « conspire », comme dirait Paulo Cuelho, pour que ça se mette en place. Avoir ça dans le ventre, très fort, et à partir de là, tout s'enclenche… Sans le savoir, je maîtrisais déjà la technique de la visualisation.
Je n'avais aucune limite dans mes rêves, je pilotais des avions de chasse par exemple, (pas des avions de ligne, s'il vous plaît, de chasse !), ou j'étais cardiologue parce que ma mère avait des problèmes de cœur. Pour pilote de chasse, j'étais myope et très très nulle en maths, donc c'était mort, c'était même très très mort ! Pour cardiologue, ça n'était pas mieux…
À l'époque, j'étais aussi persuadée que j'allais voir le roi, ma grand-mère me l'avait dit, et je ne sais pas pourquoi, pour moi c'était une évidence, c'était sûr et certain ! La suite m'a prouvé que j'avais raison…
Par contre, je n'ai jamais rêvé d'être dans la lumière, et d'ailleurs, je ne pense pas que ce soit mon truc. Je n'étais pas assez *girly*, moi je lisais *Échappement Magazine*, quand ma copine Sabrina lisait *OK* !

J'ai environ sept ans, mes cheveux ont poussé, ils sont devenus châtain clair, raides et ondulés sur les longueurs. Pour mon anniversaire, j'ai droit à la totale, une robe faite sur mesure par une couturière portugaise, une fête dans l'après-midi pour les petits et une méga fiesta le soir avec les adultes.
Et puis la concurrence arrive… et pas des moindres…
Ma mère accouche d'une autre fille, une petite chose magnifique baptisée Majda. Nous l'aimons déjà tous, mais petit hic, elle va me piquer ma place sur le trône et je vais être reléguée en deuxième division fille.

Quand Majda arrive, je bascule définitivement de l'enfance à l'âge adulte. Plus de place pour l'innocence. Dans le même temps, un après-midi en allant faire les courses, une

amie de mes parents me fait monter chez elle, me coupe les cheveux à la garçonne. Ils ne seront plus jamais aussi beaux ! Pourquoi a-t-elle fait ça ? Mystère et boule de gomme ! Mes parents n'ont jamais compris non plus le but de ce massacre capillaire totalement gratuit. Ce fut un véritable traumatisme, surtout lorsque l'on connaît le sacro-saint rapport qu'entretiennent les femmes arabes et africaines à leur tignasse ! Toujours est-il que c'est princesse Majda qui trône désormais.
Il faut dire qu'elle est magnifique. Elle est parfaite. Elle a tout de ma mère. Son teint clair, des cheveux noirs et raides. Ses billes noires. C'est une charmeuse et elle nous mène tous par le bout du nez.
À côté, j'ai l'impression d'être devenue le troisième garçon de la fratrie…

En 1978, nous déménageons dans un autre quartier de Cholet, La Colline. Il n'y a pas beaucoup d'étrangers non plus, deux familles arabes, une turque et quelques Portugais. Les autres sont Français.
L'appartement est plus grand. J'ai même le droit d'avoir un cochon d'Inde, « Ratagna ». Majda grandit, mon ennemi numéro un prend de plus en plus de place. Elle a deux ans et c'est un bébé de catalogue. Comment ne pas craquer…
Moi, je ne ressemble à rien, un hybride entre garçon et fille, avec des cheveux qui poussent à l'horizontale façon Toffsy. Ils n'ont plus de forme, rendez-moi mes cheveux ! Du coup, c'est mon cher Papa qui me les coupe, pour atténuer la catastrophe…

Fin des années soixante-dix début des années quatre-vingt, une loi est votée qui nous autorise à devenir propriétaires.
Mes parents achètent une maison. C'est un joli pavillon d'angle posé sur un grand jardin. Il est situé dans un quartier résidentiel tranquille, où se mêlent classe moyenne et classe supérieure.
Nous vivons rue de Valençay, Je me suis longtemps persuadée que je vivais là où s'était dressé le château du même nom. Nous sommes les seules Arabes, avec la famille Krafi, un peu plus haut.

La bascule dans la vie d'adulte va vraiment se confirmer lorsque nous déménageons, car c'est à partir de ce moment-là que je deviens aussi *nanny* pour tout le monde, avec un petit bonus en prime, ma Sarah. J'ai onze ans lorsqu'elle naît, et il va se créer entre ce petit être et moi une relation particulière. Sarah est ma petite sœur, c'est mon portrait craché, physiquement ma jumelle, et je vais l'aimer comme on aime son enfant. Elle ne me lâche pas, nous sommes fusionnelles, liées par un cordon ombilical imaginaire qui me relie à elle pour l'éternité.

Je suis aussi une super cuisinière, je sais tout préparer, à part le couscous, chasse gardée de Maman tellement il est à tomber !
Je suis également pâtissière, boulangère, parce que je fais le pain à la perfection dans un four XXL spécial que mon père a acheté au Maroc.
Une fois adulte, j'ai totalement rejeté cette part de moi. Je ne voulais plus cuisiner pour qui que ce soit.

Lorsque quelqu'un tombe malade, c'est moi qui l'accompagne chez le docteur, c'est moi qui vais chercher les médicaments et qui donne le traitement. En revanche, je vais seule chez le docteur quand je suis malade.

Je ne comprends pas le décalage avec les gens de mon âge. J'ai des jeux, bien sûr, de temps en temps, mais ma vie est *focus* sur l'organisation administrative et la tenue du foyer. Je connais par cœur les codes d'accès aux comptes bancaires par Minitel, les numéros de sécurité sociale et d'allocations familiales. Le ménage doit être fait à fond, tout doit être nickel et je veille aussi à la tenue des cahiers…
Il m'arrive de ne pas aller à l'école parce que quelqu'un est malade et qu'il faut aller à pied jusqu'à la pharmacie mutualiste. Maman est malade, depuis la mort de mon grand-père, le chagrin a été tel qu'elle a développé plusieurs pathologies.

Un soir, après les cours, je vais voir le docteur Tanty, le médecin de famille. Je l'adore, il ne me fait jamais attendre dans la salle d'attente, mais dans les escaliers de sa superbe maison. Je bavais sans cligner des yeux sur les dizaines de boîtes à chaussures empilées sur les marches et pleines à craquer de billets de banque.
Le docteur Tanty me dit : « Tu as de la fièvre, il faut vraiment aller aux urgences ! »
J'y vais, seule et à pied. Les examens détectent un énorme impétigo, et on m'hospitalise… Si cette situation arrivait aujourd'hui, une gamine débarquant toute seule à l'hôpital, on appellerait les services sociaux !

Je me souviens du seul jour où un adulte va m'accompagner à l'hôpital de Nantes et j'en ris encore ! C'était le frère de lait de ma mère, Si Mohamed. Nous le surnommions Khomeiny à cause de sa petite barbe. Il était drôle. C'était un intellectuel décalé et fou

de films d'animation. Étudiant brillant et futur professeur de physique, il était de passage à la maison pour ses vacances. Nous sommes arrivés dans la salle de soins pour le retrait des fils suite à une petite intervention. Il me tenait la main, genre hyper sûr de lui, quand je me suis aperçue que son front perlait et qu'il était blanc comme un cachet d'aspirine. Boum. Il venait de s'effondrer au sol devant une vision certainement trop gore pour lui. Bravo Tonton, c'était énorme !
Avec du recul, je me rends aujourd'hui compte de combien je vivais ce quotidien avec une légèreté déconcertante. C'était ma façon de prendre les responsabilités et de tenir mon rôle au sein de la famille.

Je suppose que je garde de cette période mon côté perfectionniste et le « *total quality management* » qui pourra m'être reproché plus tard dans ma vie professionnelle…
Lorsque nous évoquons ces souvenirs avec mes parents, ils sont choqués par le surréalisme de certaines situations. Eux-mêmes s'interrogent : « Mais enfin comment j'ai pu te laisser partir toute seule ? C'est insensé et totalement inimaginable ! »
À titre d'exemple, aujourd'hui, si je ne réponds pas au premier appel de ma mère, elle s'imagine qu'un avion vient de s'écraser pile chez moi, que je suis donc morte dans d'atroces souffrances, et que c'est uniquement pour cela que je ne réponds pas. Oui oui…

Pour évacuer ce trop-plein de stress parfois généré par les responsabilités, il y avait le sport. Mes parents ont toujours tenu à ce que l'on pratique des activités sportives. J'ai fait de la danse modern jazz, de la natation et j'ai même été majorette ! Je revois mon père portant Majda sur ses épaules, avec ma mère à ses côtés, tous deux fiers de me regarder défiler.
J'avais un bon niveau en gym aussi, je faisais même des compétitions.
Un jour de championnat à Nantes, je me casse le bras en sortie de barres asymétriques à cause d'une grande gigue qui avait oublié de remettre les barres à niveau. Les pompiers, les urgences déchirent mon beau justaucorps que je portais fièrement comme mon idole de l'époque, Nadia Comaneci… Verdict : double fracture fermée.
Pour moi c'est pire que tout, cela veut dire deux années sans gym, donc plombées.
Je me souviens de l'image de ma prof à l'hôpital et de l'abandon total, à la seconde même, de la Fédération de Gymnastique. Comment est-il possible d'être aussi cruel ? Plus un mot, plus rien. Tout s'est arrêté au moment où l'on déchire mon justaucorps pour passer au bloc opératoire. J'en ressors avec des plaques et des vis. Trois semaines d'hospitalisation à Nantes, vécues pratiquement seule, avec mes parents étant venus me voir deux fois seulement…

Après cette hospitalisation, je rentre à la maison. Ça s'agite en cuisine, et je me dis qu'une petite fête est prévue pour mon retour. Ma mère me demande de préparer le salon marocain, de grandes et larges banquettes tapissées deux fois par an, collection hiver et collection été !
Or, il faut ses deux bras pour faire ça. Elle a mal pour moi, mais pas question de me plaindre et d'oublier la règle.
Plâtre ou pas plâtre, je dois donc préparer le salon en tirant sur le tissu pour qu'il n'y ait plus aucun pli pour l'accueil des invités qui vont arriver.
Ma mère a toujours été très exigeante. Sa tendresse, je l'avais surtout le soir, une fois que la maisonnée était plongée dans la nuit, et que le brouhaha de ses sept jolies âmes avait laissé place au silence bien mérité de la soirée. Elle venait nous câliner et repassait parfois plusieurs fois dans la nuit, sa tête posée sur nos cous, elle vérifiait que nous respirions toujours.
Ce jour-là, avec mon plâtre, elle m'a appris qu'il fallait toujours trouver une solution, peu importe le problème.
Elle m'a transmis trois choses qui vont me servir tout au long de ma vie : premièrement, tout se mérite ; deuxièmement, tant que tu n'es pas mort, tu plonges dans tes ressources et tu t'adaptes ; troisièmement, le zéro défaut.

Je garde aussi de cette enfance la certitude qu'il n'y a aucune montagne qui ne peut être franchie…
Un jour par exemple, au début des années quatre-vingt, alors que nous étions en voyage vers le Maroc, j'ai vécu une situation dont je perçois toute la signification aujourd'hui.
À l'époque, l'Espagne est un pays pauvre, les infrastructures routières sont sommaires, les autoroutes quasi inexistantes. Seules les nationales à deux voies traversent les villes et les villages.
Avec mon frère, dès le passage de la douane d'Irùn, nous sommes promus co-pilotes. Tour à tour, nous assurons la relève pour aider mon père à ne pas se perdre. Combien de fois avons-nous déplié notre GPS « bio », la carte Michelin ? Une fois dépliée, la carte était un vrai stade de foot, ingérable en plein vent et sur un capot de moteur diesel tellement brûlant qu'on aurait pu y griller des merguez…
Ce trajet était à chaque fois un véritable *road movie*.

Les décors naturels défilent sous nos yeux, la musique nous accompagne, Oum Kaltoum, chaabi marocain et disco des années soixante-dix, pour garder la pêche et maintenir mon père éveillé. Il faut rouler, rouler le plus longtemps possible, chaque minute gagnée compte pour joindre la *Costa Del Sol* et prendre le bateau.

Le trajet de Madrid à Séville est désertique, nous le parcourons sous une chaleur étouffante, avec l'impression d'être au Far West.
L'angoisse monte lorsque nous prenons la route de Malaga. La route de la mort. Une route nationale sinueuse sur des centaines de kilomètres à travers les montagnes. De la roche et des ravins spectaculaires. Ce qui aurait pu être magnifique devient un film gore. Un cimetière. Des motards décapités dans les arbres, des familles broyées dans leurs véhicules, je ne me souviens pas d'un seul moment agréable sur cette route. Rouler derrière des berlines ou des camionnettes chargées de manière totalement anarchique et en hauteur. L'Empire State Building croisé avec la tour de Pise. De véritables dangers, pour eux, leurs enfants, et puis pour nous. De l'inconscience ! Du suicide ! Première, deuxième, première, deuxième sur ces côtes interminables…
Les véhicules sortent tous épuisés de cet enfer comme d'un accouchement sans péridurale. Dès le premier village, ils n'en peuvent plus !
Ce jour-là, le moteur fume, il lâche.
Nous nous arrêtons à la sortie d'un village au milieu de nulle part. Il doit faire quarante-cinq degrés.
Une oasis : « Garaje Mecanico », un garage… Ou tout du moins ce qu'il doit en rester, vu l'état du panneau. Tant pis, nous n'avons pas le choix.
Mon père a compris que la voiture avait un problème de courroie et de joint de culasse, et comme je suis la seule à zozoter un peu d'espagnol, niveau sixième, il va falloir que je traduise. Tel un mini John Wayne sur une musique de Ennio Morricone, je me dirige vers mon saloon *mecanico* poussiéreux. Va maintenant expliquer courroie et joint de culasse en espagnol !
À ce moment précis, je pense à Madame Curdy, une excellente prof de français, de grec et de latin qui me terrorisait avec son teint pâle, son chignon et ses yeux glaçants. Je pense à la phonétique et j'essaie de trouver l'étymologie des mots. Tous les mots sont forcément nés quelque part… Leur origine, leur ADN… Mélangé à cela, un peu de mime façon Chaplin et le tour est joué, le garagiste a compris. Notre problème est réglé ! Lorsque je me retourne, je vois cinq hommes derrière moi, concentrés, hagards, les yeux écarquillés, et surtout, muets. Du haut de mes trois pommes, je comprends qu'ils sont tous en panne. Je tourne la tête côté route et je vois le désespoir de ces cinq familles immobilisées dans ce désert poussiéreux.

Je les écoute les uns après les autres, et je « traduis », selon mon tout nouveau Master d'espagnol mécanique.

Cette scène hallucinante d'une gamine de douze ans qui doit gérer, en espagnol, les problèmes d'une demi-douzaine de familles en perdition au milieu d'un désert écrasé de chaleur en dit beaucoup sur moi, je crois.
Trop jeune pour le rôle et en même temps investie à fond pour le tenir et tournée vers les autres pour leur venir en aide… Aujourd'hui, presque quarante ans plus tard, je sais que si tu aides, que tu partages, Dieu, (ou la Source, l'Univers, peu importe comment on l'appelle), te le redonne. J'en ai eu la confirmation un milliard de fois. En revanche, il ne faut pas s'oublier. Je n'ai compris que récemment que je m'étais toujours mise de côté. Ce que j'ai fait jusqu'à présent, c'est un rêve pour les autres, destiné aux autres. Quand tu vois la lumière dans les yeux de quelqu'un parce que tu l'aides alors qu'il est au bout du rouleau, il n'y a rien de plus magnifique. La mission de vie de chacun, c'est ça. En revanche, il ne faut pas s'oublier, ni se mettre de côté. Si j'avais une leçon à retenir de mon parcours, c'est ça. Aider, mais ne pas s'oublier.

Je me suis oubliée toute ma vie. C'est le combat de la vie pour ma tribu, un sens commun, mais mon rêve personnel, mon truc intime à moi, je ne sais pas réellement où il est. Je sais juste que je ne changerai jamais ce qui fait partie intégrante de moi, à savoir le partage, et je partagerai à nouveau toutes mes réussites.
J'ai l'impression d'avoir mené une mission que je me suis moi-même imposée, avec ce sentiment étrange d'être arrivée au monde avec. Rendre mes parents heureux et fiers était ma seule et unique obsession.
Mon rêve, c'était d'avoir une grande maison au Maroc et d'y réunir toute ma famille. Depuis toute petite je voulais ça… mais c'est comme si mon rêve à moi avait été cannibalisé par un rêve de nécessité, un rêve de rendre mes parents heureux, de les faire sourire. Mais qu'en était-il de mon rêve à moi ?
Tout ce que je fais est destiné à rendre heureux les autres, et, par un effet miroir, ça me rend heureuse.
L'équilibre se fait lorsque l'on prend le temps de se donner aussi à soi-même, et par la notion de don, il n'est pas uniquement question de matériel. Tout est don. Le temps, la pensée, l'attention… Et, sans histoire d'égo déplacé, il y a un point fondamental pour avancer : l'amour de soi, de ce que l'on est et d'où l'on vient.

Je deviens adolescente, j'ai treize ans.
Le jour où j'ai eu mes règles, mon père, musulman, a voulu me parler, c'est dire sa grande sagesse.
Assez maladroitement, il m'a dit : « Ma fille chérie, respecte ton corps, ne le donne pas à n'importe qui ! » Il essayait de me faire passer un message tout en cherchant ses mots. Il était si mignon. Je crois que sa hantise, c'était qu'on me fasse du mal ou qu'on se moque de moi. Puis il a ajouté en penchant sa tête légèrement vers moi : « Vas-y, n'aie peur de rien, tu as mille et un hommes en toi, ma fille ! ».
Puis, après m'avoir lâché cette bombe, il est passé du coq à l'âne et m'a dit en bégayant presque : « Viens, je vais t'acheter ton premier rouge à lèvres ! »

Il est incroyable, ce papa, c'est un croyant sage, avec une intelligence émotionnelle immense.

Je crois que c'est à ce moment-là que je me suis sentie pousser des ailes. C'était comme s'il m'avait adoubée, affranchie de tout ce que je pourrais avoir comme blocages. J'étais jusqu'ici une petite 2 CV, je me découvrais un moteur de Ferrari.
Mille et un hommes en moi... Cette petite phrase a été un ancrage tellement puissant qu'elle a influencé ma façon de voir et de gérer les choses, tellement puissant qu'aucun mur n'a pu m'arrêter... Ils étaient devenus invisibles et inexistants.

4

LES PIQÛRES DE GUÊPES

J'ai onze ans, c'est un samedi matin comme les autres, mes parents sont aux courses, et ma mission pendant leur absence est de nettoyer la maison. Pour ça, j'ai un uniforme spécial, une robe pyjama avec des petites fleurs bleues façon Laura Ingals. Je l'adore, et malgré l'insistance de mes parents à m'en débarrasser, elle va être une sorte de compagne indispensable entre la serpillière et les rêves.

Le meilleur ami de mes parents sonne à la porte. Plus qu'un ami, ils le considèrent comme un frère et un fils. Il arrive même qu'ils lui laissent des repas de côté. Il est très brun, les yeux noirs, plutôt bel homme, et toujours tiré à quatre épingles avec ses costumes sur mesure.
Il avait l'air d'un séducteur, un tombeur qui n'aurait eu aucun mal à obtenir les faveurs des plus belles femmes. Il devait plonger chaque jour dans son eau de toilette. C'était tellement fort que j'en ai encore l'odeur dans mes narines.

Ce matin-là, je lui ouvre la porte, je le connais bien, je n'ai aucune raison de me méfier de lui. En une fraction de seconde, je suis plaquée et bloquée contre le mur, et il plonge sa grosse langue dans ma bouche.
Je ne comprends pas ce que cette langue immonde fait dans ma bouche, pendant que ses mains brusques me fouillent partout en insistant sur les piqûres de guêpes qui me servent de poitrine à peine naissante. Ses mains de pervers font mal. J'en reste tétanisée… Impossible de sortir un son, ni de bouger le moindre muscle. J'ai l'impression que cette chose dégueulasse dure une éternité, je perds toute notion du temps et de l'espace. Il part en me gratifiant d'un regard glaçant, celui qui te dit juste « Si tu parles… »

Libre à ton esprit d'enfant d'ouvrir la porte à toutes les horreurs possibles et inimaginables : il va me faire du mal, me tuer, tuer mes parents, découper mes frères et sœurs…
Je reste figée pendant de longues minutes. Mes jambes ne me portent plus, je me traîne jusqu'aux toilettes pour y vomir toute sa crasse.

Des sentiments étranges se mélangent en moi, j'ai l'impression d'être sale et coupable. Coupable de quoi ? Sale pourquoi ? C'est étrange, ce sentiment de culpabilité qui peut habiter le corps et l'esprit d'une enfant. Pourtant, je n'ai rien fait de mal, moi. Mais ces sentiments, ces sensations ne me quittent plus.

Je vais vivre avec pendant longtemps. Il vient de me voler le peu d'innocence, le peu d'enfance qu'il me restait. Choquée, tétanisée, gênée, en état de sidération totale, je suis incapable d'en parler à mes parents, je suis incapable d'en parler tout court.
Pourquoi ça ne sort pas ? Pourquoi je suis si mal à l'aise ?
Je sentais que ce truc était tellement sale qu'il était indicible, inexplicable, injustifiable. Allait-on me croire moi, ma parole d'enfant, face à celle de cet animal à l'image si parfaite ? Les vrais « loups » ont cette faculté, cet art de la dissimulation, celui de se créer un personnage d'ange irréprochable face au monde. Je serais donc forcément… coupable de quelque chose…

Il va continuer à se servir comme un voleur d'âme durant des années. Il n'y a jamais eu de « pénétration », ce pervers aimait tripoter l'enfance de manière furtive et brutale. C'était ça son trip, son fantasme de dégénéré.

Je finis par m'isoler, je deviens solitaire, par crainte de le croiser. Dès que j'entends le bruit du moteur de sa voiture arriver, le bruit de métal sous ses chaussures dans l'allée, je me réfugie dans ma chambre et je lis, je lis, je lis à voix haute comme pour combler tous les espaces possibles et jusqu'à ce que la nuit noire envahisse la pièce.
Ces images tournent en boucle dans ma tête. Il a fouillé l'âme de mon innocence avec son énorme langue et ses mains criminelles. Ça me hante, ça devient invivable.

Un jour, seule dans la chambre, je suis encore et encore en rendez-vous avec moi-même. Ma respiration et les battements de mon cœur s'accélèrent, ma gorge se serre, j'ai de plus en plus de mal à respirer, le seul son que j'arrive à sortir est effroyable, celui d'une bête à l'agonie. J'entends les pas et les cris de panique de ma mère dans l'escalier. Elle

fait irruption comme une furie dans la chambre en hurlant de ses tripes : « Ma fille ! Ma fille est en train de mourir ! »
Mon visage et mes mains sont de plus en plus bleus. J'entends des voix de plus en plus lointaines.
Je me retrouve à l'hôpital, et c'est le début d'une longue histoire entre moi et les attaques de panique, mais ma famille ne saura jamais pourquoi. Je n'ai aucun souvenir d'avoir abordé cela avec qui que ce soit à l'hôpital.

Les années passent, je ne veux plus le voir, je ne peux plus le supporter, je ne peux plus supporter son assurance, son arrogance, comme si de rien était, et son regard noir de « si tu parles… ». Tout ça m'insupporte de plus en plus, c'est physique, c'est viscéral.
Je finis par lâcher le morceau à mon petit frère Hicham, dont je suis très proche. Je lui fais jurer de ne jamais rien révéler à personne. Il devient mon rempart contre l'ennemi. Il est encore bien jeune, il a trois ans de moins que moi, mais il est assez culotté pour se dresser devant lui quand il arrive et lui demander fermement de faire demi-tour.
Pour ma sécurité, il faudrait que ce petit frère protecteur reste à mes côtés H24, ce qui est juste impossible. Il faut que je parte, et que je parte loin.
C'est la période des dossiers pour le bac pro. À l'époque, les conseillers d'orientation sont un peu des briseurs de rêves pour les gens comme moi, et ils systématisent les parcours pro. Je fais des vœux pour partir loin de Cholet.

Je suis admise à Saint-Nazaire, en internat. C'est une libération inimaginable pour moi et la fin partielle d'un véritable calvaire.
Je ne rentre que le week-end à Cholet, où le Loup, lui, rôde toujours.
Sa présence et son arrogance m'étouffent, je ne supporte plus de le voir, et décide de ne plus rentrer à la maison le week-end.
J'en parle au proviseur du lycée, qui convoque mes parents. Ils viennent, je quitte le bâtiment de l'internat et me dirige vers les services administratifs pour les rejoindre. Sur le chemin, je vois d'abord la voiture du Loup, puis je le découvre, lui, derrière le grillage. Il avait accompagné mes parents ! Mais pourquoi ?... Je hurle dans ma tête.
Sans réfléchir une seule seconde, la boule au ventre, je décide de ne pas aller au rendez-vous et je rebrousse chemin,
Je vais disparaître pendant un an et demi. Mes parents vont vivre dans l'angoisse la plus totale, ne sachant pas où je suis. Je téléphone quand même de temps en temps à ma petite sœur Majda pendant ses cours au collège Trémolières pour donner des nouvelles et pour la rassurer. Les rassurer.

J'avais pris la décision de ne revenir que lorsque je serai alignée et que je pourrai montrer que j'avais réussi, seule, sans avoir trahi, et avoir été salie.
Je voulais prouver que l'on peut être une fille et réussir sans forcément déraper, sans forcément être « faible » sans forcément devenir une « Kahba », une pute, une fille facile, une fille qui ne se respecte pas et se donne à qui veut la prendre… La liste est longue et le curseur différent selon les mentalités des uns et des autres.
C'est la hantise de la majorité des familles chez nous.

Cette histoire s'est terminée à la OK Corral !
Le Loup avait fait la même chose avec ma sœur Majda.
Ma sœur était plus sûre d'elle que moi et, entre temps, la parole s'était libérée, je lui en avais parlé. Elle était aussi plus âgée lorsqu'il a fait sa tentative, quinze ans, je crois. Contrairement à moi, ma sœur était allée prévenir ma mère sur-le-champ, qui en a tout de suite parlé à Papa. Ils ont réagi dans la seconde, pris au sérieux ses mots et ses maux.
Mon père a alors convoqué le Loup à une sorte de conseil de famille.
Ça s'est terminé en bagarre, puis à l'hôpital.

Quelques mois plus tard, le Loup connaissait bien des galères et s'est retrouvé à la rue et à dormir dans sa voiture. Une nuit, il est venu frapper à la porte de mes parents, le dernier endroit où il pouvait venir. Mon père l'a accueilli, l'a lavé, lui a acheté des vêtements, lui a trouvé un travail… loin.
Cette sagesse-là, je n'y suis pas encore… J'arrive à pardonner à des gens qui m'ont fait du mal, tout en les écartant de ma vie, mais pour certaines choses, ce n'est pas envisageable une seconde.
Toujours est-il que ce qui a été très important pour moi est que l'on avait reconnu que ce qui m'avait été fait était anormal. Que mes parents prennent tout de suite conscience de la gravité des faits, qu'ils réagissent de manière quasi instantanée était le plus important des pansements.
Ils ont su donner de la valeur à nos maux, et ça a été pour moi la plus grande des justices. Cela m'a suffi.

À toi, le Loup, sache que tu as été l'un des éléments déclencheurs essentiels à mon parcours, celui qui a accéléré la rupture avec mon environnement chéri pour mieux me permettre d'avancer sur mon chemin de vie et de concrétiser mes rêves. Tu n'auras donc même pas l'honneur d'avoir ma haine.

Je suis en internat et, pendant mes premières vacances scolaires, je fais mon tout premier travail officiel en tant que documentaliste chez Alsthom.
En même temps, je découvre les chantiers navals, cette immense ville dans la ville de Saint-Nazaire, avec ces paquebots géants en construction, le sous-marin, l'aérospatiale...
Durant mes pauses, comme à mon habitude, j'observe tout, j'écoute tout, le brouhaha de ces hommes et ces femmes qui vont et viennent dans cette cité presque lunaire.
C'est là que je découvre un hangar immense. Celui de Kawneer, inscrit en géant sur la façade, un groupe américain, leader dans les constructions de structures aluminium qui tiennent les immenses buildings de type tour de La Défense. Je fais mes recherches, j'ose une candidature pour mon contrat d'alternance en entreprise et... bingo ! Je suis acceptée.

C'est mon tout premier vrai travail, et je vais rester deux ans dans cette entreprise, qui va bouleverser ma vie, compléter une grande partie de mes facettes et en réveiller d'autres.
En plein milieu de mon cursus scolaire, le PDG, Dominique Livet, me fait une proposition en or, ce genre de proposition qui ne se refuse pas : me payer des formations, pour la plupart *made in USA*, pour diriger le siège Afrique à Casablanca.
J'accepte sans même prendre le temps d'y réfléchir, et donc, je quitte l'école. Pour moi, c'était, enfin, le temps du retour au pays, un retour brillant et qui nous garantirait une qualité de vie plus que confortable.
C'était inespéré. Et c'était en même temps une prise de risque inouïe car ma décision allait avoir des conséquences sur mon quotidien immédiat. Plus d'école voulait dire plus d'internat, donc plus de toit où dormir.

La véritable angoisse a commencé là : aller au bureau sans que personne ne sache que j'allais être SDF. Pas de fiche de paie, donc pas de logement. Chez nous, l'orgueil et la fierté sont au-dessus de tout. On peut être à terre et ne jamais rien dire.
Il est dix-huit heures trente lorsque je quitte le bureau pour cette première nuit seule dans les rues de Saint-Nazaire.
Je finis par m'engouffrer dans une cabine téléphonique pour appeler un numéro d'urgence. On me répond gentiment et on me trouve une place dans une structure d'hébergement d'urgence.
Je m'en souviendrai toute ma vie : un immeuble sombre, propre mais impersonnel.
Une chambre sommaire, une table de nuit, une bible, et dehors à sept heures du matin.
C'était la première et dernière fois.
Ce genre d'expérience est infiniment précieuse, car elle fait partie des choses qui vous vaccinent à vie et qui vous permettent de placer un premier curseur dans la ligne de ce que vous ne voulez plus endurer.

Je vais au bureau, fraîche comme un gardon, l'air de rien. En revanche, je mets ma fierté de côté, et demande de l'aide à mes anciens copains de classe. C'est grâce à Anne-Françoise, Patrick, Marie, Fabien, Frédérique et leurs parents que je vais être protégée, logée et considérée comme une fille de la famille, jusqu'à ce que j'aie mon tout premier chez-moi sur la côte sauvage au Croisic, puis à La Baule. Mon petit frère Hicham me rejoint, il est mon compagnon de route.

Je vais apprendre, apprendre et apprendre.
Kawneer va effectivement me payer des formations dont le coût donne le tournis, m'ouvrir les portes du Centre des Jeunes Dirigeants, où je vais croiser de grands patrons, dont celui d'Yves Rocher. Je vais même y décrocher un diplôme.
Dans la même promotion, je rencontre des hommes et des femmes qui dirigent aujourd'hui des multinationales aux quatre coins du monde. Je suis à fond dans la Bourse et les marchés financiers. Je suis de près les cours de l'aluminium, notre matière première.

C'est fou comme la vie est faite. Alors que l'Éducation nationale m'avait écartée de mes ambitions réelles, la vie me récupérait en chemin et m'offrait ce que jamais mes parents n'auraient pu m'offrir : une grande école.
Encore une preuve que la force de l'intention et l'énergie que nous renvoyons au monde dessinent considérablement le contour des chemins que nous devons prendre pour atteindre nos buts.
Mais la géopolitique va venir briser cette parenthèse enchantée.
La guerre en Irak est déclarée, Dominique Livet me convoque, les Américains sont frileux, le projet est repoussé de deux ans. Mais il me demande de rester.

Je prends le temps de la réflexion.
Je repense à Monsieur Naturet, mon professeur d'histoire au collège, et à son cours sur les propagandes et les différents degrés de lecture d'une affiche, d'un livre, d'un film, d'une publicité. Ce cours m'avait passionnée. Je n'ai depuis plus jamais rien regardé ni lu sans essayer d'y voir les messages que l'on cherche à nous faire passer.

Je me découvre une passion pour la publicité et tout ce qui est communication. Je suis une enfant de l'image et de la télévision. Pas l'antenne, pas la lumière, mais tout le reste. J'étais fascinée par le travail d'Etienne Robial pour l'identité visuelle de M6 et de Canal +. Je regardais les génériques pour y repérer les patrons de pub.

Pour mon stage découverte de troisième, j'avais même écrit à Corinne Bouygues, directrice de publicité de TF1. Je n'avais rien à perdre après tout. Quelques semaines plus tard, j'ouvrais fièrement une enveloppe frappée du logo TF1, c'était une réponse négative, mais Corinne Bouygues m'avait répondu à moi, petite Nezha provinciale, et c'était déjà énorme pour moi.

C'était donc décidé : tout plaquer pour tenter l'aventure dans la communication.
Je savais que j'allais devoir sans doute commencer en bas de l'échelle, mais qu'importe, les « mille et un hommes » de mon père étaient là, bien ancrés dans mon esprit et dans mes tripes pour ouvrir le champ de tous les possibles.

Je quitte Saint-Nazaire, direction Paris.

5

NESSANCE

J'arrive à Montparnasse, collectionnant tous les clichés de la provinciale qui débarque dans la capitale.
Tout me paraît démesuré et immense. Sur le parvis de la gare, je reste immobile devant ces centaines d'âmes qui vont et viennent, qui marchent vite, qui se bousculent sans regarder personne. Je perçois comme un anonymat glaçant au milieu de cette ruche infernale. Je ne sais pas par quoi commencer. Ça tourne, tout est confus. Je ne comprends rien à ces plans de métro.

Je m'installe à une terrasse et reçois une première claque parisienne : le prix du café ! Je ressens une pression folle, j'ai une telle image des grandes villes comme Paris, que la peur de mal finir m'étreint, avec des visions horribles de moi tapinant de force sous la menace d'un tortionnaire, d'un mac sans scrupule. Devoir me vendre, trahir mon père et ma mère… Cette image réactive un fonds d'angoisse. Je me ressaisis et me dis : « Nous sommes lundi, tu prends une grande respiration, tu lis le bottin des annonces et, objectif court terme, lundi prochain, tu bosses. Point. »

À l'époque, pas d'internet et pas de mobile ! Je me mets à parcourir des centaines d'annonces dans les journaux. Enfin, l'une d'elles retient mon attention : « Recherche assistante pub… ». La cabine téléphonique n'est pas loin, j'ai un stock de pièces, j'appelle, et une voix féminine à la voix cassée me répond : « Attendez, je me renseigne… Barbara ?... Ah… Le poste est pourvu ! Désolée ! » Je raccroche, déçue. Mais je continue. Échec sur échec, aucun appel positif.

Je dois rejoindre mon logeur, Bruno, un ami photographe rencontré à La Baule et qui a su me persuader de tenter l'aventure à Paris pour aller au bout de mes ambitions.
Je réussis à atteindre le douzième arrondissement. Je découvre que son appartement est en fait un studio… avec un seul lit. Même si rien en lui ne semble faire douter de sa gentillesse et de sa bienveillance, je lui dis que je dormirai par terre.
Il me propose alors de rejoindre une amie, Pascale, rue de la Roquette. Pascale est étudiante en scénographie, elle est géniale, elle a une élégance naturelle et le sourire scotché au visage. Le *feeling* passe, nous passons une super soirée et c'est finalement chez elle que je vais m'installer un mois, le temps de trouver un appartement.

Nous sommes mercredi, je ne perds pas de vue mon objectif court terme : travailler lundi prochain. Toujours rien d'intéressant dans les offres, rien qui colle à mes ambitions.

Je repense alors à l'annonce d'assistante pub qui m'a accrochée, et, je ne sais pas pourquoi, toutes les cellules de mon corps me poussent à rappeler.
Je me souviens que la standardiste de Media System Éditions avait lâché un élément crucial, le prénom de la responsable. Je prends une grande inspiration et rappelle au culot. Après tout, je n'ai rien à perdre !
Ça décroche : « Allo, passez-moi Barbara ! », comme si nous avions gardé les moutons ensemble. Et ça marche ! J'en ris encore…
On me passe donc la Barbara en question. La pauvre je crois que je lui ai lavé le cerveau pendant une bonne heure au téléphone, mais j'ai dû tellement bien me vendre qu'elle m'accorde un rendez-vous le lendemain. Barbara est ce genre de femme énergique chez qui tout va vite, châtain clair, bourrée de charme, c'est une sorte de Lara Croft super classe. L'entrevue se passe bien, et il reste une dernière étape à valider : rencontrer Alain Khan, le PDG.
Le rendez-vous est fixé pour le lendemain, vendredi. En fin d'entretien, il me lance : « Très bien… vous voulez commencer quand ? »
Moi : « Lundi ! »
Je ne crois pas à la notion de chance, la vie se vit à l'instant T. Rien ne peut se construire si vous êtes *focus* sur le passé ou uniquement sur le futur. C'est l'instant présent qui reste déterminant.

Objectif atteint en une semaine, avec un CDI en prime, et de belles perspectives. Barbara sera ma boss. Je vais démarrer en bas de l'échelle, je suis assistante marketing et je gère le standard, les abonnements, sans oublier le courrier des lecteurs.

Je vais vivre avec Barbara et Françoise, la chef de publicité, une très belle histoire professionnelle. Elles font partie de ces managers généreux, ceux qui ne se privent pas de partager le savoir et l'expérience, tout en restant humainement toujours disponibles. D'ailleurs, je n'ai pas souvenir de notion hiérarchique chez Média System. C'était du management horizontal comme j'aime, car il reste le plus efficace.
Je viens de mettre les pieds dans un milieu précurseur et très fermé, celui du jeu vidéo et des nouvelles technologies, ce qui va influencer toutes mes visions, notamment en matière de développement.
Je vais apprendre énormément de toutes ces personnalités hors normes comme Gambas, Pierre, Olivier, Stone Age, Crevette, Matt Murduck, Poum, Kelou, Bitoman, et tous les autres. Certains sont loufoques, aux looks parfois improbables, mais tous brillants. Des sortes de cyber-intellos.

Là-bas, j'ai appris à ne pas compter les heures, à travailler en équipe et avec passion. L'un de mes meilleurs souvenirs est mon travail pour *Player One*, l'un des magazines édités par le groupe. Il est devenu culte dans l'histoire du jeu vidéo et je me sens chanceuse et fière d'avoir pu participer à cette belle aventure.
C'est aussi dans ce cocon que va naître mon pseudo « Ness », une combinaison entre mon prénom et la sortie de la console Nintendo NES.

Nous sommes en 1993, j'ai vingt-deux ans.
J'adore mon job chez Media System, mais l'Univers me réserve encore une petite surprise : je vais plonger dans le grand bain de la TV de manière totalement improvisée lors du lancement du premier jeu interactif négocié avec Nintendo pour Super Mario.

J'ai été promue, je suis maintenant chef de publicité du groupe. Mes clients sont Nintendo, Sega, Konami, Electronic Arts plus tard, Sony pour Playstation, etc. Mais j'assiste aussi au développement de petits devenus par la suite des géants, comme Infogrammes, Micromania, et beaucoup d'autres.
Je m'entends très bien avec Cyril Drevet, la star de la rédaction, et le fils de Patrice Drevet, dont j'étais totalement fan quand j'étais enfant, parce qu'il présentait le Mini Journal sur TF1. Le premier contact que j'ai eu dans ma vie avec une personne connue, c'est donc lui, Patrice, avec sa mèche blonde…

Il travaille chez France 2, en tant que producteur délégué à la jeunesse, il développe à l'époque l'idée de Televisator 2, une émission jeunesse sur fond de jeu vidéo et de mangas. Son fils Cyril est la star incontestée de la rédaction, c'est tout naturellement qu'il lui revient de présenter cette émission, avec la collaboration de la rédaction de *Player One*. En plus de mon job, j'assiste Cyrille, alias Crevette, pour son planning de tournages et ses interviews avec la presse.
Nous sommes tous très proches à la rédaction, et nous travaillons dans un réel climat de confiance. Je l'accompagne donc souvent, et je découvre le microcosme France 2, à l'époque rue Jean Goujon, avec la cantine, les régies et les plateaux. La provinciale que je suis encore observe tout ça, hallucinée…

L'émission Televisator 2 était co-présentée par Cyril et Céline, une fille belle comme un cœur. Après le lancement, il y avait une séquence de jeu « Super Mario », qui était à l'époque et qui l'est toujours, un personnage culte, une idole absolue. Il s'agissait là de créer le premier jeu interactif qui permettait aux gamins de jouer à distance et en direct par téléphone. C'était une première mondiale.
La veille du lancement, tout le monde est sur le front. Patrice me dit : « Je n'ai pas de voix pour le jeu, il faut que tu le fasses ! »
Sauf que moi, je n'ai jamais fait ça de ma vie ! Je sais faire plein de trucs, gérer des plannings, vendre et créer de la pub, négocier avec Konami et faire gagner des bornes d'arcade Street Fighter, mais pas ça, quoi !
Après plusieurs tentatives de Patrice, ma petite voix intérieure, répond pour moi. J'accepte. Pour dépanner…

Il est huit heures du matin, nous avons tous à peine dormi, comme pour tout lancement de nouveau programme, et je me retrouve en régie finale, sur le plateau du Journal de France 2, en direct pour commenter le jeu. Quand j'y repense, c'est surréaliste !

Je n'ai jamais fait ça, je ne sais pas gérer un direct, je ne sais pas placer ma voix, ça déraille un peu, mais j'y vais, je me lance.
Après quelques semaines de « dépannage », les études France 2 montrent que les télés-pectateurs font un lien entre ma voix et le jeu, ils m'ont même baptisée « Madame Mario ».
Entretemps, l'émission essuie une petite tempête interne.
Céline, qui co-présentait avec Cyril, avait omis de prévenir la direction de la chaîne d'un petit détail… La belle avait tourné dans des films érotiques… L'un de ces films est diffusé un dimanche soir sur M6, et elle est limogée le lendemain.

Cyril fait quelques émissions seules, et puis, un jour, dans l'ascenseur, Mireille Chalvon, directrice des programmes jeunesse de France 2, m'annonce : « Vous êtes à l'antenne mercredi prochain, Ness. Voyez avec Patrice. »
Je ne comprends pas tout de suite. Je lui réponds juste gentiment que ça fait déjà plusieurs semaines que je « dépanne ». « Non, à l'antenne ! », me répond-elle avec un sourire espiègle.
C'est comme ça que j'apprends que ma gueule d'Arabe va être sur France 2 !
Pour nous, c'est tellement inenvisageable qu'on ne l'inscrit pas dans le champ des possibles. Je suis quelqu'un qui a plutôt de grands rêves, mais celui-là, je ne l'avais pas coché ! Il ne faisait pas partie de la trajectoire...
Là, dans cet ascenseur, cette annonce me fait le même effet que si j'avais été lâchée de la Tour Montparnasse, je ne comprends pas vraiment ce qui m'arrive. Je me souviens juste d'avoir pris ma carte de séjour, de m'être regardée dans le miroir de l'ascenseur, et m'être dit : « Toi, avec ta gueule d'Arabe et ta carte de séjour, tu vas être à l'antenne sur la première chaîne publique française ? Mais c'est impossible ! » Je me souviens d'une crise de fou rire mémorable, seule dans cet ascenseur !
Ça a été vraiment pour moi un moment incroyable, un moment que je ne crois pas avoir raconté aux autres...

À cette époque, je porte mes cheveux bouclés, de petites lunettes rondes et on ne peut pas dire que j'ai le physique de Céline. Grande revanche personnelle sur les années d'humiliation auto-infligées avec ma tignasse qui poussait à l'horizontale.
Contrairement à ce qu'on aurait pu imaginer, à aucun moment on ne m'a demandé de me changer ou de gommer mes origines et d'être quelqu'un d'autre. Ni Mireille Chalvon, ni Patrice Drevet, qui était producteur délégué et qui, à mon avis, a œuvré pour que je sois à l'antenne. On ne m'a jamais demandé de changer quoi que ce soit.

Parfois, les choses arrivent, non pas parce qu'on les a prévues, mais parce qu'on est là au bon moment et qu'on saisit l'occasion au vol, sans se soucier des difficultés ou des barrières.
Tous les mercredis, je suis à l'antenne, sans me rendre compte de ce qui se joue. C'est un travail, point. Mais c'est vraiment le précursseur de mon parcours. Patrice, Cyril, Mireille et toute l'équipe sont des personnes essentielles pour la suite de ma carrière. Et c'est vraiment là que tout bascule.

La co-animation ne sera pas tous les jours une partie de plaisir, mais j'en garde un souvenir extraordinaire et souvent très drôle, avec Crevette et toute une bande de fous furieux squattant les régies jour et nuit. Dans le monde hyper syndiqué de France 2 à l'époque, c'était assez… contrastant !

Pour ce qui est de ma vie personnelle, mes parents étaient sidérés et fiers de voir leur fille sur France 2.

À Cholet, ils n'en revenaient pas de voir sur l'écran la gamine avec qui ils étaient à l'école…

Au Maroc, où les chaînes de télévision françaises étaient les plus regardées à l'époque, j'ai des oncles et des tantes qui ont encore des cassettes VHS de moi qu'ils ont visionnées des milliers de fois…

Et moi, je ne conscientisais pas ça, je le vivais plutôt comme une parenthèse, une étape sur mon chemin.

6

VOYAGE DANS LA LUMIÈRE

Parallèlement, à Télévisator 2, Média Système Édition signe avec MCM pour une version TV du magazine *Player One*. Ce sera la première émission quotidienne dédiée aux jeux vidéo. Elle sera présentée par Crevette et toute la clique de la rédaction.

Je suis promue responsable du département TV de Média Système, en plus de mon job de chef de pub. Mon rôle va être de faire le lien entre le groupe de presse et la chaîne MCM, et de développer les deals spécifiques pour la TV avec les éditeurs de jeux et les plateformes. Nous commençons également à nous élargir avec des annonceurs plus généralistes dont la cible est commune, comme par exemple Coca Cola.

Ces années chez MSE vont me permettre de mettre les pieds dans l'univers fermé des nouvelles technologies et d'Internet. Ce plongeon va venir enrichir mes visions à long terme sur l'évolution des médias, et plus globalement, du monde numérique. Pour moi c'est le début d'un autre volet professionnellement très riche.

Assez rapidement, MCM me propose de me confier la présentation des *news*.
J'intègre la chaîne musicale et je présente *MCM News* et *Le Mag*, un quotidien en direct.
Je vais vivre ma toute première interview en direct, et ça va être un bide total.
Je suis toute débutante, habituée à ma chronique *Player One* aux côtés de Cyril Drevet sur MCM. C'est Jean-Pierre Millet et Alexandre Drubigny qui décident, sans que je n'aie eu la moindre préparation, de me jeter dans le plateau du *Mag* pour interviewer en direct Gérald De Palmas au lendemain des Victoires de la musique. Je n'ai rien préparé, je n'ai jamais fait de direct, et encore moins en plateau *talk show*.

Ça a été une horreur, tout tremblait en moi, jusqu'à ma voix, et j'avais le souffle coupé. J'étais tellement concentrée sur les expressions physiques de mon stress qu'il m'était impossible d'être concentrée sur le fond.
C'est la première et la dernière fois que je me retrouve aussi démunie. La chaîne m'a très vite confié l'interview de l'écrivain Paolo Coelho, que j'ai tellement travaillée qu'elle est restée gravée dans ma mémoire.

Je présente aussi *Plein d'épices*, un magazine hebdomadaire dédié à la découverte de jeunes talents. J'ai toujours adoré ça, mettre en lumière des talents dont les médias ne parlent pas encore… Beaucoup sont devenus de grandes stars, Jamel Debbouze, le réalisateur Olivier Megaton, Bruno Salomone, etc.
Il y eut aussi *Manga Zone*, premier magazine dédié aux mangas et à la culture japonaise, et *Multimédia Player*, le premier magazine dédié à l'actualité multimédia avec François Tarin.
Je dois beaucoup à la chaîne MCM, elle m'a permis d'apprendre ce métier auprès d'une équipe incroyable. Nous étions tous de jeunes fous et chacun prenait de l'autre. Christian David, François Olivier Nolorgues, Nadia De Mourzitch, Francis Zegut, Hervé Lemaire, Joey Coupé, Virginie Kolinsky, Claire Bénard, Anna Didier… de la rédaction à la programmation tous travaillaient ensemble.
Les années MCM, c'est aussi les nuits au Banana Café avec Tony Gomez, Galia, les Drag Queen, le Palace et le vrai sens de la fête. C'était Super Nana sur Skyrock et le son de Nova.

L'une des émissions les plus importantes de ma vie a été *Y'a Débat*. Je me souviens avoir proposé durant la campagne présidentielle de 1995 l'idée d'une émission politique dans laquelle nous n'aborderions que les problèmes des jeunes, dans un langage et un ton non technico-politique.
Thierry Laval a trouvé l'idée intéressante et, trois semaines plus tard, il m'annonce qu'elle sera à l'antenne et en co-production avec Thierry Ardisson. Je n'en croyais pas mes yeux et mes oreilles !
Ainsi est née *Y'a débat*, dédiée au 15-35 ans, en co-présentation avec Michel Polac et Stéphane Simon. Le privilège d'avoir en prime Polac, grand personnage du débat télévisé avec lequel j'avais grandi, était pour moi un cadeau énorme.

Avec Éric Angioletti à la rédaction en chef et Claire Bénard, ma stagiaire de l'époque, (avant de devenir secrétaire générale chez M6), nous préparons l'émission de Jean-Marie

Le Pen. Claire et Éric font aussi partie des amitiés fidèles que j'ai gardées de ce milieu. Le climat est particulier pendant la conférence de rédaction, car Polac souhaite presque faire les cinquante-deux minutes sur un mode crêpage-de-chignon avec le candidat d'extrême droite. Le Pen aurait traité Polac de « hyène puante » quelques années auparavant et, vexé comme un pou, Polac souhaitait régler ses comptes et le déstabiliser. Ni Stéphane Simon, ni Eric Angioletti, ni moi, n'étions convaincus de la pertinence de son angle d'attaque anecdotique, qui ferait au plus deux minutes sur les cinquante-deux. L'histoire allait nous donner raison.
Avec Stéphane Simon, nous préparons donc nos interventions respectives, n'ayant que faire des délires d'un vieil aigri.
Le jour J, un dispositif de sécurité est déployé tout autour du studio. J'en ai la nausée de peur, d'autant que j'avais demandé à changer de place, car celle-ci était beaucoup trop proche de la bête politique Le Pen. Niet, personne ne s'est sacrifié.
Lorsque Jean-Marie Le Pen arrive dans les studios, l'ambiance est électrique. Il y a une angoisse palpable chez chaque membre de l'équipe.
Une armée de gardes du corps l'accompagne, tous plus impressionnants les uns que les autres, avec des cous de la taille de mes deux cuisses réunies, le genre de golgoth à qui tu n'as même pas envie de demander l'heure, de peur de te prendre une droite.

Le Pen arrive, je file dans la loge maquillage où il me rejoint quelques minutes plus tard. Je me retrouve donc côte à côte avec lui. J'ai l'estomac noué, l'homme est physiquement impressionnant. Il est poli, bavarde sans arrêt, entre humour et banalité. Le Pen hors-caméra est drôle et semble assez accessible. Il est surtout très loin de l'image écornée par ses propos haineux plus que douteux.
Il maîtrise en revanche à la perfection son image jusqu'à des détails comme la couleur de la poudre de maquillage ou du fond de teint.
Le générique démarre, notre Père Fouras ouvre l'émission pensant faire mouche en faisant trembler Le Pen : « Bonsoir Monsieur Jean-Marie Le Pen, merci d'avoir accepté notre invitation, d'autant que, la dernière fois, vous m'aviez traité de hyène puante. »
Le Pen va plier la séquence de règlement de compte en dix secondes avec un cinglant et un poil espiègle, mais courtois : « Eh bien, si j'ai fait ça, veuillez accepter toutes mes excuses. »
Il y a le fan club de la jeunesse FN dans le public, le climat est particulier, mais l'émission se déroule bien.
Derrière mes petites lunettes et mes boucles châtain clair, Le Pen ne s'est pas dit une seconde que je pouvais être arabe. Antillaise, peut-être.

J'avais soigneusement caché ma carte de résident sous mes fiches. D'un coup, je la prends et la brandis sous son nez : « M. Le Pen, voici ma carte de séjour, elle expire en 1997, vous êtes président, je deviens quoi ? »
En gros, est-ce qu'il me coule entre Sète et Tanger ?
Totalement surpris, l'homme politique va partir dans une rage folle à en postillonner partout, moi à trente centimètres de lui, comme ma veste aurait pu en témoigner.
Il éructe : « La carte de séjour est criminelle ! Vous ne devriez même pas l'avoir ! » J'avais devant moi la caricature *des Guignols* de Canal +. Il était rouge de colère.
Il avait été surpris et, visiblement, n'aimait pas ça. Je reviens alors à la charge en soulignant qu'il n'a pas concrètement répondu, et, pour la première fois, Le Pen savonne, désarmé.
Il va faire de l'anti-Le Pen et, dans un accès de misogynie absolue, répond : « Mais vous, ce n'est pas pareil, le président est déjà tombé sous le charme ! »
La première réponse de cette séquence a été reprise dans les zappings, à la radio et dans la presse mais, pour moi, ce n'était pas le bon moment à prendre. Le Pen faisait du Le Pen, très énervé certes, mais il restait dans son registre et, avec cette séquence, nous ne faisions qu'alimenter son discours.
L'autre séquence, en revanche, mettait en lumière un Le Pen désarmé et qui, à court d'arguments, plongeait la tête la première dans la facilité de la langue de bois, avec une sortie qui venait discréditer toutes les idées qu'il portait.

L'image est une loupe grossissante des personnes et, avec cette loupe, nous participons à peindre le tableau, à accentuer les traits grossiers d'un personnage, à modeler sa personnalité avec les couleurs qui nous arrangent, celles qui assurent l'audimat. Nous participons donc à créer des monstres.
De toutes les personnalités que nous avons reçues, Le Pen a été malgré tout une très belle leçon de communication pour moi, j'ai observé son attitude, il a une maîtrise parfaite des plateaux, jusqu'à chercher systématiquement le bouton rouge de la caméra antenne, pour répondre, adresser le mot, le bout de phrase stratégique, le message, non pas à son interlocuteur, mais directement au public.

Autre émission très importante dans mon parcours, *Exclusif*, sur TF1.
La chaîne m'avait appelée pour me proposer d'y animer une chronique quotidienne, en *access prime time*. On disait tellement de choses sur TF1 : que c'était une chaîne monochrome avec des programmes où les gens de couleur n'étaient pas très valorisés, que

son logo un peu « gendarmerie » ne laissait aucune chance aux gens comme moi…
Et pourtant…
Franck Brocard, mon réalisateur fétiche, celui avec lequel j'ai démarré et avec qui j'ai essuyé les plâtres à nos débuts sur MCM, un fidèle parmi les rares fidèles car nous nous sommes toujours conseillés et soutenus, m'appelle un jour pour m'annoncer que CASE Production, aujourd'hui Endemol, travaille sur un projet et que Stéphane Courbit, son PDG, souhaite me rencontrer.
Pour moi, à l'époque, Stéphane est un vrai gros producteur de la télé. Avec du recul, je me rends compte à quel point je voyais encore les choses avec des yeux de gamine, car l'image que je me fais du producteur à ce moment-là, c'est celle du vicelard à gros cigare qui va me demander Dieu sait quoi…
J'arrive donc à ce rendez-vous en ciré jaune avec des bottes de pluie et une marinière, (comme si j'étais Cindy Crawford et que je ne doutais pas de mes charmes), et quand je vois cette bombe atomique qu'est Stéphane, je me demande vraiment pourquoi je suis venue en Captain Iglo… Grand moment de solitude. Stéphane Courbit est jeune, châtain aux yeux bleus et très décontracté, très accueillant. Il n'est ni exubérant, ni timide, le ton est juste. Il porte un jean, un tee-shirt et des converses aux pieds.
Il y a aussi Corinne Spack, la productrice. La vraie. Une très belle femme, la cinquantaine, très classe, grande, brune, de grands yeux verts soulignés par un eyeliner très *seventies*, très grande, la voix cassée. Elle force le respect.
Là, je me suis demandé pourquoi ce type qui dirige une aussi grosse boîte avec Arthur s'intéressait à moi. Il m'avait bien aimée sur *Y'a débat*, *Mangazone*, et *Plein d'épices*, notamment. J'étais surprise et flattée qu'un producteur comme lui connaisse presque tout de mon parcours.

Ils venaient d'acheter un format Paramount, Entertainement Tonight, un format incontournable créé aux Etats Unis au début des années quatre-vingt et qu'ils voulaient adapter. J'avais une place si je le voulais, mais cela supposait que je sois là tous les jours en direct. Or, c'était impossible pour moi parce que nous étions en plein chantier de création de *Game One* pour Canal +.
Stéphane Courbit m'a alors proposé de continuer mon projet, mais d'être là au moins une fois par semaine en attendant, puis de venir tous les jours dès que *Game One* serait lancée.
La proposition m'allait parfaitement, je n'en revenais toujours pas que Stéphane et Arthur me fassent une offre pareille.

Moi, sur la première chaîne européenne., une fois par semaine… J'ai failli pourtant refuser pour une raison que nous découvrirons plus tard.

Comme prévu, en septembre 1998, j'intègre l'équipe d'*Exclusif* en *access prime time* et en direct pour une chronique quotidienne à thématiques différentes.
Je vais vivre des moments inoubliables dans une ambiance de travail très bon enfant, jusqu'à l'arrêt de l'émission.

Côté animateurs, je travaille avec les duos Emmanuelle Gaume et Frédéric Joly, puis Flavie Flamand qui sera remplacée par Valérie Benaïm. L'ambiance entre animateurs est très bonne, pas de crises existentielles ni de caprices. De toute manière ce n'est pas le genre de la maison. Avec Stéphanie Pillonca et Jonathan Lambert, nous assurons les remplacements à l'antenne durant les vacances. Nous ne sommes pas des amis dans la vie mais l'ambiance est agréable, avec des crises de rires mémorables en direct et un respect réel pour le travail de chacun.

Exclusif marche vraiment bien, c'est un carton qui réunit jusqu'à trois millions et demi de personnes !
J'interviens aussi dans *Les Enfants de la pub* et *Les Enfants de la Télé*, avec Arthur.
J'aime vraiment travailler avec Stéphane Courbit, qui a complètement remis en question l'image que j'avais du producteur un peu hautain en costume cravate. Lui, est normal, et brillant. Et a un souci du détail poussé à l'extrême.
Avec Arthur, ils gèrent le paquebot Endemol, mais vont aussi jusqu'à s'occuper de l'harmonie des couleurs portées par les uns et les autres sur un plateau ou des couleurs des premières rangées du public derrière les animateurs. Il faut que tout soit cohérent et équilibré. Ce sont de vrais « gens de télé », qui sont sur le terrain, pas juste derrière des bureaux.
Personne n'est pas là par hasard, chaque personne est là où elle doit être. Je n'ai jamais senti de conflits dans cette boîte, tout roulait, c'était une sorte de TGV, lancé à fond, mais qui ne peut pas dérailler parce que chaque personne est à la bonne place. Pas de problème d'ego, de rivalité.
À neuf heures, lorsque nous arrivions au bureau, la première chose que nous regardions tous étaient les audiences de la veille. Stéphane descendait parfois l'escalier pour nous dire de ne pas nous stresser avec ça, que les chiffres, c'était pour eux.
Résultat, nous pouvions être *focus* uniquement sur notre mission, qui était claire et précise. Travailler chez Endemol était hyper confortable, avec des conditions optimums pour livrer un bon boulot.

Je me souviens d'un jour où tout le monde était convoqué chez la comptable, ambiance bizarre, on se demandait s'il y avait une charrette… Et puis, en fait, non, ils avaient simplement décidé de donner à chacun l'équivalent de cinq ou six mois de salaire en prime exceptionnelle !

Avec l'équipe, nous sortions le soir, quand il n'y avait pas de tournage le lendemain. C'était la fête, nous nous retrouvions avec la rédaction, nous allions à l'Étoile chez Tony Gomez ou au Vip chez Jean Roch, Les Bains Douches avec Katy et David Ghetta. Je dansais, c'était une très belle période… une légèreté dont j'avais réellement besoin à ce moment précis de ma vie, une parenthèse, une bouteille d'oxygène à trois cents mètres de fond, pour des raisons que l'on abordera plus tard.
Dans la même période, je travaille aussi sur *Drôle de zapping* avec Emmanuelle Gaume et Jennie Godula, *Le Zapping du Net* avec Thierry Guillaume et *Le Millenium* avec Christophe Dechavanne, où je vis le grand moment de ce passage à l'an 2000. Ce fut un moment de télévision historique, avec presque tous les visages de TF1.

En avril 2001, la bombe *Loft Story* est lancée sur M6 à la même heure qu'*Exclusif*. L'émission est aussi produite par Endemol, avec, à sa tête, Alexia Laroche Joubert. Dès le début, *Loft Story* atteint les quatre millions de spectateurs et quarante pourcents de parts de marché.
Nous prenons une sérieuse claque, c'est un raz-de-marée sociétal qui vient tout écraser sur son passage.
Pourquoi ce torpillage d'une émission qui faisait tant d'audience et marchait très bien ? On le sait, la valeur d'une société de production est attachée au volume d'heures produites. Était-ce une stratégie de tenir les deux créneaux en même temps sur TF1 et M6, quitte à en sacrifier un ?
L'histoire leur a donné raison, stratégiquement il n'y avait pas photo, c'était un coup de maître.
Exclusif passe de trois millions et demi de spectateurs à un million de spectateurs. C'est la dégringolade.

Gérard Louvin m'appelle à ce moment-là pour me dire qu'il trouve que je ne suis pas assez bien exploitée. Il me propose de rencontrer Julien Courbet, pour *Le Coach*, un *prime time* produit par Julien Courbet. Le concept m'intéresse, je fais donc *Le Coach* mais le succès n'est pas au rendez-vous. C'est une émission peut-être trop en avance.

Aujourd'hui, il y a du *coaching* partout, mais en 2002, ce n'était pas vraiment encore dans l'air du temps.
Stéphane et Arthur ont mis du temps avant de donner leur feu vert pour *Le Coach* dans un souci constant de nous préserver.

Comme nous le redoutions depuis un moment, *Exclusif* ne résiste pas à la déferlante *Loft Story*.
Le monde de la télévision est en train de changer, la télé réalité bouleverse les codes, c'est le début de l'ère de la mise en lumière des anonymes.
Le 30 mai 2002, nous livrerons notre dernier numéro d'*Exclusif* après quatre très belles années passées ensemble.
Lorsque l'émission s'arrête, je vois ce bel *open space* se vider très vite. Tout le monde ou presque disparaît. L'arrêt d'un programme est souvent violent humainement.
Je vais être la seule rescapée de l'antenne, avec quelques personnes de la rédaction et de l'équipe de production.
Stéphane souhaite me garder dans « l'écurie Endemol », mais, dans l'immédiat, il n'y a pas de programme pour moi.
Je suis plutôt flattée. Je suis payée à ne rien faire, mais avec un contrat risqué, dans la mesure où je dois accepter les propositions qui me seront faites, avec la crainte d'atterrir dans une *real tv* ou une *call tv*. Devant ces risques, beaucoup me poussent à partir. Mais je décide de rester. La télévision a quelque chose d'irrationnel, tout peut très vite s'arrêter, comme tout peut redémarrer à une vitesse fulgurante.

J'ai souvenir d'une discussion avec Cyril Hanouna autour de la machine à café. Pour lui c'était « frangin », pour moi c'était « frangine ». Lui travaillait à l'époque sur la chaîne COMEDIE qui connaissait au même moment une crise l'obligeant à arrêter de nombreux programmes sur sa grille.
Comme beaucoup, Cyril était inquiet de la situation, inquiet de ne pas pouvoir rebondir et conscient que le temps dans ce milieu jouait un rôle de cruelle faucheuse. Ce jour-là, il était éteint, lui qui d'habitude était si jovial. J'ai tenté de le rassurer en lui disant qu'il allait rebondir. La vie et l'énergie qu'on lui donne ont le pouvoir de réaliser des destins fabuleux.
Depuis la machine à café, il est devenu l'un des poids lourds de la télévision aujourd'hui.

Quelques semaines plus tard, MCM, entre-temps passée dans l'escarcelle du groupe Lagardère, me contacte par l'intermédiaire d'Olivier Richard.

C'est un ami de longue date. Nous nous étions battus avec Matt pour qu'il soit nommé directeur des programmes de la chaîne. Le projet est de ressusciter le mythique *Top 50*. Je suis sous contrat Endemol, donc je dois demander l'aval de Stéphane Courbit. Chez Endemol, on ne badine pas avec l'image de ses animateurs, c'est carré, c'est très pro, et on est très peu friands de l'idée qu'ils puissent se balader de gauche à droite. Après une longue hésitation, Stéphane accepte.

En septembre 2002, je suis à nouveau sur la grille des programmes de MCM, et je participe également au tout premier prime de la *Star Academy* avec Nikos Aliagas.
Dans le courant de l'automne, pour la promotion du *Top 50*, je suis invitée chez Thierry Ardisson pour faire *Tout le monde en parle*, ce qui n'est aisé pour personne, car on ne sait pas à quelle sauce on risque d'être mangé. À travers cette émission, Thierry m'a permis de montrer au public des grandes chaînes hertziennes que je n'étais pas qu'une femme tronc, et que les formes des femmes n'étaient pas incompatibles avec le fond. Pour la première fois sur une chaîne de masse, j'ai eu l'occasion de m'exprimer sans langue de bois sur des sujets sur lesquels personne ne m'attendait. Peut-être étais-je un peu trop directe, avec du recul. Lorsqu'il m'arrive de tomber dessus j'ai envie de me mettre des claques !
Cette première émission chez Thierry Ardisson a été, je pense, le déclencheur de beaucoup de propositions de part et d'autre. La plus intéressante pour moi a été l'appel d'Yves Bigot, directeur de l'unité divertissement et des jeux de France 2.
Il m'a proposé *Top Of the Pop*, l'émission mythique avec quarante années au compteur sur la BBC. C'était le programme sur lequel je bavais quand j'étais à la direction artistique de MCM.

À regret, je quitte Endemol pour l'aventure France 2, qui me propose d'être aux commandes de mes émissions.
J'ai le cœur serré, car je m'y sentais protégée et en sécurité. Je quitte une sorte de cocon rare qui m'a permis, au-delà d'être à l'antenne sur TF1, de m'accorder une parenthèse de répit, de tranquillité et de légèreté pour passer avec plus de douceur un moment pénible de ma vie. J'y avais aussi gagné une amitié solide avec Jacques Masure, le directeur financier du groupe, qui est resté dans ma vie et est devenu comme un frère pour moi. Avec Endemol, j'ai beaucoup appris de ces années, notamment comment un producteur garde ses animateurs, les booste, les tire vers le haut sans pour autant les stariser, sans guerre d'ego, avec un esprit bon enfant et une constante envie de faire son boulot du

mieux possible. Il n'y avait aucune place pour les divas. Nous gardions les pieds bien ancrés au sol.

Parmi les souvenirs étonnants et les séquences improbables chez France Télévision, il y a l'émission *Un pont entre deux rives*, en 2003, un *prime time* co-présenté avec Rachid Arab à l'occasion de l'année de l'Algérie.
Un évènement très politique et décidé par les présidents Jacques Chirac et Abdelaziz Bouteflika. Le service public a assuré sa part avec cette émission tournée à la fois en Algérie et à Paris.
La production est confiée à Dominique Cantien. Pour ma part, en réunion de rédaction, je souligne que je suis marocaine et non algérienne. Hors de question pour moi de parler d'un pays que je ne connais pas, j'insiste pour pouvoir aller tourner des reportages sur place et partir à la rencontre des citoyens algériens. On me donne le feu vert du bout des lèvres.

J'ai le souvenir d'une émission très difficile à monter, tant les tensions étaient palpables des deux côtés de la Méditerranée, et surtout, avec un nom presque imposé, un nom qui dérange, et à juste titre, celui du sulfureux *golden boy* algérien Rafik Khalifa. Cet homme d'affaires à la réussite fulgurante défrayait la chronique, tout le monde s'interrogeait sur l'origine des fonds sur lesquels il avait bâti son empire, comme me le confirmait Yves Bigot : « Ça s'est passé dans des conditions très très tendues, j'espère te l'avoir épargné à l'époque, mais entre les Algériens et moi, c'était très tendu. »

J'étais partie déjeuner, et alors qu'il y avait le président du CSA, je me suis levée et me suis barrée, car le représentant algérien, qui était le président de la Fédération algérienne de football, m'avait dit « Vous allez travailler avec Monsieur Khalifa », ce à quoi j'avais dit non. Il avait une compagnie aérienne, mais le fait qu'il avait l'intention de monter une chaîne de télévision ne lui donnait pas une grande expertise dans le milieu de la télévision, donc, non, je ne voulais pas bosser avec lui.
Et je me suis levée et me suis barrée. J'ai appelé Marc Tessier (PDG de France Télévision) et lui ai dit que je ne travaillerais pas avec Monsieur Khalifa, et qu'ils devraient me remercier car s'ils travaillaient avec lui, ce sont eux qui auraient des emmerdes au final. Car c'est un mec qui finira en prison ou assassiné, et un jour, on leur reprocherait d'avoir bossé avec lui.
Tout ça pour dire que c'était tendu. Ça m'avait tellement fait marrer de le faire présenter par une Marocaine accompagnée par un Kabyle interdit de séjour en Algérie !

L'histoire a donné raison à Yves Bigot puisque, de procès en procès, et d'appel en appel, Rafik Khalifa a fini par être condamné à dix-huit ans de prison.

Avant le tournage du prime, je pars avec une équipe pour tourner des reportages dans ce pays que je ne connais pas. Chacun de nos déplacements est encadré par la sécurité ou par des militaires. Impossible d'imaginer ne serait-ce qu'une balade autour de l'hôtel, sans être rappelés à l'ordre par un agent ou un militaire.

Je découvre Alger, une ville époustouflante de beauté surplombant la Méditerranée d'un bleu intense. Je découvre une jeunesse algérienne incroyable, dynamique, volontaire, mais aux perspectives limitées lorsque pas nés à la bonne place sociale.

On me colle une sorte de guide, qui a le nez un peu trop souvent dans mes fiches. Je découvre que c'est un agent dont je vais réussir à me débarrasser pour travailler sereinement. L'université d'Alger cache bien des cerveaux, qui préfèrent enchaîner les années d'études pour ne pas tenir les murs. Et puis, il y a cet étudiant qui me dit en pointant les yeux et le doigt vers le ciel bleu azur : « Regarde, ça c'est notre seul passeport. » Je ne saisis pas tout de suite, ce n'était pas le ciel qu'il pointait mais les milliers de paraboles. Ces immenses assiettes plantées sur les toits de la ville étaient tout ce qu'ils avaient pour voyager : à travers les écrans.
Je me souviens de ce vol très émouvant, avec deux pieds-noirs de retour « au pays », comme ils disaient. Un pays qu'ils avaient quitté des décennies auparavant. Ils appréhendaient, le nœud à l'estomac, l'accueil qui allait leur être réservé. Lorsque la belle Alger s'est dévoilée sous les ailes de l'avion, les larmes ont coulé comme de jolies pierres sur leurs joues. Ce fut très émouvant d'assister à ce moment.
Je les croiserai le lendemain, heureux de l'accueil des Algériens, heureux également que leurs anciens voisins et amis aient pris le soin de préserver leur maison. Heureux tout simplement d'être chez eux.

De retour à Paris, avant le tournage du *prime time*, nous tournons en secret total des autorités la séquence du grand Idir. Tout se passe bien, jusqu'à ce que l'on repère un agent dans les coulisses.
Idir et le pouvoir en place, c'était compliqué, comme l'explique Yves Bigot :
« Tu sais que c'est Idir qui nous a permis de te faire passer, toi,et Enrico Macias, ils étaient hystériques qu'Idir soient dans l'émission, C'était leur obsession. Personne ne m'a demandé si tu étais algérienne ou pas. »

C'est une émission qui marche, contrairement à ce que les gens pensent : tu fais une émission sur l'Algérie présentée par des Maghrébins, eh bien ça marche, il y'a pas de « Ça ne marchera pas car les gens aiment pas les bougnouls ! »

J'ai vécu pendant ces années France 2 d'autres très beaux moments de télé, comme cette magnifique chance de jouer dans des pièces de théâtre par exemple dans *Fil à la patte*, de Georges Feydeau, avec tous les visages de France 2 sous la direction de Francis Perrin, et produite par Olivier Mines.
L'occasion unique de dépasser ses *a priori* et d'apprendre sur soi. Il est bien plus facile de se dévêtir que de se mettre réellement à nu. C'est ce que j'ai retenu de cette expérience. J'y ai découvert la rigueur avec laquelle les comédiens devaient travailler et Francis Perrin ne badinait pas avec la ponctualité. Star ou pas star, tu te prenais une engueulade mémorable si tu étais en retard qui te passait l'envie de recommencer.

Ma dernière prestation pour France Télévision sera en 2009 avec une émission spéciale Ramadan sur France Ô.

Un très beau bilan professionnel et personnel dans cette grande maison qui m'a permis de continuer à apprendre et à me diversifier.

Une seule tache à ce joli tableau, et pas des moindres. Ce genre de tache qui vous use et vous abime jusqu'à vous épuiser, vous vider et à vous dégoûter de ce que l'on appelle l'antenne.
Toujours pour France 2, j'anime *Top of the Pops*, une co-production avec la BBC pour la version française de l'émission musicale culte anglaise.
J'aime le concept de cette émission car elle permet aux artistes de performer en live, sans playback. Nous avions la chance, via la BBC, d'avoir en programmation des artistes internationaux dans une période durant laquelle les budgets des maisons de disques étaient sabrés et ne permettaient plus de faire venir les stars comme auparavant. L'autre point capital était le classement des ventes d'albums, qui permettait une grande qualité et une grande variété dans la programmation.

Au départ, *Top of the Pops* était une émission hebdomadaire de vingt-six minutes en *access prime*, puis en *day time*. Un beau programme pour une très mauvaise expérience, qui a très vite tourné à l'enfer… J'ai découvert ce que c'était que de ne pas être chez soi dans le programme que l'on porte.

Je tournais deux émissions le même jour, ce qui n'est pas un problème pour moi, et entre les deux, nous attendions le classement IFOP /SNEP.
L'excellent Olivier Bas, assisté de Ludivine Bondoux, se chargeait ensuite de la programmation avant que je n'écrive l'émission.
Tout cela marchait très bien sur le papier, mais je n'avais pas les outils pour travailler correctement. Pas de bureau, par exemple. J'étais réduite à faire mes recherches puis écrire l'émission sur une minuscule table japonaise, presque par terre.
L'émission était co-produite par deux sociétés. ACT 4, dirigée par Jacques Clément et Danielle Rouméjon, et R&G, dirigée par Stéphane Gato et Jerôme Revon. Ces derniers avaient visiblement d'autres visages en tête pour l'animation de l'émission, et je n'avais absolument aucune considération de leur part.
J'étais imposée par France 2, ils ne l'avaient visiblement pas digéré, et me l'ont fait payer très cher.

J'aggrave mon cas, après la diffusion du premier numéro , quand j'appelle poliment le réalisateur et producteur, Jérome Revon, pour lui dire, tout à fait poliment d'ailleurs, que la lumière de mes plateaux est trop dure et qu'il faudrait l'améliorer, car elle décroche complètement en comparaison avec la lumière hyper léchée des séquences en live.
Que n'avais-je pas dit à sa seigneurie Revon, grand réalisateur à qui personne n'a le droit de faire de remarque du tout ! Monsieur part dans un monologue furieux au téléphone. Désolée « Muffleman », mais c'est ma gueule qui est à l'antenne et c'est mon droit le plus ultime de la défendre et de faire en sorte qu'elle soit la meilleure possible, dans mon intérêt, et surtout, celui du programme !

Je vais vivre là ma pire expérience à la télévision et ma pire expérience professionnelle tout court. Je découvre ce que c'est que de travailler la boule au ventre, le truc que je me suis toujours interdit, avec ou sans télé. Les conditions de travail étaient intenables psychologiquement, et j'étais nerveusement épuisée. La présence de Jacques Clément et de Danielle Rouméjon auprès de moi a été capitale. Ils ont été d'un soutien sans faille devant cette attitude indécente et méprisante. Grâce à eux, j'ai pu tenir jusqu'à la dernière émission en essayant de livrer un travail irréprochable.
Je ne voulais pas leur faire ce cadeau-là, je ne voulais pas que l'on puisse se gausser dans les maisons de production, car, dans ces cas-là, c'est toujours l'animateur qui prend, et qui prend cher. Ce n'est forcément que de sa faute, trop ceci et trop cela !

J'ai tenu quatre ans, vécues comme un accouchement sans péridurale, mais je ne leur ai rien lâché.
C'était la première fois de ma vie que j'allais presque fêter l'arrêt de l'un de mes programmes, une véritable libération.
En 2006, la BBC annonce la fin de l'émission en Angleterre, ce qui aura pour conséquence la suppression de la version française en juin de la même année.
En septembre, Stéphane Gato m'invitera à déjeuner pour me présenter ses excuses, déclarant ne pas comprendre pourquoi ils avaient agi comme ça avec moi.
D'autant que lui aussi était un enfant d'ouvrier... Cela avait l'air sincère, mais trop tard, sincère, mais j'avais du mal à y croire. En tant que producteurs, ils n'avaient aucun intérêt à se griller avec une Ness encore sur le marché.
Mais pour moi le mal était fait, et bien profond.

À la fin de l'année 2006, je pars dans l'aventure *Vip Club* sur Demain TV, le premier magazine hebdomadaire de 52' dédié aux réussites issues de la diversité et de milieux dits « difficiles ».
Je rencontre des artistes, des politiques, des entrepreneurs, mais aussi des anonymes, dans une émission qui se veut être à l'image de la France, métissée et non communautariste. Je rencontre des parcours incroyables, émouvants, je verse des larmes, ça pleure jusque dans la régie. À chaque portrait, une leçon de vie. Un moment extraordinaire dans ma carrière. C'est certainement l'émission que j'ai préféré porter car, humainement, c'était d'une richesse inouïe.

J'avais un luxe très rare à la télé, le temps. J'avais le temps d'échanger réellement. Lorsque vous donnez du temps aux gens que vous recevez, ils vous livrent des pépites émotionnelles, des pépites de ce qu'ils sont réellement, et ça, j'adore.
Cela donne des moments uniques. Si je devais refaire un jour de l'antenne, ce serait ça, avec la même productrice, Martine Lupi. Elle a travaillé avec Mireille Dumas et sait produire cette humanité. Elle est comme moi, je pense, elle aime l'humain qui se cache derrière chaque facette d'un personnage ou d'une personnalité.

En 2010, Éric Angioletti, directeur des programmes d'Europe 1, me contacte. Cela faisait longtemps qu'il me poussait vers la radio, que je décide de sauter le pas. Et quel bonheur ! Je me retrouve à vivre des matinales aux côtés de Nicolas Demorand et de Marc Olivier Fogiel. J'adore cette expérience, car ce média est un outil de l'instantané, sans fard, ni maquillage. La voix fait tout le travail et crée un lien émotionnel unique avec l'auditeur.

Je ne regrette rien parce que tout ce que j'ai vécu pendant ces deux décennies m'a apporté quelque chose.
Mais je pense aussi m'être laissée enfermer dans une image de papier glacé qui ne me correspondait pas, et de laquelle il a été difficile de sortir.

Et au final, le métier d'animatrice ne me manque pas, sa lumière ne me manque pas. J'ai un grand besoin de spontanéité et d'enthousiasme dans les rapports humains. J'ai réalisé avec le recul que l'antenne n'était pas faite pour moi, parce que je ne pouvais pas être vraiment moi !

Je suis une femme libre et pour être une femme libre à la télévision, mieux vaut rester dans l'ombre. D'ailleurs c'est dans l'ombre qu'est le réel pouvoir de cet univers.

7

POURQUOI MOI ?

Voilà une question qui m'a été posée tout au long de mon parcours, que ce soit par des anonymes, des jeunes de tous horizons qui s'interrogent sur l'accessibilité aux médias, des personnes dont le but unique est d'être dans la lumière, ou des individus de tous genres, de toutes classes sociales et origines, car la jalousie, la haine et la stupidité de l'humain sont des tares universelles.

C'est une question à laquelle il m'a été difficile de répondre, car je ne me l'étais tout simplement jamais posée.
Nous n'avons pas de regard sur nous, pas de recul réel sur ce que l'on est, surtout lorsque l'on est jeune. Ce « pourquoi moi », n'a donc rien de prétentieux car la plupart de temps, tout va très vite. Entre le moment de la proposition et le moment où vous rentrez en action, vous n'avez pas le temps de vous la poser.
C'est une question qui vient souvent plutôt d'un employeur vers le futur employé lors d'un rendez-vous d'embauche : « Pourquoi vous ? ou « Pourquoi vous choisir vous ? »
Question pour laquelle il faut prendre le temps de la réflexion, car la réponse risque de réduire à néant vos moindres chances.

Ce « pourquoi moi » est là pour guider, donner des réponses et aussi faire taire certaines idées reçues ou raccourcis faciles mettant en doute ma légitimité et, au passage, jetant un voile sur toutes mes compétences. Surtout parce que je suis une femme.

Pour répondre de la manière la plus juste et pour permettre à chacun de comprendre les motivations d'un dirigeant, j'ai fait le choix de remonter le temps et d'aller poser la question aux premiers concernés, à ceux qui un jour ont pris la décision de me choisir, moi.

Voici des extraits choisis de ces entretiens.

Dominique Livet, ex-directeur général de KAWNEER France, aujourd'hui à la retraite.

Ness : Bonjour Dominique, je voulais que l'on refasse un voyage dans le temps ensemble et que tu me dises un peu les souvenirs que tu as gardés en tant que patron sur cette toute jeune salariée qui était encore étudiante à l'époque et que tu as embauchée.

DL : Mon souvenir, c'est que j'avais une jeune fille qui avait beaucoup de potentiel et qui avait besoin d'être guidée, donc ça c'est mon premier souvenir. Donc je sentais en toi plein de choses pour l'avenir. J'ai ressenti que tu avais besoin d'un tuteur.

Ness : Quels étaient selon toi les traits de caractère qui ont fait que tu t'es dit : « Là, il y a un truc » ?

DL : Déjà, la vivacité d'esprit. Quand tu disais quelque chose, tu le mettais en application. Et l'envie de réussir, la ténacité et ce tempérament de gagnant. C'est mon ressenti, plus de vingt ans après. C'est le côté TDA, totalement différent des autres.

Thierry Laval, ex-directeur général de MCM et vice-président marketing et développement de TF1 Entreprise, aujourd'hui co-fondateur de Citoyens & Compagnie.

Ness : Thierry, qu'est-ce qui t'a donné envie de travailler avec moi ?

TL : Je me rappelle d'une chose, c'était l'envie que tu avais, la fougue que tu avais et le mauvais caractère que tu avais, et ça, les gens qui ont des convictions et qui les défendent sans filer, j'aime bien, parce que ça veut dire que ce sont des gens qui avancent avec leurs tripes et moi, j'aime les gens qui avancent avec leurs tripes. On a deux cerveaux, il ne faut pas l'oublier, il y a les tripes, le ventre et là-haut, le cerveau des tripes c'est pas mal.

Ness : Quand tu m'as convoquée comme tous les animateurs, un mois de décembre, je crois, on faisait le point sur la chaîne, et j'ai dû émettre des critiques façon grande gueule, et tu m'as dit « bon, puisque t'es une grande gueule t'as quinze jours pour me faire une proposition », qu'est-ce qui motive un manager dans ce cas-là ?

TL : Parce que tu as défendu tes convictions et il n'y a personne qui a surenchéri, ou qui a réagi, et donc, à partir du moment où quelqu›un est persuadé de son idée, convaincu que c'est la bonne idée, il faut lui laisser sa chance, parce que sans ça, ça s'appelle la frustration. Moi, ce que j'aime c'est que quand on dénonce un problème, sans doute qu'à l'époque, tu avais dû dire que l'habillage était nul, *why not*, d'accord, mais c'est quoi la proposition derrière ? Tu as répondu à la problématique en apportant une solution efficace.

Éric Angioletti, ex-directeur des programmes du groupe NRJ, MCM, EUROPE 1. Aujourd'hui vice-président du Press Club et consultant auprès des radios françaises et étrangères. Expert médias et en stratégie de communication, il dirige aussi Angiocom.

Ness : Éric, pourquoi moi ?

EA : Je me souviens sur les *news* de MCM, l'idée c'était d'avoir quelqu'un de pétillant d'un ton nouveau sur les *news*, pour donner des infos qui étaient proches des infos de NRJ. Le principe c'était « les jeunes n'aiment pas l'info », donc c'était de trouver des infos qui vont les intéresser pour les emmener progressivement à l'info plus généraliste. Pour ça, il fallait quelqu'un de leur génération, qui leur parle et qui n'ait pas un ton comme les journalistes classiques, quelqu'un qui connaisse suffisamment ou l'actualité classique, ou l'actualité culturelle, pour pouvoir les amener à regarder. C'est comme ça que ça s'est développé notre travail avec toi et ça a bien fonctionné.
Pour *Y'a Débat*, l'idée est de faire pour la présidentielle un programme avec un vieux routard pro des débats, qu'était Polac, et de lui adjoindre quelqu'un de jeune mais, là aussi, qui ait une culture importante, car il fallait recevoir des candidats à la présidentielle. L'idée, c'était de leur poser toutes les questions possibles et imaginables, et le moment où tu m'as bluffé, c'était quand on a reçu Jean-Marie Le Pen. Tu as été complétement à la hauteur, tu l'as même charmé, sa haine de l'étranger, il ne l'a pas du tout assimilée à toi, et ça, c'est quelque chose de fabuleux, car il est ressorti séduit. J'ai trouvé ça très

fort parce que tu lui avais posé toutes les questions qui, si elles avaient été posées par un journaliste classique, il aurait été hystérique et méchant. Donc avec le recul, je pense que c'était le bon endroit au bon moment et en fait, c'est déjà ta faculté d'adaptation, d'empathie qui a fait que ça s'est bien passé et que c'est devenu quelque part un symbole par rapport à cette époque-là, la manière dont tu avais interviewé les politiques.

Ness : Éric, quels sont mes défauts ? *(rires)*

EA : Je dirais des défauts qui sont finalement plus des qualités, je crois que tu es très professionnelle, mais au point d'être quelques fois pointilleuse sur les choses que l'on a vécues ensemble, donc c'est plutôt une qualité, je ne dirais pas que c'est un défaut. Après, peut-être que tu n'es pas toujours aussi politique qu'il le faudrait, alors ça aussi c'est une qualité, car ça veut dire être sincère et croire en des valeurs, le problème c'est que pour évoluer dans le monde des médias il faut un peu savoir naviguer…

Ness : La fermer ! *(rires)*

EA : Peut-être que tu ne l'as pas toujours été, mais c'est ce qui fait aussi ton charme, on ne peut pas dire que ça soit vraiment un défaut. Ce n'est pas un défaut, mais quand tu te lances dans un truc tu y vas avec de l'enthousiasme, tu y vas à fond. Alors les autres autour ne comprennent pas toujours forcément parce qu'ils n'ont pas la même passion, mais bon, pour ceux qui bossent avec toi, ça peut être un défaut et quand tu es plutôt dans un poste de direction, c'est plutôt un avantage d'avoir quelqu'un comme ça.

François Tron, ex-directeur des programmes de France 2 et directeur général de la RTBF, aujourd'hui consultant.

Ness : François, qu'est ce qui a motivé le choix de mon nom sur France 2 ?

FT : Ça faisait un moment que je voulais changer la grille, essayer d'innover le plus possible. On avait fait des expériences, une ratée, une réussie, une plutôt réussie, c'était de mettre Ruquier en *access prime time*, je voulais essayer d'innover sur la grille, amener une dynamique et prendre des risques, ce qui pour moi doit être l'apanage du service public. Je me souviens qu'on travaillait avec Yves Bigot, qui est quelqu'un

qui a des compétences en matière musicale. On adorait une émission qui s'appelait *Tops of the Pops*, on s'était dit on va tenter de l'adapter dans la grille et il faut qu'on trouve quelqu'un pour la présenter. Il y avait une petite jeune sur MCM qu'on trouvait très bien et qui par rapport au format de l'émission faisait le top de MCM. On se disait « elle est vachement bien, elle connaît bien la musique, elle sait animer, pourquoi on ne lui proposerait pas », et ça s'est passé comme ça. La question de couleur ne s'est même pas posée, pour nous ça a été totalement « elle est bien, elle est en rapport avec le format que l'on veut développer, c'est un nouveau visage ». Yves t'a contactée et je lui ai dit : « Écoute on y va ! »
C'est comme ça que c'est venu, et au fur et à mesure que tu as présenté, on s'est dit que ça se passait bien et voilà il faut qu'elle essaye d'aller en prime. C'était cette espèce de renouvellement des présentateurs et présentatrices, je crois que tu avais fait les Victoires de la musique.

Ness : Oui, les Victoires de la musique avec Jean-Luc Delarue et Michel Drucker...
As-tu senti des blocages, parce que le prime c'est quand même une grande messe très convoitée, une case stratégique ?

FT : Si mais, tu sais, à partir du moment où les gens font leurs preuves... Je crois assez volontiers au test, filer les clés d'un prime à quelqu'un, ce n'est pas simple. D'abord, on avait des présentateurs et présentatrices calibrés pour certains primes, et là on s'est dit « elle a une expérience, ça se passe bien sur le Top, et voilà ».

Yves Bigot, ex-directeur des programmes de France 2, ex-directeur général de la RTBF, actuellement directeur général de TV5 Monde.

Ness : Yves, qu'est ce qui a motivé ton choix lors de mon arrivée sur France 2 ?

YB : Écoute, ce dont je me souviens très clairement, c'était que mon problème à France 2, c'était de manquer d'animatrices. J'avais des animateurs mecs formidables comme Patrick Sébastien, Michel Drucker, Thierry Ardisson, Laurent Ruquier... Mais gros déficit de présentatrice. Il y avait Sophie Davant, on a eu Christine Bravo quand elle a fait *Réunion Libre*, mais c'était vraiment extrêmement déséquilibré au niveau des présentatrices. Donc à la question pourquoi as-tu pris une Marocaine, c'est que j'ai pris

une présentatrice. Tu as fait partie d'un moment, alors je ne sais plus les dates exactes, où j'ai fait venir Daniela de TF1, car j'avais besoin de quelqu'un qui soit costaud, qui puisse faire des primes et qui puisse aussi faire un magazine hebdomadaire etc. Je me souviens avoir donné un top show l'été à Karine Lemarchand et Marine Vigne. Et il y a toi qui es arrivée via *Top of the Pops*. Pourquoi toi ? Parce que tu étais une fille, voilà la seule discrimination positive dont tu as bénéficié, c'est d'être une fille et que tu venais de la musique parce que quelqu'un m'a dit : « Regarde cette fille sur MCM. »
Jean-Baptiste Jouy, ex-directeur des programmes de France 2, ex-directeur adjoint de l'antenne de Canal +. Il dirige aujourd'hui Step By Step Productions, dont il est le fondateur.

JBJ : Pourquoi toi ? Cette question-là, je ne me la suis jamais posée. En fait, dans les termes de ton appel, il y a deux mois, quand tu m'as dit : « J'ai fini par me laisser convaincre d'écrire l'histoire de la première femme, on va dire d'origine biculturelle, en tout cas du Maghreb, à qui l'on a confié un grand *prime time* sur des télés premium, en l'occurrence sur TF1, la plus puissante chaîne d'Europe en *access prime time* et d'une des plus grosses chaînes publiques d'Europe en prime », eh bien en fait, j'ai trouvé ça génial cette idée, car je ne me l'étais jamais posée en ces termes.

Ness : C'est-à-dire ?

JBJ : Parce que, pour moi, tu n'étais pas la représentante d'une identité, d'une origine. Pour moi, tu étais une super pro de télévision que je connaissais depuis longtemps. Nous sommes de la même génération, moi, je t'ai connue d'abord comme téléspectateur sur MCM dans plein d'émissions où tu étais extrêmement présente. Tu étais l'une des taulières de la chaîne à la fois sur du *talk*, et à la fois sur du programme plus musical, plus fun. De mémoire, tu avais un côté chef de bande déjà, alors que tu étais très jeune, que tu étais une fille, ce qui, déjà, n'était pas hyper courant d'avoir, une chef de bande fille, il y en avait, mais ce n'était pas la majorité. En fait, on avait l'impression que tu étais déjà hyper structurée avec le sentiment que tu étais un peu la rédactrice en chef en plus d'être celle qui présente. Tu avais beaucoup de talent comme animatrice mais c'était plus que ça, il y avait un vrai côté journaliste en plus.
Tu étais l'un des visages marquants de ma génération. Les télévisions musicales émergeaient comme par exemple TV6, qui avaient permis de voir arriver plein de mecs, Delarue, Olivier Dorant, Childeric Muller, les femmes étaient plutôt des pousse clips et ce sont plus les hommes qui tenaient les *talks*.

Quand on se croise à France 2, ça fait donc déjà vingt ans que je te connais, je connais ton parcours. J'avais donc une autre perception de ton travail.
Tu étais une grande pro et je le savais. Les études étaient très bonnes. Avec toi, on pouvait pousser les murs. Le mix est que j'ai pu te proposer *Carbone 14*.

Ness : Mes origines ont-elles pu influencer ou orienter vos choix ?

TL : Je t'arrête tout de suite, parce que moi, il y a un truc qui me gonfle aujourd'hui, c'est qu'il faut mettre de la diversité sur les antennes. Sur MCM, je ne réagissais pas comme ça, pour moi, tu étais pas Ness, l'Arabe de service, tu étais Ness avec son talent et point. Je ne me suis jamais posé la question. Il y a eu sur MCM des homosexuels mais je ne me suis jamais dit « ah, il faut un homosexuel ou il faut une Arabe ». C'est qui la personne ? Je m'en fous, moi, de savoir son ethnie, son origine, sa religion ou ses pratiques sexuelles, c'est pas mon sujet ça.

EA : Toi, là où tu as fait ton parcours, c'est qu'on ne t'a jamais embauchée pour ta couleur de peau, tu étais une bonne journaliste, une bonne présentatrice, capable de jongler entre les deux, ce qui est important, et c'est ce qu'on appelle aujourd'hui un *anchorman*, on n'appelait pas ça comme ça à l'époque, et du coup, tu étais légitime pour ça, sans aucun rapport avec ton origine. Je pense que ça a énormément compté. En plus tu es une femme, tu es d'origine marocaine, certes, mais ce n'est jamais ça qui a été mis en avant et c'est pour ça que tu as duré longtemps et que tu as pu tenter des choses et les faire.

FT : Ah non, non, non ! Ça rejoint la discussion, pour moi ça n'est pas la question de la couleur, c'est la question du talent. Le talent passe au-dessus de tout le reste !

JBJ : Quand je te vois, d'abord sur *Exclusif*, je n'ai jamais pensé, tiens voilà une beurette ou Marocaine qui est en *access*, c'est quand même dingue ce pays bouge ! Non, je ne me le suis pas dit. Je pense que, dans ma génération, on ne pensait pas ça, pas comme ça. Même si évidemment, il y avait du racisme, il y avait des expressions qui étaient complètement folles, des discriminations à l'embauche, à l'entrée etc. Mais toi, non, et quand même, en termes de représentativité à l'antenne de l'époque, c'est énorme quand on y pense. Tu étais à l'antenne sur TF1, à rendre l'antenne presque

à une heure du JT de vingt heures ? Wahou, ça veut dire quatre à cinq millions de téléspectateurs devant le post, ce n'est quand même pas rien. Mais honnêtement je n'y ai jamais pensé.
Quand j'ai reçu ton coup de fil, je me suis dit mais elle a raison, elle a dû vivre ce truc très seule, ou alors très fière, ou alors elle ne s'en est pas rendu compte non plus, en tout cas c'est passionnant d'en parler.
Cela dit, beaucoup de choses, et notamment sur le fait que je ne m'en sois pas rendu compte, peut être que d'autres l'ont fait sciemment, chacun en fait a sa vérité sur le sujet. Je ne pense pas par exemple que Stéphane Courbit l'ait fait avec ce choix-là, mais plutôt qu'il ait choisi la fille qu'il estimait être la meilleure pour le job. Tu étais à la fois hyper chaleureuse, tu savais mettre une très belle énergie avec les gens et avec les téléspectateurs, et tu étais aussi très technique comme par exemple sur le jeu, où tu te dis, elle n'est pas sur un prompteur, elle tient le truc, ça dit beaucoup sur sa manière de bosser, sur ce qu'elle est. Tu étais une grande pro et je le savais. Point.

Je souhaite que ces réponses puissent donner la possibilité aux jeunes, et à tous ceux qui ont envie de réussir dans la vie, de se dire que, quelle que soit l'ambition, acquérir de l'expérience est l'objectif numéro un.
Partir de rien, se casser la gueule, apprendre, construire une histoire, un parcours, constituent la condition non négociable pour avancer dans son chemin de vie.
Et pour cela, il faut se mettre en tête que tout n'est pas qu'une question de diplômes ou de niveau d'études, il y a aussi peut-être un comportement, un trait de personnalité, une attitude, une qualité x, y, ou z, qui fait que l'on se détache du lot et que l'on vous remarque plus que quelqu'un d'autre.

8

ZMAGRIAS DE FRANCE

J'ai grandi dans une France douce et paisible.
Être marocaine en France, c'était l'entraide, les échanges de cultures à travers les repas les uns chez les autres, mais aussi le partage avec les voisins. Lorsque ma mère faisait des gâteaux, tous les enfants du quartier venaient goûter sur notre terrasse.
Mes parents ont toujours aimé les bons produits, c'est donc auprès des fermiers et éleveurs locaux que nous nous fournissions. L'occasion aussi pour nous, enfants, de passer des après-midi inoubliables dans les vergers, à la cueillette des fruits et légumes parfumés auprès des animaux. C'était aussi le temps du lait et du pain frais tout chaud livrés à l'aube à la maison. Il n'y avait pas encore de « halalisation ».
Lorsque nous étions en fin de stock à la maison, mes parents se fournissaient en viande à Rally, le Carrefour de l'époque. Nous achetions notre charcuterie dans les boucheries juives Casher. Cela ne posait de problème à personne.

J'ai souvenir aussi des évènements organisés par notre consulat. Ils permettaient de souder les nouveaux liens dans un esprit convivial et bon enfant, où le respect entre les personnes était le maître-mot.
Mes parents vivaient leur foi dans l'intimité du foyer. Cela ne les a jamais empêchés de vivre et de faire la fête comme tous les jeunes parents de leur âge. Mes parents refusaient de juger ou d'exclure qui que ce soit. C'est pour cela que dans le bar du grand *living* très *seventies*, il y avait toujours quelques bouteilles pour leurs amis français et arabes. Mes parents n'ont jamais ni bu ni fumé. Ce n'était pas leur truc. Mon père crapotait social dans les soirées disco organisées les uns chez les autres, à tour de rôle. Nous étions morts de rire en l'observant. Au sujet de l'alcool, il a fait une seule exception

dans sa vie, et nous en pleurons de rire encore aujourd'hui. Le jour de la signature de la maison avec son banquier, il était tellement heureux qu'il a voulu honorer son hôte en acceptant un verre, il l'a recraché tout de suite dans un éclat de rire.

En plus de nos fêtes traditionnelles, nous fêtions aussi Noël.
Réveillés à l'aube tous les vingt-cinq décembre, sous le sapin décoré, nous découvrions les présents déposés par le Père Noël, tout en cherchant les traces de son traîneau dans le parc enneigé au pied de l'immeuble.
Nous étions « invités », comme le disait mon père. Mes parents ont toujours eu conscience de vivre dans un pays dont le socle était judéo-chrétien, et dont il fallait respecter les coutumes et les lois. C'était très clair et assumé. J'ai grandi avec ce regard, cet état d'esprit.

Vivre en France, c'était aussi la chance d'avoir été à la maternelle du Planty, dont j'ai gardé les images et l'odeur, si agréable et encore intacte.
C'est le souvenir léger de l'école primaire Buffon. Toute cette bienveillance avec chacun de nous sans aucune distinction.
C'est aussi le souvenir de tous ces bénévoles français, comme Madame Thérese Tricky, la main sur le cœur, qui ne comptait pas ses heures, gauloise après gauloise, pour nous venir en aide dans les formalités administratives complexes.

Mais vivre en France, c'était aussi le manque des nôtres.
J'ai souvenir des ponts ou des vacances scolaires durant lesquelles chacun visite ses grands-parents, ses oncles et ses tantes. C'était certainement le plus difficile à vivre pour nous, enfants, comme parents.
Nous avons eu deux fois la visite de Nana, ma grand-mère, de ma tante Saadia et de ma cousine Najat. Dans les années quatre-vingt, l'obtention de visa était plus facile lorsque vous garantissiez de vos revenus en France. Aujourd'hui, les conditions sont telles, que seuls les hommes d'affaires ou familles plutôt aisées arrivent à l'obtenir.
Peu à peu, nous nous sommes construit des familles de substitution avec les Krafi, les Kouza, les Mouatouil, les Touzgui etc. en guise d'oncles et de tantes. Il y a aussi Mamie et Papi Borleteau, les grands-parents de ma copine Sabrina. Par leur bienveillance et leur affection, ils allaient remplacer le vide laissé par Nana et Baba, mes grands-parents adorés.
J'ai un amour tellement infini pour ma famille au Maroc que je vis les retours comme un déchirement, une douleur indescriptible que seule l'écriture m'aide à panser.

En effet, chaque année, je leur écrivais une fois par semaine de septembre à novembre, le temps que ça passe un peu… puis une fois par mois.
Écrire m'aidait à être connectée à mes émotions les plus profondes.

Être marocaine en France, c'est aussi grandir dans l'angoisse quasi permanente du retour et la peur de revivre un autre déchirement, une autre plaie béante d'un côté comme de l'autre de la Méditerranée.
Ce sentiment de vivre dans une sorte de sursis permanent me hante encore, comme une apnée sans fond. Il a créé chez moi une véritable phobie des valises. Je ne les supporte pas, c'est viscéral, elles me rappellent à ce sentiment d'insécurité permanent. Quand j'étais au Maroc, je savais que ça allait se terminer, qu'on allait m'arracher encore une fois brutalement à ce qui allait me manquer, mes grands-parents, mes oncles et mes tantes. Elles étaient chaque année synonyme de déracinement, de douleur.

J'ai eu la chance d'avoir été élevée par des parents aimants, un père dont le seul bonheur était de prendre ses enfants dans ses bras. Il n'était pas de ceux qui traînaient dans les bars avec des copains après le boulot. Non, lui rentrait déjeuner avec sa tribu, et rentrait le soir après avoir terminé sa journée chez Turpault, à dix-huit heures trente précises pour retrouver son comité d'accueil, ce qui était inconsciemment pour nous, un rendez-vous, un repère essentiel.
Nous avions aussi la chance d'avoir une mère au foyer. Certains vont faire des bonds, mais c'est un luxe incommensurable dans l'équilibre d'un enfant d'avoir au moins l'un de ses parents au retour de l'école. Ma mère cadrait, savait quand ça allait, sentait quand ça n'allait pas, et nous entourait de sa chaleur bienveillante et rassurante.

Je n'ai pas souvenir d'avoir subi personnellement le racisme. À une exception anecdotique près, à l'école Chambord. Un élève me traite de « noiraude ». En fait, ça m'a amusée, presque flattée, car la Noiraude était le personnage d'un film d'animation dont j'étais totalement fan. Comme quoi, tout est question de perception des choses.
En revanche, j'ai souvenir d'un retour de nos vacances au Maroc très particulier : cette séquence a laissé une émotion étrange que je ne saurais décrire.
Nous venons d'arriver, nous déchargeons, et mes parents envoient mon petit frère Hicham, qui doit avoir à peine neuf ans, chercher du pain. Les heures défilent, aucune nouvelle de lui. Hicham n'est pas du genre à faire des histoires, c'est un petit garçon discret, serviable et sensible. Nous décidons d'alerter les autorités, nous allons à la

gendarmerie, qui est à deux minutes à pied de la maison. Lorsque mes parents et mon frère Khalid arrivent, le petit est menotté à même le sol et attaché à un radiateur. Pourquoi ? Tout simplement parce qu'une série de cambriolages avait eu lieu dans les pavillons du quartier, et que ça ne pouvait être « forcément » que lui… Ben voyons. Raccourci facile et abject.
Nous savions que tout cela était impossible et délirant, car nous venions d'arriver, et d'ailleurs le passeport le prouvait avec les dates de sortie et d'entrée du territoire. Mais même devant cette preuve irréfutable, les gendarmes mettent quelques heures encore avant de détacher Hicham du radiateur.

Nous avons appris avec mes parents à ne jamais rester fixés sur un fait ou un événement négatif. Cet épisode reste donc une séquence négative parmi des milliers d'autres positives. Voici la philosophie de vie avec laquelle j'ai grandi et qui a certainement dû influencer mon regard sur certaines situations ou sur le monde.
Non pas occulter les problèmes, mais ne pas laisser certains évènements m'envahir, ni monopoliser et bouffer toute mon énergie. Savoir passer très vite à autre chose et avancer.

L'immigration choisie n'est pas un gros mot pour moi, bien au contraire. C'est, il me semble, grâce à cette immigration choisie que j'ai pu vivre dans une réelle mixité et que nous avons pu être accueillis avec dignité. Lorsque je vois ces milliers d'âmes perdues, le regard vide et errant sous la pluie ou le froid glacial dans des camps de fortune, je prends conscience de ma chance.
Nous avons aussi une responsabilité, nous immigrés.
Lorsque des jeunes partent en vacances par exemple, et louent à plusieurs des véhicules de grosses cylindrées en se pavanant dans les quartiers défavorisés, quel message envoient-ils à ceux qui n'ont pas grand-chose si ce n'est un peu de dignité ? Cette même dignité qu'on leur confisque chaque été à coups de mensonges. Leur faire croire qu'il suffit de traverser la Méditerranée pour revenir avec une belle voiture et de l'argent plein les poches ! On ne soupçonne pas les frustrations que ça génère et les projections qui vont avec.

Au fil des années, le climat se détériore et il fait de moins en moins bon d'être arabe en France.
Loin des discours victimaires qui n'ont jamais fait partie de ma vie, je voudrais partager avec vous un exemple très concret pour illustrer un certain mépris.

Début mars 2002, j'offre un voyage à La Mecque à mes parents. Pour tous les musulmans, c'est une étape importante dans le parcours de la foi. Ils sont heureux. Je les accompagne en cette fin de matinée ensoleillée, mais glaciale.
À l'aéroport Charles De Gaulle, ils sont presque sept cents petits vieux à attendre le voyage de leur vie. Celui pour lequel ils ont souvent économisé pendant des dizaines d'années.
Ils viennent de la France entière, et beaucoup ont l'air un peu perdu dans ce terminal. Nous cherchons le vol sur les écrans et le terminal d'enregistrement. Une heure passe, deux heures passent, et toujours rien.
Le personnel de l'aéroport n'a aucune réponse, et plus le temps avance, plus on esquive mes questions. Je tente de joindre l'organisateur, sans succès. Me voilà donc avec plus de six cent cinquante passagers dont les passeports, l'argent et les visas ont tout simplement été séquestrés par ce qui semble être un gros coup d'arnaque fait par une mafia très organisée.
Je suis toute seule, il fait très froid, il y a des malades, et je vois dans le regard de ces petits chibanis, ceux qui ont toujours respecté la France, qui n'ont jamais rien dit, qui ont économisé toute une vie pour ce pèlerinage, une douleur infinie. Je ne peux pas laisser faire ça.

À partir de ce moment-là, je vais passer quatre jours et quatre nuits à me bagarrer pour que tous ces anciens puissent partir.
Je demande à voir le directeur de ADP, j'alerte l'AFP, qui ne tarde pas à venir avec d'autres rédactions.
« Comment pouvez-vous laisser des avions affrétés par des escrocs atterrir et décoller du sol français ? C'est de l'inconscience ! » Sous la pression des médias, le directeur s'explique sans s'expliquer.
La nuit tombe. Les CRS nous demandent de quitter les lieux,. Il fait un froid de canard, tous ces petits vieux sont sans leurs papiers, ne connaissent rien à la capitale, et certains pleurent comme des enfants. Impossible pour moi de les laisser comme ça.
Je demande aux autorités de trouver une solution d'hébergement et de transport, le temps de régler la situation. Sous la pression, un convoi de taxis sera mis à disposition ainsi que l'hôtel Campanile de la porte de Bagnolet.

Mes petits vieux sont au chaud, en sécurité, il faut maintenant tout faire pour régler la situation. À l'aube, des CRS et la police judiciaire sont dépêchés à l'agence des escrocs

pour une perquisition. Les mafieux sont bien sûr partis avec la caisse et les papiers. Pendant ce temps, j'enchaîne les tournages d'*Exclusif* en direct et de *Les Enfants de la télé* avec Arthur, sans que personne ne sache que je passais d'un monde à l'autre, des mondes très éloignés. Après quatre-vingt-seize heures sans fermer l'œil, à menacer l'un des intermédiaires véreux, le coupable finit par craquer, en larmes au téléphone. Il nous supplie de ne rien engager contre lui.
Nous finissons par récupérer tous les papiers. La pression a payé, on nous annonce qu'un 747 Air Saoudia, va atterrir à Paris pour assurer le vol vers La Mecque.
Les visages enfin détendus, mes petits chibanis se laissent aller à des fous rires nerveux, et leurs larmes de joie furent l'un des plus beaux cadeaux de ma vie.
Je suis restée avec eux pour les voir un par un embarquer et s'envoler enfin pour le voyage tant attendu.

J'informe mon ami, le grand reporter Karim Baïla, de cette horreur et il décide de suivre l'affaire.
Cette histoire a donné naissance à un grand reportage « Arnaque à La Mecque » pour Capa, le premier en caméra cachée tourné à La Mecque, qui sera diffusé sur Canal +.
J'ai travaillé avec Karim en coulisses, mais l'honneur lui en revient totalement, car il a pris tous les risques dans cette enquête qui s'est révélée périlleuse à plusieurs moments. Karim a un talent de terrain et d'immersion incroyable.
Nous découvrons déjà un loup au départ, avec un ministre du Culte qui donne des agréments à des gens qui ne sont pas professionnels pour organiser ces pèlerinages. Soit il y a des pots-de-vin, soit on ferme les yeux parce qu'on s'en fout que les pèlerins se fassent voler, confisquer leurs papiers, et briser leur rêve.
Nous découvrons aussi les magouilles avec les assurances, le mépris avec lequel on traite ces personnes, dont on estime qu'elles n'ont même pas à être protégées des abus de toutes sortes dont elles sont victimes.
Nous avons très vite levé le voile là-dessus, et nous avons voulu continuer l'enquête afin de savoir comment se passait le séjour pour les pèlerins venant de France une fois là-bas.

Karim part en caméra cachée en se faisant passer pour un pèlerin.
Il découvre qu'une fois sur place, aucun accueil des organisateurs n'est prévu, et que les pèlerins sont livrés à eux-mêmes sous une chaleur de plomb.
Puis qu'ils sont tassés à quarante dans des pièces sans fenêtres, et extrêmement maltraités à la douane.

Arrivés à La Mecque, ils ont des guides qui ne sont pas des guides, des promesses de chauffeurs et de bus dont ils ne voient jamais la couleur.
Les musulmans de France sont ceux qui sont le plus maltraités à La Mecque, non à cause des autorités saoudiennes, mais à cause de ces mafieux à qui l'on distribue des agréments en France, des personnes malhonnêtes et sans scrupule qui leur font prendre des assurances bidon, qui les font dormir dans des taudis abominables, qui louent des bus qui n'arrivent pas, qui réservent de la nourriture qu'on ne leur donne pas… Parce qu'on donne des licences de voyagistes à des escrocs contre des dessous-de-table.
Tout cela est très organisé.

Moi, depuis Paris, je suis en permanence avec Karim au téléphone, parce que je pense qu'il peut être en réel danger, je vis dans une angoisse abominable.
Avant de partir, il s'est préparé physiquement pour ne pas éveiller les soupçons. Il s'est coupé les cheveux, a suivi des cours de prière, est allé à la Mosquée pour essayer de se connecter avec les réseaux. Je n'avais qu'une hantise, c'était qu'il se fasse démasquer.
Je savais que si c'était le cas, il ne reviendrait pas vivant.
La question cruciale qui se posait pour lui une fois là-bas serait la façon de faire sortir les images.
Dans sa chambre, il recueille des témoignages d'une vingtaine de petits vieux, ses compagnons de pèlerinage à qui il avait fini par confier la raison de sa présence.
Ils allaient non seulement témoigner dans le secret le plus total, mais proposer aussi de sortir les images. Ce sont finalement ces petits chibanis très émouvants qui vont prendre les cassettes et les mettre dans leurs bagages !
C'était la première fois qu'une caméra cachée rentrait à La Mecque. Ce doc a été primé de nombreuses fois. J'étais vraiment fière que l'on soit arrivé à faire ça !

Ce climat qui se détériore en France pour les Arabes devient chaque année de plus en plus insupportable. Ils ne finissent par exister que sous le prisme de l'enjeu électoral.
L'Arabe est toujours un outil de division, un instrument de peur pour des stratégies électoralistes devenues tellement prévisibles qu'elles en deviennent totalement ridicules.

Ce que je trouve très inquiétant, c'est le nombre croissant de personnes, y compris parmi mes amis, des gens qui a priori ont le cerveau plutôt bien fait, qui réfléchissent donc en temps normal, mais qui, de plus en plus, affichent des discours haineux et terribles, du type : « Ils veulent la charia en France » ou encore « les muz sont contents les lendemains d'attentats »…

C'est tellement horrible d'entendre ça ! Comme si ces idées progressaient et s'insinuaient au plus profond des sociétés…
Lorsque je parle de ces sujets à mes parents, ils ne savent pas s'ils doivent en rire ou en pleurer tellement c'est au-delà de ce qui est envisageable ! C'est totalement lunaire pour eux de penser que les millions de musulmans de France se réveillent et s'endorment avec l'idée stupide d'islamiser la République ou de danser les lendemains de crimes abominables !
Et c'est la même chose pour quatre-vingt-dix-neuf virgule quatre-vingt-dix-neuf pourcents des musulmans qui vivent en France. Ces théories appuyées par certains médias pyromanes frôlent la blague sordide ! Nous aborderons cette problématique dans le chapitre suivant.

Quand j'étais au collège, mon prof d'histoire avait projeté en classe le film documentaire *Nuit et Brouillard* d'Alain Resnais, trente-deux minutes insoutenables pour illustrer son cours sur la partie de l'histoire française qui m'a le plus bouleversée, questionnée, et mise mal à l'aise : l'Holocauste.
Ces cours d'histoire étaient passionnants, nous faisions des débats pendant lesquels nous échangions, qui nous nourissaient. Le prof nous avait dit : « Je vous montre ça, c'est violent, mais c'est pour que ça n'arrive plus jamais. »
Alors, avec ma candeur d'enfant, j'ai regardé ce truc-là, d'une violence insupportable, en me disant que ça permettrait que ça n'arrive plus jamais.
Je me sens trahie, car l'horreur a continué, là, juste sous nos yeux, partout dans le monde. Et on a laissé faire…
Aujourd'hui, la banalisation des thèses racistes et les délires vers lesquels ces thèses peuvent conduire, me ramènent régulièrement dans cette salle de classe où nous avons supporté l'horreur de ces images.

Dans les dérives que j'observe depuis quelques années dans la société française, il y a un aspect particulièrement préoccupant, c'est la question du voile.
Vaste question autour d'un bout de chiffon qui enflamme les discussions et n'est jamais débattue sereinement. Il faut croire que ce bout de tissu est très pratique pour maintenir les clivages et attiser les haines…

Au Maroc, il y a des femmes voilées, des femmes en micro short, des femmes en bikinis, et tout ce beau monde cohabite. Sur cette question, la France inquiète un peu partout

dans le monde. Elle passe pour un pays « *has been* » total, très loin de ses valeurs de liberté et de toutes ses valeurs fondatrices. Le monde s'interroge, inquiet.
Normalement, c'est au Maroc que le port du voile devrait poser débat, mais là-bas, tout le monde respecte le fait qu'on s'habille comme on veut. On voit même des transgenres dans la rue ! Les choses ne sont pas encore parfaites, mais elles changent.

Depuis Adam et Ève, le corps de la femme n'a cessé d'être couvert, puis découvert selon le bon vouloir des différentes sociétés patriarcales, toutes religions confondues. À la base, le voile est censé être pudique pour les musulmans, pudique et modeste pour les chrétiens. Le voile doit être de couleur sobre et porté avec des vêtements larges ne laissant apparaître aucune courbe féminine.
Aujourd'hui, la femme se l'est approprié pour en faire ce qu'elle veut. Il n'est plus question d'un voile, mais de voiles.

Pour certaines femmes, porter le voile est un acte politique par lequel elles affichent clairement leur position et appartenance à des mouvements rigoristes et radicaux. Mais elles restent très minoritaires, à la fois en France et au Maroc, par exemple, où ces profils sont extrêmement surveillés.
Elles affirment ainsi une appartenance identitaire à une idéologie à la fois politique et religieuse, l'apparat servant d'argument marketing pour séduire les ignorants.

Pour d'autres, le port du voile permet de commettre l'adultère sans se faire repérer. Il y a d'ailleurs des hommes qui se planquent derrière le voile intégral pour rentrer chez leur maîtresse !

Pour d'autres encore, c'est l'objet de drague absolu, un élément de fantasme supplémentaire, lorsqu'il est porté avec un slim ultra-moulant mettant en avant un popotin à la Kardashian.
Au-delà du simple phénomène de mode, le boule version Kim XXL est devenu une véritable obsession dans les sociétés arabes. C'est la version hyper sexualisée du voile.

Certaines femmes mettent le voile pour avoir la paix dans la famille, dans le quartier, pour pouvoir sortir. Insoupçonnables, on les retrouve dans les boîtes, avenue des Champs à Paris, et c'est pareil à Casablanca, c'est pareil partout.

Il y a celles qui le portent car leur mari le souhaite. Sachant qu'avant le mariage, chacun pose ses conditions, elles restent libres d'accepter et de se marier, ou bien de refuser.

Certaines se voilent sous la pression sociale, par suivisme, quand elles vivent sous le poids du regard de l'autre, du père, du frère, des voisins.
Dans ce cas, c'est davantage le regard de la société qui prime, au-delà de la dimension spirituelle. Alors que certaines femmes le portent par pur souci de mode, elles se trouvent belles dedans, elles l'accessoirisent, coordonnent les tenues, les couleurs, y rajoutent les faux cils et le contouring make-up.

Il y a celles qui le portent suite à la perte d'un enfant, d'un mari. Certaines se shootent aux anxiolytiques pour anesthésier la douleur, d'autres se voilent, se rapprochent de Dieu comme pour se rapprocher de ceux qu'elles viennent de perdre.
Enfin pour certaines femmes, c'est la même chose que pour les bonnes sœurs, elles sont dans leur foi, une foi dite « laïque » puisqu'elles restent « civiles » et peuvent fonder une famille.
Ce qui m'attriste le plus chez ces jeunes femmes est qu'elles s'excluent presque sciemment du marché du travail en faisant le choix de se voiler. Pour une histoire de bout de tissu, la société se prive de talents dont elle a besoin, et les prive elles, de pouvoir exercer leur talent.
Celles qui font bac plus douze, qui sont brillantes, savent qu'elles s'auto-excluent si elles portent le voile en France, parce qu'elles envoient des CV sans aucune réponse positive.
J'ai appris que certaines de ces jeunes femmes sont exploitées par des entrepreneurs musulmans, payées des misères et s'entendent dire qu'elles doivent s'estimer heureuses qu'on les fasse bosser…
Moi, je leur conseille souvent l'entrepreneuriat ou de tenter l'expérience dans un autre pays que la France. Parce que, voile ou pas voile, chaque jour passé hors du terrain professionnel diminue toute chance à l'embauche. Laisser filer le temps en s'enfermant dans la victimisation, c'est se tirer une balle dans le pied.

Dans cette histoire de voile, il y a donc de l'érotisme, de la mode, du sexe, de la politique, de la pression sociale et de la spiritualité.
Qui suis-je pour leur dire qu'elles n'ont pas le droit de choisir ?
Qui suis-je pour leur imposer ma vision, mes goûts, mes choix, mon style de vie ?
L'histoire du voile est encore une fois l'instrumentalisation du corps de la femme, et de son choix à en faire ce qu'elle veut.

Ce n'est qu'un chiffon rouge pour attiser la haine et nourrir l'ignorance.
Un argument de division supplémentaire.

La société s'est engagée dans un débat stérile et complètement ridicule et il est inquiétant de constater à quel point certains propos, qui sont carrément hors-la-loi, sont banalisés par les *mass* médias.

Femmes soumises dit-on ? Combien, quand, où sont les chiffres qui le prouvent ?
Penser ça, a priori, c'est comme si on leur enlevait toute capacité à réfléchir et à décider de ce qu'elles veulent pour elles-mêmes, sans les connaître.
Certains ont estimé avoir le pouvoir d'ôter à toutes ces femmes, le libre arbitre et l'intelligence.
Personnellement, je trouve cela affligeant ! Combien de femmes en France souffrent d'une soumission qui ne dit pas son nom ? Cette soumission sournoise, qui détruit leur mental et leur physique à petit feu une fois les portes du foyer closes ? Combien ?
En juin 2021, plus de cinquante femmes sont mortes sous les coups de leur conjoint.
Voilà un vrai combat !

Arrêtons cette hypocrisie surréaliste autour d'un bout de chiffon, que l'on instrumentalise pour dévier l'attention des vrais problèmes d'une société qui va mal.
Je crois que les seuls points sur lesquels le voile ne peut être toléré et tolérable sont d'abord le cas des petites filles, et ce, pour deux raisons. La première, c'est parce qu'on sexualise le corps d'une enfant. La deuxième, c'est parce qu'un enfant n'a pas de pensée encore suffisamment structurée pour pouvoir choisir.
Sur cette question, l'école républicaine, si elle reste laïque pour tout le monde, ne doit accepter aucune exception. C'est le principe de l'égalité pour tous.
À mon sens, nous ferions mieux de nous pencher sur ces maires qui ferment les yeux sur le narco-islamisme, car il est là le vrai cancer qui plombe nos quartiers et nos enfants.

Plus largement, sur toutes les questions liées à la présence des Arabes en France et aux supposés dangers qu'ils représentent, certains éditorialistes ou journalistes véhiculent des idées nauséabondes, créent la haine, et instillent des idées noires et morbides dans la tête des gens. Et si on le relève, si on contredit ça, on ne travaille plus, on est gentiment écarté…

Cette stigmatisation a des effets désastreux sur les jeunes des quartiers. Ils tombent d'eux-mêmes dans l'auto-racisme, cette chose insidieuse qui fait qu'on s'endort le soir en se disant que la société ne veut pas des Arabes, que ça mûrit bien pendant la nuit et qu'on se réveille le matin totalement conditionné de manière inconsciente, en se répétant la même chose dans le miroir. On se couvre avec ce manteau-là et on le porte comme si l'on portait un poids.

En fonction de la manière dont on porte ce manteau, dont on se vit à l'intérieur, on va, de manière inconsciente, envoyer des signaux au monde, des signaux aux autres et tous ces signaux vont en retour induire une attitude, un comportement des autres envers soi. C'est valable pour les femmes, c'est valable pour les hommes, pour les Noirs, pour les Arabes, les Asiatiques, pour les grands, les petits, les gros...

Quand je dis auto-racisme, je parle d'un désamour de soi, un jugement auto-construit, dans lequel on baigne. Effectivement, quand on vit dans une cité et qu'à longueur de journée, on entend que la société ne veut pas de nous...

Les banlieues ont toujours existé, avant c'était les loubards, le phénomène des quartiers n'est pas nouveau. Mais maintenant, on lui a donné une couleur, ethnique. On a ajouté à la violence et à la misère sociale, l'aspect ethnicité.

Si je vivais tous les jours avec ce même discours, il est possible, effectivement, que je parte avec ce manteau tout pourri, et que je me dise que les dés sont jetés.

Moi, je n'ai pas eu à vivre cela parce qu'on nous a appris qui nous étions, qui étaient les Français, quel était ce pays, sans jamais nous dénigrer, sans avoir honte d'où nous venions. C'est très important de connaître le parcours de son père. À travers ses récits c'est lui que l'on découvre, et que l'on se met à regarder avec de nouvelles lunettes. Lorsqu'on connaît son histoire, on le regarde comme un héros, comme un vrai bonhomme, et non plus comme un *loser* dont on rejette inconsciemment la légitimité de père et d'homme. Celui à qui on ne veut pas ressembler.

Il y a un problème de référent, notamment chez les garçons, qui ont souvent le mépris de ce que vit leur père, qui est ouvrier, qui se lève à quatre heures du matin et qui va bouffer du pneu chez Michelin.

Le jeune garçon ne veut rien de cet homme-là, qui est pourtant son père, il ne sait souvent rien de son parcours, de son histoire, de ce par quoi il est passé.

C'est là où il est vraiment important que les parents racontent leur histoire, qu'ils disent à leurs enfants qu'ils les aiment, mais aussi qu'ils leur mettent quelques coups de pied aux fesses quand il le faut !

Si on a un rejet absolu, un dégoût, pour le premier référent, le référent naturel, celui qui est censé construire son identité quand on est enfant, si on déteste l'image qu'il nous renvoie, alors on se déteste, par une sorte d'effet miroir destructeur. Quelque part, on tue le père dès l'enfance. C'est dévastateur.

Mon père, c'était une main de fer dans un gant de velours. Il y a des choses sur lesquelles il était intraitable, comme la politesse, le respect, et en fait, les trucs basiques. Tout était codifié, même le nombre de poignées de cacahuètes autorisées lorsque nous étions invités chez des amis. Deux, pas plus ! Sinon, nous avions affaire non pas à un seul regard, mais deux, suffisamment froids et noirs pour couper l'envie de replonger la main dans les coupelles d'apéro.
Hors de question de manquer de respect à un professeur à l'école ou à un policier, ni à qui que ce soit d'ailleurs. C'était juste inimaginable. Tout comme traîner dans la rue la nuit. Passé dix-huit heures trente, même ma copine Sabrina ne pouvait plus venir papoter à la porte.
Avec les beaux jours d'été, pendant Roland- Garros, nous avions le droit de jouer au tennis devant la maison, ou à la patate dans le champ face à celle-ci. Mais dès que le soleil tombait, l'ordre était que nous rentrions.

Plus que le voile, c'est le concept de l'enfant-roi, du garçon-roi, plus exactement, qui est inquiétant. Dans les quartiers, on voit aujourd'hui à quel point c'est problématique. Chez moi, jamais ma mère ne m'a demandé de servir mes frères, ça n'existe pas là-bas ! Nous sommes égaux !
En revanche, la notion de respect était non négociable. Passer de bras en bras, être une « Marie couche-toi là », était d'abord ne pas se respecter, ni respecter les parents, ni la petite tribu. Mes frères et mes sœurs sont mes meilleurs amis, contrairement à pas mal d'autres Maghrébins.

Dans beaucoup de familles, on élève les garçons dans l'idée de fliquer leurs sœurs, plutôt que de leur demander de réussir et de devenir des hommes.
C'est un phénomène inquiétant. Les parents octroient aux garçons un statut qu'ils n'ont pas à avoir et qui les conforte dans l'idée qu'ils ont un rôle supérieur, un traitement privilégié, et tous les droits.
Voilà comment dans certains quartiers, la principale activité est de surveiller sa sœur, celle du voisin, du cousin, et puis un jour leur propre mère. Petit à petit, ils vont jusqu'à

grignoter l'autorité des parents. Pour protéger leur petit honneur et leur petit égo de mâle dont le cerveau n'est même pas encore terminé.
« Wesh ! Je suis un bonhomme, moi ! Vas-y, ma sœur elle s'habille pas comme ça, je la marave ! »
Non, ce qui fait de toi un bonhomme, c'est de te lever tôt et d'aller chercher ton avenir. Au lieu de passer ton temps à dealer ou à surveiller ta sœur au nom d'un soi-disant honneur à la défendre. Sache qu'elle est ton meilleur allié, car elle te tirera vers le haut et te poussera à aller au bout de tes projets, contrairement aux baltringues avec qui tu traînes, qui seront toujours là pour te dire que ces projets ne sont pas pour toi et que la société ne veut pas de toi. Tu te plantes devant certains clips de rappeurs qui t'empoisonnent le cerveau, qui t'utilisent comme une *cash machine* pour rouler en grosses cylindrées, rentrer tous les soirs dans leur foyer confortable, ou partir en vacances au bout du monde en te vendant du vent, du faux. De fausses calash en plastique louées pour le tournage, des fausses *bitches*, intermittentes du spectacle, qui font juste leur job. En attendant, toi, tu restes dans la vraie vie avec tes potes baltringues ou certains fous du diable, pas de Dieu, assoiffés de gosses paumés, des suiveurs comme toi…
Tout ce beau monde te trouvera les meilleures excuses, te tirera vers le bas jusqu'à ce que tu plonges seul sans eux. Tes parents et ta sœur viendront te voir au parloir, la gorge serrée, les yeux rougis. Les baltringues disparaîtront, ta mère se saignera pour payer les honoraires de l'avocat censé de faire sortir. Tu sortiras de zonzon, les baltringues auront fait leur vie, des gosses, et toi, tu compteras les bédos qu'il te restera à fumer dans le fond de ton cendrier.

Où sont les vrais codes d'honneur ? Ce n'est pas ça, être « un bohomme ». La vie est uniquement une question de choix que toi seul peux prendre sans que personne ne te mette un flingue sur la tempe. À toi de choisir le film dont tu veux être l'acteur.

Mes parents ne nous ont jamais appris d'insultes, on ne sait pas insulter. Mais quand je vois des gamins qui manquent de respect à des vieilles femmes, par exemple, tout ce que je connais d'insultes en arabe sort de ma bouche comme par magie.
Ce sont des gosses qu'il faut dominer, il ne faut pas se laisser impressionner par leur attitude ou l'effet de masse. Il faut arrêter de les mystifier et de les considérer comme des espèces de choses indomptables, pas du tout, ce sont juste des gamins en mal de repères, qui ont chacun leurs propres maux et leurs douleurs internes. Des douleurs qu'ils n'expriment pas, mais qu'ils stockent jusqu'au mille-feuille indigeste.

Je ne prétends pas détenir la vérité, mais leur redonner des valeurs, et surtout de l'espoir. Ils ont besoin d'une autre lumière.

La présence de la police de proximité commençait à fonctionner dans les « territoires », et avec l'aide des grands frères, les résultats commençaient à se manifester… mais Sarkozy a supprimé tout ça en 2003. On semble y revenir, mais que d'années perdues…

En tout cas, j'ai infiniment plus de respect pour celui qui va prendre le risque de se noyer en mer que pour celui qui va tenir les murs en disant que la société est pourrie sans avoir encore fait le moindre effort pour s'y intégrer.
Il est aussi vrai que la société française a ghettoïsé, et qu'il faut sortir ces jeunes de ce marasme. Et en même temps, il faut qu'ils aillent chercher leur rêve, personne ne va le faire à leur place.
Le réalisateur Olivier Megaton a grandi lui aussi dans ce que l'on appelle les quartiers, mais dans une version moins « bronxisée ».
« Il faut juste savoir que moi, je viens d'une génération où on ne s'est jamais posé la question, que tu sois arabe, *black*, il y avait une espèce de mix naturel, ce qui veut dire qu'on avait des potes, point à la ligne. La notion de racisme dans le sens couleur de peau, avec des communautés différentes, est arrivée bien plus tard. Je pense que c'est l'effet boomerang avec ces gens qui ont voulu avoir un regard compatissant sur la banlieue. »
Dans les années soixante-dix, quatre-vingt et quatre-vingt-dix, une autre forme de racisme est arrivée, un racisme sournois et non assumé par les classes supérieures, le racisme social, qui concerne aussi bien les Blancs, les Noirs que les Maghrébins. Une véritable discrimination en raison de la classe sociale et du lieu de vie, comme l'explique Olivier Megaton, à qui l'on a tout refusé pendant des années parce qu'il venait de banlieue.

La relation de la France et de ses Arabes est loin d'être un long fleuve tranquille, nous le savons tous. Et les positions électoralistes qui surfent sur cette vague ne font rien pour arranger les choses.
Pourtant, moi, je rêve d'un jour où le regard de la France sur ces « bâtards de la République » changerait du tout au tout, où chacun regarderait ses contradictions comme dans un miroir et prendrait sa part de responsabilité dans le malaise ambiant.

Mes parents m'ont transmis l'amour du drapeau français. Il me met la chair de poule. Pourquoi serait-il réservé aux extrêmes et aux nauséabonds ?

Nous avons un problème avec le patriotisme. Nous avons laissé les symboles de la France et ce qui fait partie de sa colonne vertébrale aux extrêmes. J'aime la France, ce pays merveilleux qui a participé à rendre ce monde plus humain, et je n'aime pas les gens qui la dénaturent. C'est à l'école qu'on doit apprendre ça, l'amour du pays, de ses symboles. Mais ce n'est pas enseigné.

Moi, je suis patriote française et c'est le Maroc qui m'a appris ça, l'amour de sa nation, de l'intérêt de la nation. Ce n'est pas une insulte, « patriote » !
J'ai un amour pour la nation française, pour ce qu'elle me donne, parce qu'elle m'a énormément donné. Et j'ai pour le Maroc un amour équivalent… Impossible de choisir entre les deux, c'est comme si on me demandait de choisir entre mon père et ma mère !
J'aimerais que l'on puisse redonner un message d'espoir à ces gosses paumés dans les quartiers. Leur redonner confiance en quelque chose. Pour qu'ils arrêtent de se mettre des barrières infranchissables.
Malheureusement, l'école participe au broyage, à un âge où nos neurones sont les plus efficaces et où on est censés intégrer des choses qui nous rendent puissants. On nous programme à l'échec car on nous dit que l'échec est une tare. Personne ne nous explique que sans l'échec, on ne peut ni apprendre, ni évoluer, ni avancer. La culpabilisation démarre donc dès la première rature, la première mauvaise note. C'est criminel, on nous programme à ne pas rêver, à ne pas être nous-même, à conditionner nos pensées et nos capacités.
Pour les enfants d'immigrés, le syndrome de l'usurpateur existe toujours, ils ne se sentent pas légitimes et vivent trop souvent l'école comme une machine à broyer les ambitions. Le rêve absolu serait que chacun puisse se libérer du regard des autres, changer de perspective, et donc de façon de penser.

Mes parents m'ont inculqué que la France est l'un des plus beaux pays du monde, et qu'elle a une grande responsabilité dans ce qui se passe dans les autres pays. Il y a un effet papillon en termes de culture et de droits.
Quand la France commence à faire fi des droits, du droit de la presse, du droit d'expression, du droit à l'éducation pour tous, ça a des répercussions partout, comme si ça légitimait ce renoncement aux droits.

Ce serait bien que nous en soyons tous conscients…

9

AU-DELÀ DES MERS

Été 1986.
L'approche du départ nous rend tous heureux.
Août pointe à l'horizon et avant le jour du départ, comme de petites fées, chacun s'affaire à remplir les cartons de présents pour chaque membre de la famille. C'est aussi ça la vie d'immigrés, aucune famille n'y échappe.
Aujourd'hui, nous trouvons de tout au Maroc, mais à l'époque, tout ce qui venait de France était très cher, et c'était donc un présent somptueux. Durant l'année, mois après mois, mes parents achetaient petit à petit de quoi faire beaucoup d'heureux.
Grands-parents, oncles, tantes, cousins, cousines, voisins, personne n'était oublié.
Nous élaborions une liste avec les besoins de chacun : vêtements, tissus précieux, parfums, maquillage, savons, café, jouets, fournitures scolaires, chocolats et friandises.
J'adorais participer à ce chantier, car je voyais déjà les sourires et la joie que ces présents allaient dessiner sur les visages des miens, du plus petit jusqu'au plus grand.
Les odeurs de parfum, déodorants et shampoings, mêlées à celle du café, des clous de girofle, de la cannelle… il y avait de quoi ouvrir une épicerie !
Jusqu'à la veille du départ, comme des pères Noël surexcités, nous préparions tous ces cartons. Une fois fermés, il fallait noter soigneusement au marqueur le nom du destinataire. Nous adorions chaque départ, c'était une véritable fête, et aussi l'occasion de se refaire une garde-robe d'été toute neuve !

Papa, Khalid et Hicham géraient le chargement. Toute une histoire entre crises de rire et pétages de plombs, c'était du sérieux, c'était l'étape cruciale, celle qui concrétisait le départ. Ça n'avait l'air de rien, mais chez mon père, c'était presque scientifique.

Un mix de Rubik's Cube et de Tetris, l'art de faire rentrer un 44 dans un 36 et de manière super ordonnée. Mon père pouvait rester une heure à fixer la remorque pour voir si tout était au carré, ce qui avait le don d'exaspérer Maman.
Maman, elle, était aux fourneaux pour préparer les victuailles du trajet. Ça sentait divinement bon.
Au menu : poulets rôtis façon tajine, chips, œufs durs, fruits et le fameux casher, le saucisson culte de la famille immigrée maghrébine ! Notre charcuterie à nous ! Il était à l'époque fabriqué et vendu par la communauté juive et nous l'adorions.
Il était le compagnon de vacances, mais également celui des repas express ou des fins de mois difficiles. Lui et la vache qui rit étaient les vedettes chez toutes les familles immigrées. Ajoutez le Coca Cola et vous obteniez le combo parfait !

Beaucoup de familles partaient carrément avec leur cuisine : réchaud à gaz, cocotte, marmites, et tout l'attirail pour pouvoir cuisiner durant le trajet et faire des économies. Option sympathique en camping-car, mais en 404 Peugeot, ça donnait lieu à des scènes ubuesques que nous observions au bord de la route entre fous rires et consternation. Notre option à nous était la glacière, et une fois le stock épuisé, nous nous arrêtions pour prendre nos repas dans les restaurants routiers.

L'heure du départ sonne. Cinq enfants et deux adultes dans une Datsun Break, c'est comme le chargement des bagages et des cadeaux : Tetris *land* !
Majda, Khalid et moi à l'arrière. Hicham et Sarah… dans le coffre. Véritable génie des mathématiques, Papa arrivait à faire de cet espace une suite junior avec option glacière. Une fois les portes fermées, un silence de plomb règne dans la voiture. Un silence brisé par les chuchotements doux de mon père pour la prière du départ. Entre gratitude et doléances, c'est avant tout la protection de sa tribu qu'il demande à Dieu. Prendre cette longue route symbolique vers le bonheur, c'est aussi prendre le risque de ne jamais arriver car l'on y croise souvent la mort.

Je me souviens de l'odeur des Landes au petit matin. Totalement désarticulés par le peu d'espace laissé à nos petites gambettes, c'était l'heure du premier petit-déjeuner. Et des derniers instants en France avant d'entrer en Espagne.
Chaque pays a son parfum, c'est assez étrange. Comment une ligne de frontière peut-elle modifier l'ADN olfactif d'un endroit ?
L'odeur des cafés espagnols a en tout cas sa propre signature, tout comme celle des aires de repos.

Après quatre jours de voyage épique sur les nationales et les routes de montagne, nous apercevons Algeciras, et au loin, la grande bleue.
Les vitres baissées de la voiture laissent entrer l'air marin qui nous fouette les joues. Nous le humons à pleins poumons.
Et nous découvrons la mer à chaque fois comme si c'était la première fois. De nuit, ce sont les lumières de la ville qui nous émerveillent. Elles brillent de mille feux.
Nous arrivons au port.

Ce voyage est, comme chaque année, un véritable ascenseur émotionnel.
Une fois le billet tamponné par les agents du port, nous entrons, avec des centaines de véhicules, dans cet immense parking d'embarquement. Certains sont déjà là depuis la veille, ce qui n'augure rien de bon.
Une anarchie totale règne dans cet endroit. Des infrastructures d'hygiène quasi inexistantes, et aucun commerce pour remplir les estomacs vides. Les hommes s'organisent pour avoir au moins de l'eau, vendue une fortune, pour les enfants qui se déshydratent dans les voitures sans climatisation et sous un soleil de plomb.
Les immenses vaisseaux de mer ne préviennent pas, aucune communication ne nous est donnée. Ils arrivent quand ils arrivent. De fausses alertes sont rythmées par ces lourds moteurs qui se réveillent d'un seul coup, à n'importe quelle heure du jour ou de la nuit. Les hommes se précipitent dans leurs véhicules. Trente minutes, soixante minutes à respirer les gaz d'échappements, pour rien.
Alléluia, cette fois, c'est la bonne !
L'un derrière l'autre, chacun prie pour ne pas être celui devant lequel l'immense bouche de la baleine va se fermer.
La montée dans le bateau est un moment d'excitation extrême.
Le placement de ces centaines de véhicules est totalement anarchique, mais nous savourons ces instants dans un silence religieux. L'odeur dégagée par les moteurs du bateau est immonde, mais je l'adore. Elle est ancrée dans ma mémoire comme dans un tiroir à bonheur inaltérable.

Une fois placés, nous descendons du véhicule pour ne pas mourir asphyxiés dans le ventre de l'immense baleine. Nous regagnons les ponts. Il faut être aux premières loges pour découvrir l'horizon et deviner, au loin, la silhouette de notre mère patrie.
Le bateau est lancé, deux heures de croisière.

C'est aussi le temps de la toilette sommaire. Mes parents ont un dégoût profond pour le manque d'hygiène et la saleté. De ce côté-là, nous sommes servis, et c'est tout un stratagème pour essayer de sortir propre de la crasse immonde qui règne dans les sanitaires. Il faut dire que certains des nôtres n'avaient aucune notion du respect de la propreté. Entre les couches de bébé et les serviettes hygiéniques au sol, très vite, les sanitaires sont un amoncellement d'horreurs fétides. C'est donc au savon Zest et à la bouteille d'eau que nous sommes toilettés par Maman, entre deux voitures, dans le parking du bateau.

Sur le pont, voici le moment tant attendu. Nous apercevons l'île de Gibraltar. Les côtes marocaines se dévoilent comme une fresque vivante et personne ne veut rater ce moment. Certains essuient des larmes mêlées de joie et de nostalgie, d'autres le vivent dans un silence heureux pour saluer le retour à notre terre promise.
Nous arrivons sur l'enclave espagnole de Ceuta, la grande baleine ouvre sa bouche et se vide de tout son plancton.

Nous sommes libérés et totalement heureux lorsque nous arrivons à Larache, ville située à quatre-vingts kilomètres de Tanger, et première véritable étape de mon Maroc à moi. Les odeurs de fruits frais sur les étalages le long de la route, les effluves de grillades, de tajines, de kefta, de thé à la menthe, de baghrir et de chfenj, cette sorte de donut marocain dont je ne me lasse pas… Il y a de la couleur partout, c'est un arc-en-ciel olfactif et visuel. Les regards bienveillants des chibanis et les sourires des vendeurs de pastèques, le brouhaha vivifiant. C'est le bonheur absolu.
Direction Casablanca mon amour. La ville où j'ai vu le jour.

À l'époque, pas de téléphone portable pour prévenir. Mes grands-parents connaissaient uniquement la date de notre départ de Cholet. Ils vivaient nos voyages dans l'angoisse absolue. Ils calculaient le nombre de jour, et à partir du troisième, ils ne dormaient plus. Ils nous attendaient toujours sur la route de Mediouna, cette grande avenue qui donne accès à Ain Bordja, leur quartier.
L'arrivée dans cette immense ville par l'autoroute est un chemin que nous connaissons par cœur. Sortie Casa Port jusqu'à cette fameuse route sur laquelle nous roulons dix minutes, puis nous passons sous un pont, et nous nous décalons sur la droite.
Au loin, nous apercevons leurs silhouettes, ils sont tous là, du plus petit jusqu'au plus grand, et mes grands-parents sont assis au bord du muret de la caserne militaire.
À cet instant précis, les larmes dansent sur nos visages, et de nos bouches, sortent leurs prénoms à tous.

C'est un instant suspendu dans le temps, un peu magique, qui signifie que nous sommes là avec eux, et aussi que nous sommes arrivés vivants.

Ces voyages sont importants pour moi et les miens.
Chacun d'eux est un pont entre mes deux cultures et, à chaque fois que je le traverse, année après année, chacune d'elles me nourrit d'une force différente. Les deux réunies définissent qui je suis.

Cette double culture a été une véritable richesse, car elle me permet en permanence de changer de prisme et de prendre du recul pour avoir une autre vision des éléments qui composent la vie. C'est ma meilleure porte vers la compréhension de l'autre, elle m'ouvre l'esprit sur le monde et me pousse à la remise en question de toutes mes certitudes.
Chaque voyage, chaque traversée, dans un sens comme dans l'autre, nous permettaient de prendre conscience de toutes ces chances que nous avions.
L'occasion de replacer le curseur, de mieux apprécier la valeur de ce que nous avions d'un côté comme de l'autre.
Parmi ces chances, et l'une des plus importantes, celle de pouvoir avoir en France un accès à l'éducation à travers une école de qualité, avoir des activités artistiques et sportives, découvrir les pièces de Molière dans le magnifique théâtre de Cholet, avoir le goût des livres, d'Alphonse Daudet à Barjavel… Bref, un accès illimité au développement de la pensée.
J'ai eu la chance d'avoir des professeurs investis et passionnés par leur mission de transmission. Ils avaient absolument tous ce point commun.

Très tôt, j'ai aussi pris conscience que l'accès à des soins de qualité était un privilège dont on ne mesurait pas l'importance en France. Aujourd'hui c'est en ayant voyagé que je mesure encore plus l'ampleur de la chance de cet acquis vital que nous avons et qu'il faut protéger.
La qualité de vie, de manière plus globale, était exceptionnelle en France, comparée à celle des miens au Maroc à l'époque.
En France, j'ai aussi appris la signification réelle du mot « liberté », ainsi que celles de l'égalité et la justice. Pour toutes ces raisons, ma mère est toujours très émue quand elle parle de son pays d'adoption : « La France, c'est la confiance, c'est mon pays, et gare à celui qui le touche. »

D'un autre côté, j'avais le privilège inouï d'être née au royaume du Maroc.
Au-delà de la magnifique carte postale de ce pays, de sa culture, de son histoire et de l'hospitalité de son peuple, j'ai eu de la chance de venir de ce quartier-là, d'être née dans cette famille-là, et de venir de ce milieu social-là.
Ils n'avaient pas grand-chose, et en même temps, ils avaient tout !
J'y ai gagné de l'amour, j'y ai appris aussi le sens du partage, de la famille, le goût pour toutes les musiques et pour la fête.
J'y ai appris à garder le sourire et ce, quelles que soient les circonstances. À ne pas placer l'argent et le matériel au-dessus de tout, et à privilégier l'humain.
J'y ai appris à aimer les autres quelles que soient leur croyance ou leur religion. J'y ai appris l'ouverture et l'acceptation de l'autre avec toutes ses composantes.
Enfin, j'y ai appris à aimer et à être fière d'où je viens et de mon histoire.

C'est pour toutes ces raisons que, adulte, j'ai continué à veiller sur les miens de l'autre côté de la Méditerranée.
Ma prière de tous les jours, c'est : « Que Dieu me donne de quoi donner. » Je me la répète dix fois par jour. Plus on donne, plus on reçoit, et quelle que soit la forme de don (du matériel, du temps, de l'attention et de l'amour, etc.), ça nous revient toujours !
Cette attitude fait partie intégrante de moi, c'est un fabuleux héritage de ma culture marocaine.

Faire sourire les yeux des gens qu'on aime, mais aussi de tous ces gens, ces anonymes que l'on croise dans la rue et qui ont besoin de manger, d'une couette chaude ou parfois juste d'un sourire chaleureux… c'est réellement pour moi une source de bonheur inépuisable.

Pour moi qui fais partie aujourd'hui d'un milieu privilégié à tous points de vue, cette double culture n'a que des avantages. Mais pour certains et certaines qui vivent en France, sont français et ont des attaches familiales au Maroc, il y a un réel mal-être.
Ni franchement Français, ni franchement Marocains, ce qui devrait être vécu comme un enrichissement peut alors être perçu comme un appauvrissement qui s'ajoute au sentiment de frustration et de rejet.
Ce n'est pas un plus un égal deux, mais un moins un égal zéro…

Il y a ceux qui souffrent au milieu du béton, qui rêvent d'un avenir coloré, ou tout simplement d'exister socialement.

Et puis il y a le poisson pourri qui pourrit tout le sac.
Les médias ont participé de façon quasi systématique à ne renvoyer de nous que cette dernière image de l'autre côté de la Méditerranée. À nous résumer à des racailles, dealers, voleurs, et maintenant terroristes. Sans compter bien sûr les familles qui pondent des gosses uniquement pour vivre des allocations, des fainéants entretenus par l'État à grands coups de RSA.
Voilà ce que notre pays d'origine perçoit de nous, les « zmagria », comme ils nous appellent au Maroc. J'ai souvenir que, plus je grandissais, plus je me sentais mal à l'aise à rouler en voiture avec mon père à Casablanca. Je ressentais une honte, non pas d'arriver de France, mais honte que les Marocains m'assimilent à cette image pathétique que certains petits cons ont aussi largement contribué à entretenir.

J'aime la France, c'est mon pays, mais parfois je me sens tiraillée entre ce que je suis, très proche de la réalité de la majorité des gens comme moi, et la vision que ce monde a donnée de nous.

Je crois que cette double appartenance me permet d'avoir un peu de recul sur l'une et l'autre de mes deux racines.
J'ai une vision des Arabes, par exemple qui n'est peut-être pas la même que d'autres, et je suis capable de voir leurs défauts, même si je me sens pleinement l'une des leurs.
Il est toujours sain de prendre le temps de se regarder face à un miroir, et d'avoir une certaine honnêteté.
Nous, Arabes ou plutôt Maghrebins, manquons cruellement d'une culture de solidarité en affaires, en réussite, contrairement à la société chinoise ou juive. Nous ne savons pas nous tirer vers le haut. Chez nous, on peut être jaloux de quelqu'un pour une chemise, une voiture, une belle femme, un couple heureux, un enfant qui réussit, un avantage…
Dans la réussite, le communautarisme n'existe plus, étrangement. Ce qui d'ailleurs peut poser des problèmes à ceux qui veulent entreprendre. Ils ont du mal à trouver dans l'entourage des soutiens encourageants. C'est plutôt du : « Vas-y, c'est pas pour toi, tu n'y arriveras pas ! »

Exemple concret d'une trahison gratuite en bonne et due forme, celui d'une amie marocaine à qui j'ai ouvert mon carnet d'adresses, et à qui j'ai donné de mon temps le plus sincèrement du monde.

Dans ce milieu, tout le monde se renvoie l'ascenseur et elle m'annonce fièrement : « J'ai un rendez-vous pour toi à TF1 ! » J'y vais, l'entretien dure plus d'une heure, ce qui est plus que bon signe, et nous devons nous revoir rapidement.
Le plus naturellement du monde, j'appelle la « super copine » le jour même pour le lui annoncer. Je me laisse avoir par sa joie hypocrite, sans deviner une seule seconde qu'elle va prendre son téléphone juste après, et rappeler la personne que je venais de rencontrer, pour lui dire : « Ne la prends pas, c'est une connerie, je viens d'apprendre qu'elle était en dépression en ce moment, c'est une vraie galère ! » Voilà ce que l'on appelle, pour rester polie, un joli savonnage de planche. J'ai arrêté d'essayer de comprendre le sens de sa démarche.
Comment peut-on être aussi stupide, quand on sait que le milieu de la télévision est un microcosme qui est tout sauf hermétique…
C'est bien dommage, car s'il y avait plus d'énergie à vouloir pousser l'autre vers l'avant, nous nous tirerions tous vers le haut.

Dans mon parcours professionnel, il n'y avait pas beaucoup d'Arabes, ils étaient très rares, et à partir de 1998, mes amis étaient des Juifs séfarades.
Édouard et toute la clique, Olivia, qui était ashkénaze, mais presque plus marocaine que moi, et tous les autres, de Tunisie ou du Maroc, qui me considéraient comme leur petite sœur. Ils me poussaient en permanence, organisaient des fêtes en mon honneur lorsque j'avais un nouveau programme ou une couverture et faisaient des prières pour que mes audiences soient bonnes lors des primes.
Il n'y avait que de la bienveillance et de l'énergie positive autour de moi durant toute cette période, et je crois beaucoup en cela. Le positif attire le positif, tout comme le négatif attire le négatif.

Je suis fière d'être née dans un pays dont le roi, feu Mohammed V, a refusé de livrer ses Juifs durant la deuxième guerre mondiale. Lors de la fête du Trône en 1944, il déclarait : « Tout comme les musulmans, vous êtes mes sujets et comme tels, je vous protège et vous aime, croyez bien que vous trouverez toujours en moi l'aide dont vous avez besoin. » Une position qui a toujours été ferme et assumée dans le royaume, que ce soit sous le règne du feu roi Hassan II ou celui du roi Mohammed VI. Au Maroc il n'y a pas de Juifs, de chrétiens ou de musulmans, au Maroc il n'y a que des Marocains.

Ma double identité me permet aussi de me rendre compte de leurs qualités et de leur magie. La très grande majorité d'entre eux est attachée à la France. C'est un pays qu'ils portent dans leurs tripes. Ils sont pour la grande majorité de vrais patriotes.
Pour une cause commune, ils sont capables de déplacer des montagnes et de mobiliser une énergie incroyable. Ils sont généreux, sensibles à l'humain, et dans les quartiers où le dénominateur commun reste l'exclusion et la misère sociale, ils sont aussi ceux qui tendent la main.
Beaucoup de Maghrébins de France sont sortis des quartiers pour accéder à la propriété dans les zones pavillonnaires. Ils font aussi partie de cette fameuse « beurgeoisie ». Personne n'ambitionne de croupir dans le béton des bars HLM, beaucoup inscrivent leurs enfants dans les écoles privées catholiques pour éviter qu'ils ne croisent les loubards ethnicisés. Contrairement aux idées reçues, la très grande majorité porte et respecte les valeurs de cette France qui les a vus grandir ou vieillir et n'attend qu'une chose, qu'elle leur ouvre un peu plus les bras.

Chez « les miens », l'aspect spirituel et la connexion au monde sensible sont très développés.
Ma grand-mère, par exemple, avait le don de guérir. Réellement. C'était une femme très puissante, connectée à des choses invisibles.
La première fois qu'elle est venue à Cholet pour nous visiter, elle n'a pas pu entrer dans la maison tout de suite. Il faisait nuit, mais elle est restée totalement paralysée sur le trottoir devant le portail de la maison, impossible pour elle d'aller plus loin.
Elle avait ressenti une énergie lourde et sombre. De loin, elle a demandé à Maman de saupoudrer du gros sel à l'intérieur, comme à l'extérieur de la maison. Ce n'est qu'une fois cette opération terminée qu'elle a pu passer le portail. Le lendemain, c'est en démontant le radiateur de leur chambre pour poser une tapisserie, que mon père découvre une sorte de boule étrange. Un mélange de poils, de cheveux, d'ossements minuscules et un papier avec des écritures bizarres. Un cocktail immonde enveloppé dans une sorte de peau de reptile ou de crapaud. Nana avait vu juste, mes parents avaient pour habitude de toujours laisser leur chambre à leurs invités, et l'un d'entre eux avait visiblement suffisamment de haine et de jalousie pour leur laisser ce cadeau maraboutée. Je me dis parfois que ce genre d'antécédent familial procure peut-être des dons à la lignée…

Moi, par exemple, je pense savoir lire le cœur des gens sur leur visage, car je peux y voir comme des couleurs. Je peux ainsi lire la noirceur d'un cœur dès la première rencontre. Je le sais, ce discours n'est pas facilement « entendable » par les Occidentaux, mais c'est aussi ça, ma double culture. Elle me permet de m'enrichir et de naviguer entre les deux polarités qui font partie de moi, et je sais que je ne suis pas la seule à en tirer une certaine force.

Il y a quelque temps, j'ai posté un petit texte sur mon réseau Linkedin. Il a été lu plus de 100 000 fois et a généré plusieurs centaines de commentaires.
J'y racontais à quel point j'avais fait de mon identité une force, et de l'histoire de mes parents, un moteur extraordinaire. Et à quel point j'étais fière d'avoir ouvert la porte à d'autres personnes comme moi issues d'une double culture en leur donnant l'espoir de pouvoir le valoriser un jour.
L'accueil reçu par ce petit texte m'a confortée dans l'idée que les gens avaient besoin d'entendre, de lire et de voir d'autres versions de l'histoire que celle que l'on essaie de nous faire avaler.

10

LE MIEL ET LE POISON

Le monde de la télévision est composé de nombreuses facettes plus ou moins belles et plus ou moins laides.

Le métier d'animateur, par exemple, est un métier beaucoup plus complexe qu'il n'y paraît. Plus on est sous les projecteurs et plus on est adulé, érigé à un statut presque d'idole intouchable, aussi bien par le public que par l'environnement de production. C'est quelque chose qui me mettait mal à l'aise car je ne pensais pas être légitime de recevoir cette idolâtrie étrange. Je n'étais pas Michael Jackson, en fait.

Le contact avec le public est quelque chose d'humainement incroyable. Le public vous fait, vous défait et beaucoup de personnes dans la lumière ont tendance à l'oublier très vite.
Si vous êtes sincère avec eux, ils vous le rendent au quintuple. Je n'ai pas souvenir d'avoir reçu de courrier malveillant, insultant. Non, ils étaient tous incroyablement bienveillants. À l'exception d'un vieux gradé militaire aux mots nauséabonds et fascistes que je n'ai jamais pris au sérieux, et des fétichistes des pieds…
Avant de lancer le générique des émissions en prime, j'avais pour habitude d'aller sur scène saluer le public, le remercier de me donner son énergie pour faire une bonne émission. Je sortais de scène rechargée à bloc pour assurer le tournage.
Créer le contact, la complicité et le lien émotionnel avec le public a été pour moi l'ingrédient essentiel pour tenir un prime.
Les programmes en direct sont à chaque fois un moment exceptionnel. Une dose d'adrénaline incroyable, un cocktail des meilleures hormones du corps. Je comprends les artistes et leur rapport à la scène. C'est quelque chose d'unique à vivre.

Derrière chaque programme, des centaines d'âmes qui œuvrent en coulisses. Les équipes de production, mais aussi tous les techniciens qui fournissent un travail de fourmi depuis l'aube. Pour eux, je ne supportais pas de refaire les prises ou de ramer sur les séquences. Il fallait que ça roule, pour qu'ils puissent aussi rentrer suffisamment tôt chez eux. J'aimais leur professionnalisme, et dans le même temps leur déconnexion au monde des paillettes.
Eux, ont toujours les pieds bien ancrés dans le monde réel.

La télévision vous fait vivre des rencontres et des moments absolument fous. Elle vous permet de vous dépasser, de pousser vos limites en permanence.
Un parfait exemple pour moi a été le Téléthon 2003 avec le cirque Pinder.
Comme à tous les visages de France 2, on me demande ce que je souhaite faire au cours de cet événement hautement symbolique.
Sans vraiment réfléchir, impulsivement, en tant que Lion ascendant Lion, je réponds : « Un fauve ! » En pensant qu'on allait me donner un petit bébé lion à nourrir au biberon ou un truc mignon quoi… Que n'avais-je pas dit !

Rendez-vous chez Pinder, où je fais la connaissance de Frédéric Edelstein, fils du propriétaire de cette grande institution et mondialement connu pour ses numéros de fauves. Frédéric est grand, a une silhouette athlétique et la bienveillance inscrite dans son code génétique. Il est passionné et ne vit que pour ses fauves, qu'il considère comme des membres de sa famille.
Je découvre d'abord la nurserie, tous ces bébés lions sont à croquer, mais ils ne seront pas mes partenaires.
C'est devant une vingtaine de lions, lionnes et un tigre que je découvre que, pendant deux mois, je vais m'entraîner avec lui pour le numéro des fauves. Ça veut dire moi au milieu de ces animaux impressionnants et beaux, mais terrifiants. Je découvre son numéro, impressionnée par sa maîtrise et la majesté des bêtes autour de lui.
Tous les jours, pendant deux mois, je vais donc apprendre à dompter des fauves.
Aujourd'hui, avec le recul, je me demande comment j'ai pu trouver la force et le courage de faire ça…
Être dans cette immense cage avec tous ces prédateurs derrière moi, ce lion que je suis censée amener avec un cerceau, et ces lionnes que je dois faire rouler par terre au centre de la piste, entourée d'immenses grilles métalliques pour sécuriser le public. Le tigre que je dois faire boxer en marchant, sur la musique de *Rocky*. Debout, la bête fait

un mètre de plus que moi, ses pattes sont immenses, un coup de ses longues griffes suffirait à me mettre à terre, ses dents sont des rasoirs de cinq centimètres… Je suis totalement inconsciente !
Le jour de la représentation en direct sur France 2, Frédéric et l'équipe m'informent que les fauves sont nerveux, que je dois aller les voir, citer leur nom en criant pour qu'ils me reconnaissent derrière mon costume de scène. Ce n'était pas prévu au programme, et l'angoisse est montée comme jamais. Les lions et tigres font leur entrée, leurs pas lourds soulèvent la terre jusqu'à ce que tout soit presque flou derrière les lumières.
Je me retrouve au milieu de vingt *putains* de fauves, c'est un truc de fou !
Une expérience incroyable, dans laquelle j'ai découvert une autre technique de gestion du stress… En même temps, je ne pouvais pas faire autrement ! Apprendre à gérer cette peur, c'est d'abord une capacité à la concentration extrême, pour qu'à aucun moment votre cerveau ne puisse sécréter les hormones de la peur. Rester le dominant à chaque fraction de seconde, contrôler la tonalité de sa voix, le rythme de sa respiration, maintenir l'attitude et les mouvements, car à la moindre faille, vous êtes mort. Et si c'était ça l'instinct de survie ? Apprendre à utiliser ce que la nature nous a donné.
Une expérience humainement extraordinaire qui m'a permis de vivre à l'intérieur d'un cirque, de m'inspirer du mental de toute cette équipe incroyable, de leur pouvoir de concentration, leur écoute, leur solidarité, leur polyvalence… leur passion. Ils viennent des quatre coins du monde et ce métissage est une chance inouïe à vivre.
Ma mère n'a jamais vu ces images, elle aurait fait une crise cardiaque, mais je l'ai fait !

Cet épisode mémorable est révélateur de ce que mon enfance, et ma mère m'ont appris : aller au-delà de mes limites, s'adapter à toutes les situations.

Les téléspectateurs ont du mal à imaginer, en voyant les animateurs et animatrices sur les plateaux, souriants, et souvent là pour les distraire, à quel point ce monde est exigeant et demande de se battre à chaque instant.
Se battre contre soi pour se contraindre au meilleur, se battre aussi contre les autres, parfois, tant le stress peut conduire à des querelles d'égo, se battre enfin souvent contre les cadres limités que le milieu s'auto-inflige.

L'un des points les moins agréables de ce métier est cette impression d'être en constante représentation, vous ne vous appartenez plus.

Plus vous êtes exposé, et plus les regards dans la vie intime, celui de Madame Tout-le-monde, vous oppressent. Comme les gens figés derrière vous dans le rayon papier toilettes de Franprix ou de Carrefour, à qui j'avais juste envie de dire « Ben oui, je fais aussi caca ! » Ça amusait mes parents de voir le nombre de caddies se transformer en cortège au rayon yaourts, en mode discret… C'était à mourir de rire quand j'y repense.
Tout ce que je voulais, c'était me fondre dans la masse, être invisible. Sortir pourrie en jogging, fatiguée d'être tirée à quatre épingles tous les jours, fatiguée des brushings et des kilos de fond de teint.
C'était paradoxalement quand j'étais loin de tout ce qui brille que je profitais d'un moment de bonheur à moi. Ça faisait hurler Maman, toute fière de sa fille pomponnée derrière le petit écran et qui traînait en guenilles quand elle débarquait à Cholet ou à Casablanca. Je ne voulais voir que les miens. Rire avec les miens autour d'un tajine poulet et citron, papoter jusqu'à l'aube et savourer chaque minute comme si c'était du précieux caviar.
Cette exposition donne aussi lieu à des scènes ubuesques quand vous êtes hospitalisée, par exemple et que, la mine défaite, vous voulez juste être une malade comme les autres. Qu'on ne vous reconnaisse surtout pas, et pas dans cette intimité-là. L'anonymat, vous pouvez toujours oublier, vous avez le droit au défilé incessant du personnel hospitalier, ils se passent le mot de service en service et vous devenez la bête curieuse que l'on vient visiter comme dans un zoo. Ils étaient drôles et courtois mais c'était épuisant… Le manque des choses simples s'est peu à peu installé.
L'exposition, c'est aussi les photos volées de votre intimité. Les paparazzis vont jusqu'à louer un appartement dans l'immeuble en face de chez moi pendant plusieurs semaines pour ne rien louper. Cet épisode m'avait choquée, c'était le même sentiment qu'à la découverte d'un cambriolage. Ce sentiment d'avoir été violée était très étrange et au-delà de ça, je ne comprenais toujours pas ma « légitimité » à être publiée dans les magazines *people*. Pour moi, tout cela était vraiment disproportionné. Mais je comprends très vite que c'est le jeu, le prix à payer de la célébrité, comme on aime à dire.

Dans la série « *Ness Anatomy* », il y a une séquence étrange. Je suis en couple avec Dimitri. Nous nous sommes rencontrés chez Endemol. Il était l'un des plus beaux de la boîte, mais j'étais la seule à ne pas l'avoir remarqué. Lui était déjà tombé sous le charme à la fin d'un tournage des *Enfants de la télé*, car j'avais refusé de prendre le numéro de téléphone d'un acteur très célèbre. Dimitri était au développement chez Endemol, et moi à l'antenne.

En 2004, nous sommes donc en couple, et je suis enceinte de ma Anna. Je tourne, et tout se passe bien jusqu'à ce que le laboratoire d'analyses m'annonce qu'il faut voir mon médecin en urgences, car il y a un problème sérieux.
Aux urgences, le médecin nous annonce qu'il faut intervenir, car c'est soit Anna, soit moi. Dimitri appelle Dominique Cantien, l'une de mes productrices. Son compagnon est le médecin Philippe Douste Blazy, alors ministre de la Santé.
Après le compte rendu de la clinique, ils décident de me transférer à Clamart, en unité de grossesses à risque. Je suis transférée en urgence mais, lorsque j'arrive sur mon brancard, l'accueil est glacial et limite agressif. Mes yeux tombent sur l'immense tableau de service où est inscrit : « La copine de Douste ! » Je comprends mieux l'agressivité et les remarques désobligeantes. Ils m'avaient d'office mise dans la catégorie « pistonnée capricieuse », avant de se dire que je pouvais juste être une maman avec son bébé en danger.

Pour la petite histoire, Anna finira par arriver tranquillement à huit mois.
Notre star gynéco va disparaître, l'équipe va faire un travail formidable toute la journée, jusqu'à ce que je sens la tête de ma fille. La star n'est toujours pas là, elle dîne à la Tour d'Argent ! Les jambes croisées sur le côté, je sens la tête de ma fille descendre mais nous devrons attendre que Sa Majesté arrive pour un seul joli « Poussez ! » pour la forme, et pour justifier des honoraires de mille cinq cents euros…

Dans le métier, l'animateur est celui que l'on vénère et que l'on déteste en même temps. On le protège, on le chouchoute, on fait attention au ton que l'on utilise pour lui parler. C'est tellement faux parfois… J'ai eu plusieurs fois l'impression de me retrouver dans une scène de Louis De Funès et Yves Montand dans *La folie des grandeurs*.
Ce comportement envers l'animateur l'isole à la vitesse grand V et le coupe de toute réalité. Le coupe du monde.
Si la sincérité était au rendez-vous, je m'inclinerais, mais c'est presque un gros mot dans ce milieu où les faux culs se comptent à la pelle. Ça crée des comportements et des situations qui sont à mourir de rire. Il y a une sorte de première cour, puis de deuxième cour, selon le degré de complicité avec l'animateur roi. Il y a dans le premier cercle quelques éléments sincères, des fidèles, voire des amitiés solides de longue date, mais il y a aussi ces langues de serpent qui le vénèrent tout en le haïssant, tout en lui crachant dessus comme il n'est pas permis.

Cela m'est arrivé évidemment, mais comme je suis très observatrice, je trouvais passionnant et drôle de décortiquer ces comportements et de les classer dans des cases. C'était très amusant.

Une hypocrisie qui isole, d'ailleurs. La lumière modifie le rapport aux autres. Vous passez votre temps à vous demander pourquoi on vous aime. Pour vous, ou pour ce que vous représentez ? Plus les gens en font des tonnes, et plus vous vous méfiez. Plus ils sont froids, plus vous vous protégez, et plus les jugements fleurissent.
Au milieu de ces flashes, de ces kilos de lumière, de cette ruche d'âmes plus ou moins bienveillantes, l'animateur vit dans un silence étrange.
La solitude est terrible les lendemains d'émission, lorsque, très tôt le matin, tombent les chiffres d'audience. Lorsqu'ils sont bons, vous êtes le roi du monde, tout Paris vous appelle, vous êtes celui ou celle avec lequel tout le monde doit être vu, c'est limite si l'Élysée ne vous gratifie pas d'un appel mielleux. En revanche, lorsqu'ils fléchissent, vous devenez une sorte de pestiféré. Les scènes peuvent être assez drôles par ailleurs, entre le silence angoissant du téléphone et les équipes de production qui rasent les murs en vous croisant, comme si vous étiez porteur d'une maladie hautement contagieuse. Et puis, il y a les vampires, les haineux, les aigris, ceux qui passent leur temps à congratuler tout le monde, tout en espérant au fond de leurs pathétiques tripes que vous vous vautriez comme une merde.
Il faut avoir les nerfs solides et les pieds bien ancrés au sol pour ne pas péter les plombs. Un système qui s'autoalimente de façon insidieuse et qui participe aussi à créer parfois les comportements hors normes d'animateurs capricieux et totalement coupés du monde, coupés de la réalité, et surtout coupés de ce que l'on appelle les « vraies gens », ceux sans qui vous ne pouvez être là.
L'environnement de l'animateur est important, il y a des assistants, ou des assistants d'assistants, qui sont parfois plus imbuvables et plus stars que la star. On retrouve ça aussi dans le milieu de la musique, de la mode, et du cinéma. Ceux-là participent à pourrir l'image d'un présentateur qui est peut-être aux antipodes de leurs comportements, ou bien au contraire à en faire une calamité ingérable et capricieuse, broyeuse d'humains et persécutrice acharnée.
Être un bon animateur, c'est d'abord travailler comme un forcené sans compter ses heures, ni le peu de temps de sommeil qu'il lui reste avant de descendre dans l'arène. Le reste n'est que du vent.

Comme dans tous les milieux, en télévision, la misogynie n'est plus à prouver, c'est même une tarte à la crème.
Elle s'exprime de façon très sournoise, partant du principe que, a priori, la réussite des femmes est louche. Sous-entendu, elles ont dû coucher ou passer sous les bureaux pour y arriver. Ce que j'appelle « le déjeuner de la misogynie » en est l'illustration parfaite.

Cela se passe au printemps 1995.
Nous sommes à l'hôtel Bristol, avec Michel Polac et Stéphane Simon, et nous donnons une conférence de presse pour le lancement de l'émission politique *Y'a Débat* sur MCM. Dès le départ, je perçois un malaise entre moi et l'un des hommes en noir qui gravite autour de Thierry Ardisson, coproducteur de l'émission. L'homme du PAF est brillant, Ils veulent tous lui ressembler, jusqu'à imiter son *dress code*. Quel manque de personnalité, quel vide abyssal en eux pour ainsi s'effacer et ne pas seulement espérer devenir lui mais se sentir lui, de manière totale et absolue.
La conférence terminée, nous déjeunons avec quelques journalistes. Polac est à ma droite, il préside, et face à moi le pseudo clone d'Ardisson. Son regard sur moi est méprisant, je ne sais pas ce qu'il me veut.
Soudain, il m'interpelle, dédaigneux, et me demande si je connais Nietzsche. Je réponds ne pas avoir encore tout lu du philosophe. Il part alors brutalement dans une tirade pornographique en prenant fièrement à témoin la troupe d'hommes attablés : « Est-ce que tu suces ? Tu te fais enculer ? » Puis, en s'adressant à son public de mâles débiles, il demande à plusieurs reprises : « On lui fait quoi ? Elle nous suce, ou on l'encule ? »
Son public est conquis, hilare, seul Stéphane Simon semble mal à l'aise. À ma droite, Polac, suiveur en chef, rit à pleines dents, et les autres font de même.
Je ne peux m'empêcher de vivre la scène au ralenti, comme hors du temps, les gros plans sur leurs traits grossiers, les mâchoires pleines de leurs rires dégueulasses à l'image de leur visage déformé, ruminant comme des bœufs crasses. Ils étaient pathétiques.
C'était d'une violence que je ne connaissais et dans le même temps, ils me semblaient si ringards et si stupides.
Impossible pour moi d'accepter ça. Pourquoi accepter ? Pour un programme, pour de la télé ? Plutôt crever ! Doucement je pousse ma chaise, me lève et quitte cette réunion de porcs.
Les bureaux de MCM sont au 109, je remonte la rue du Faubourg Saint Honoré, d'un pas pressé, totalement sonnée.

Je craque et je débarque en larmes dans le bureau de Thierry Laval. Je lui relate les faits et lui annonce me désengager du projet, car hors de question pour moi de travailler dans ces conditions.
Choqué, Thierry Laval m'invite à aller prendre l'air. Il me rappelle une heure plus tard, nous avons rendez-vous avec Thierry Ardisson au Bristol en fin d'après-midi.
Je ne connaissais pas bien Ardisson, et, à l'époque, le mot « bienveillance » n'était pas la première chose qui pouvait venir à l'esprit en pensant à lui.
Mais il y a l'idée que l'on se fait des gens, et il y a leur réalité.
Ardisson est arrivé avec un immense bouquet de fleurs, il s'est excusé pour la conduite inadmissible de l'un de ses hommes en noir, tout ça avec beaucoup d'élégance et d'humanité, très loin de l'image *hard* qu'on pouvait avoir de lui à ce moment-là.
J'ai accepté.
Le clone en noir a été écarté du programme, je ne l'ai jamais recroisé de ma vie.
J'ai tourné avec Polac, resté dans ses petits souliers, une fois l'effet de meute envolé.

Ma carrière, je la dois à mon travail acharné, à ma capacité d'adaptation, à mon caractère teigneux, et je la dois bien sûr à des hommes qui ont cru en moi, en mon potentiel.
Mais j'en ai aussi croisé des peu recommandables, comme ce patron qui insistait pour que je dîne avec lui. Mais je ne dîne jamais dans le cadre du travail, c'est un principe. Sauf si mon boss est un ami de longue date.
À force de reporter sous des prétextes de plus en plus ridicules, il a fini par me convoquer à son bureau. « Je ne comprends pas votre attitude, tous les deux, on peut être bien, faire de grandes choses, je suis prêt à payer votre loyer, vos charges, vous octroyer un deuxième salaire ! »
Mes doutes étaient donc fondés. J'ai quitté cette société quelques jours plus tard.
J'avais informé mes collègues dès les premiers doutes, et c'est ce que je conseille. Cela permet d'être soutenue et de ne pas avoir l'impression d'être enfermée seule dans ce genre de situation. Est-ce que ça m'a traumatisée ? Non ! Il a tenté, il a perdu. Point.

Tout comme Al Gore, vice-président des États-Unis en visite à Paris à l'hiver 1995/1996 qui, après une interview, a saturé mon répondeur de messages, me suppliant de le rejoindre, dépliant un tapis rouge pour une grande carrière aux USA. Je n'ai juste jamais répondu.

Ça m'a aidée à être vaccinée, comme le « mille et un hommes de mon père » m'a aidée à être prémunie. À souvent devoir porter une paire de couilles pour envoyer des signaux invisibles du type « N'envisage même pas ! », et ça marche !

À mes filles Sofia et Anna, j'essaie de transmettre cette notion d'indépendance, de force, de respect de soi et de sa liberté. J'essaie de faire d'elles de futures femmes droites dans leurs bottes et conscientes de leurs forces. Qu'elles s'assurent toujours de ne dépendre que d'elles-mêmes et de personne d'autre. À vingt-cinq ans, Sofia est une artiste pleine de talents, elle fait sa place chaque jour un peu plus dans le monde de la mode en tant que directrice artistique sur les shootings, les campagnes et les clips de certains artistes. Elle compose également sa musique. Comme sa mère, elle ne voit pas les choses de manière fragmentée, figée, elle a son univers et elle navigue entre la mode et la musique. Anna, à dix-sept ans, a déjà un caractère bien trempé. Malgré son humour et sa dérision, elle sait exactement ce qu'elle veut. Très loin de la lumière et comme son grand-père et son beau-père, c'est avocate d'affaires qu'elle a choisi d'être. Toutes deux sont conscientes des enjeux de la vie, des clichés sur la réussite des femmes et de la misogynie... même celle de la part des femmes.

Car cette idée de la « réussite louche » des femmes est aussi véhiculée... par des femmes, en vertu de la sournoise misogynie féminine !
J'ai de nombreuses fois pu constater que les femmes pouvaient être aussi des managers-tyran. Comme totalement déshumanisées. Qui essaient d'être « des mecs », mais sans comprendre ce qu'est un homme.
J'ai rencontré des femmes dont le comportement misogyne n'avait rien à envier à celui de certains hommes ! Selon la psychologue Annik Houel, cette attitude est une « stratégie transitoire de défense contre la misogynie masculine dans le travail » et « cela réveille aussi les enjeux de la rivalité première des femmes avec leur mère ».
Les femmes n'aiment pas forcément les réussites des autres femmes, il y a une jalousie très pernicieuse à cet endroit-là. Il y a des rivalités sous des traits pathétiques et des pestes niveau bac-à-sable. Le degré zéro de l'intelligence.
Les coups bas, les insultes pour rabaisser, les discriminations sexistes, les réflexions sur les tenues vestimentaires et le harcèlement sexuel ne sont malheureusement pas que l'apanage des hommes. Certaines femmes excellent aussi dans ce domaine et sont, elles aussi, de véritables machines à broyer les ressources humaines féminines.
Ce qui est valable pour un homme doit l'être également pour une femme.
La misogynie d'un homme ne doit pas « prendre plus cher » que celle d'une femme, parce que c'est une femme. Certaines nuisibles doivent aussi payer la note.

Être une mère quand on travaille à la télévision peut être drôle et parfois très compliqué. Une mère à la télé, ça n'a le temps de rien et ça donne lieu à des scènes assez amusantes parfois. Pour Sofia, par exemple, j'ai perdu les eaux en sortant de tournage. Pas de place pour les chichis et autres envies maternelles. Tu bosses, point.
À la maternité, pendant le travail, Matt quitte le champ de bataille en mode « Je reviens, j'ai une réunion à Canal ! », il est heureusement revenu juste à temps.
Lorsque Sofia est née, elle a eu droit à une magnifique fiesta, en tant que premier bébé de MCM. Je pense avoir emmené le couffin partout, avec en prime des nuits blanches option tétées en régie.

En télé il n'a pas de place pour le repos maternité. Quinze jours après avoir accouché, je partais en tournage.
Pour les tournages longs, je devais laisser Sofia chez mes parents pendant plusieurs semaines. C'était à chaque fois difficile à supporter, mais je n'avais pas le choix.
Je me souviens de cette scène à mourir de rire en plein séminaire annuel dans le magnifique château de la famille Ricard. Je tirais le lait avant mon départ, sans imaginer ce qui allait se passer. En pleine réunion dans cette immense salle, j'ai senti ma poitrine se serrer petit à petit. Elle a gonflé à une vitesse incontrôlable et, dans ma tête, c'était : « Non, non, non, tout mais pas ça, pas maintenant ! » Gonflée comme une vache normande, j'ai soudainement envoyé de puissants jets de lait à mes voisins de tablée.

La télévision ne nous gratifie pas d'un corps qui reste svelte, non, nous aussi, quand nous sommes enceintes, nous devenons des êtres hybrides, entre le bonhomme Michelin et la dinde de Thanksgiving. Et nos prises de poids peuvent susciter bien des débats quand on en est à ne plus pouvoir mettre ses chaussures et à s'affaler dans un canapé comme un vieux sumo…
Dans ces moments, les êtres étranges qui composent la planète télévision pensent qu'il suffit d'expulser le polichinelle pour rentrer dans du taille 34. J'ai souvenir d'une animatrice à qui l'on avait fait vivre l'enfer car elle n'avait pas repris illico sa silhouette. C'était devenu de l'acharnement, des moqueries incessantes, c'était indécent et je ne sais pas comment elle a pu supporter cette pression.

Il faut toujours avoir un bon avocat, il m'aurait bien servi en 2004, lorsque mon ami et directeur des programmes de MCM me convoquait suite à l'annonce de ma grossesse à la Une du magazine *Gala*. J'étais purement et simplement virée !

Petit conseil, si vous prenez un avocat, prenez soin de vérifier qu'il ne consulte pas de voyante. Le mien avait pour habitude de faire appel à leurs dons pour connaître la vie de ses clients animateurs. Il voulait connaître leurs problèmes, leurs histoires de couple, leur avenir, et leurs futurs contrats pour s'assurer une pérennité financière.

Mon ex-belle-sœur, avocate, est un jour interpellée par une consœur en sortant d'une audience : « Ta belle-sœur c'est bien Ness ? Son conseil, c'est bien Maître X ? Dis-lui de se méfier car une amie voyante m'a dit qu'il la consultait… » Le conseil, bien que tenu par le secret professionnel, déballait donc non seulement la vie de ses clients du paf et autres, mais en plus demandait à la boule si nous étions propriétaires, si nous allions acheter, sa solidité de nos couples, l'avenir de nos contrats… J'ai trouvé tout ça d'une indécence rare…

L'antenne isole, elle fracasse contre un mur toutes vos certitudes sur les rapports aux autres. Ce qui a fini par provoquer en moi une méfiance absolue après être passée par la case phobique sociale. Ne plus voir personne, ne plus répondre au téléphone, annuler les rendez-vous à la dernière minute. Cela n'a pas duré longtemps, mais cela a été difficile car pour moi, c'était contre nature. Comme si l'on m'imposait de force un état d'être qui ne pouvait être le mien.

Les vraies amitiés sont rares. Les miennes aujourd'hui se comptent sur les doigts de la main. Il y a Jako, Philippe, Fréderic, Karim et Sonia Maria. Des amitiés solides, très loin de la lumière et construites dans le temps.

« Si tu vois le lâche, attends-toi à voir son double, et qui est son double ? La trahison ! ». J'aime ce proverbe de Massa Makan Diabaté.

S'il y a un mot qui colle parfaitement au monde de la télévision, c'est celui de la trahison. Elle peut devenir la hantise des personnalités à l'antenne, qui, lasses de chercher en vain un peu de sincérité, finissent par s'enfermer dans une sourde solitude, celle que personne ne peut percevoir.

11

DANS L'OMBRE

« Tu as mille et un hommes en toi, vas-y ! »
Ces quelques mots prononcés par mon père le jour où j'ai vraiment quitté l'enfance me reviennent souvent en mémoire. Cet ancrage puissant a agi sur moi comme un booster d'énergie permanent et une source de confiance inébranlable en mes possibilités. Ces mille et un hommes m'ont permis de porter mille et une casquettes, d'enfourcher mille et un chevaux. Ces mille et un hommes ont rendu transparentes toutes notions de l'impossible. C'est grâce à cet ancrage que je ne me suis jamais laissé arrêter par les murs, de toute manière, je ne les voyais pas et ce n'était pas une volonté consciente, mais un état d'être, une évidence. L'héritage d'une histoire qui ne laisse aucune place à la frilosité ou à la peur. Antenne ou pas.

Le monde de la communication est constitué de milliers de métiers, de milliers d'angles, et donc, d'autant de fenêtres à analyser et à étudier. Seulement voilà, je suis une « inclassable » dans cet univers tristement très compartimenté. Être à l'antenne ne peut nous résumer uniquement à cela. La vie nous a dotés d'un cerveau capable de gérer des milliards d'informations, alors pourquoi nous contenter d'une seule tâche ? Quel gâchis d'intelligence, un enfermement mental imposé par une société totalement à côté de la plaque, quand on sait que le monde de demain imposera à l'humain une polyvalence à toute épreuve.
Cela a été le cas, par exemple, lorsque j'ai travaillé sur la reconstruction de la grille des programmes et de toute l'identité visuelle de MCM, en duo avec Patrick Giordano, alias Matt Murdock, qui est aussi le papa de ma fille Sofia.
Nous allons remodeler l'identité visuelle et le positionnement de la chaîne : l'habillage, la stratégie de grille, la couleur d'antenne, la stratégie de communication et de mar-

keting de l'antenne, les décors, les programmes, et le casting des visages. Jusqu'aux panneaux 4x3 de la campagne de pub.
Comment ? Ma passion était avant tout la création, et c'était d'abord pour ça que j'avais pris le risque d'abandonner une carrière de dirigeante.
Je vais profiter de l'un des rendez-vous annuels de Thiery Laval, le directeur général de MCM avec chacun des animateurs.
Il va me demander ce que je pense de la chaîne, et avec ma franchise habituelle, j'ose sans langue de bois émettre des critiques sur l'habillage, l'identité visuelle de la chaîne et sur la grille. Il m'a prise au mot : « Puisque tu es une grande gueule, tu as quinze jours pour me faire une proposition ! »
Prise au piège de mon effronterie, je travaille avec Matt jour et nuit pour concevoir et livrer un projet qui tienne la route, face à une concurrence comme celle de MTV.
Une fois le projet validé, nous gagnons nos galons de directeurs artistiques, et en un temps record, nous allons tout retravailler avec, je pense, le plus petit budget de l'histoire de la télévision : cent cinquante mille francs, soit environ trente-deux mille euros.

Nous avons optimisé les moyens humains et les moyens techniques de la chaîne. Avec notre truquiste Fabrice, nous avons décâblé la régie numérique pour générer d'autres effets, ou avons passé au banc-titrage des bonbons acidulés et emballages de hamburgers, dont nous trafiquions la chroma, jusqu'à créer des formes et des images à des années-lumière de l'original. Un vrai laboratoire de création.

Nous avons également négocié avec les firmes du jeu vidéo les droits d'utilisation des scènes cinématiques de jeux. Ce qui serait inimaginable aujourd'hui sans avoir à signer un énorme chèque, après des mois de négociations avec leurs avocats.
Nous avons créé cinq décors différents sur un plateau d'à peine trente mètres carrés, en exploitant tous les espaces. Nous avons travaillé le logo, la typographie. Et nous avons été les premiers à faire évoluer le marketing antenne, c'est-à-dire la promotion des programmes sur l'antenne. La promotion d'une antenne est stratégique, car l'antenne est le plus important des espaces pour vendre les programmes. Nous avons mis au point la promotion des trois parties de soirée en une seule et même bande-annonce. Auparavant, les bandes-annonces ne se faisaient que pour un seul programme. Nous avons donc créé ce concept de « vente » de la soirée complète. Depuis, toutes les chaînes ont adopté ce principe.

L'habillage sonore a été également entièrement retravaillé, avec des créations sur mesure en studio.
Nous allions négocier avec les maisons de disques, ou directement avec les artistes en enregistrement d'album, un morceau de son et voix identifiant la chaîne.

Nous avions même des articles dans la presse spécialisée comme Écran Total, si mes souvenirs sont bons, ce qui pour moi était la reconnaissance ultime.
Et ça a très bien marché, tellement bien marché que nous avons reçu un appel inespéré.

Quelques semaines après le lancement de la nouvelle identité de MCM, nous sommes contactés, Matt et moi, par Dominique Poussier et Pierre Bellaiche, respectivement directrice et irecteur adjoint des programmes jeunesse de TF1. Tous deux voulaient rencontrer l'équipe qui avait signé la nouvelle identité de MCM.
Avec Matt, nous n'en revenions pas.
Leur brief était clair : créer presque une chaîne dans la chaîne, pour remplacer les années de règne de Dorothée et AB Productions, en supprimant la japanimation (dessins animés japonais), à cause du déficit d'image qu'elle engendrait selon eux. Nous ne sommes pas convaincus du dernier point, et l'histoire nous donnera raison.

La pression va être à son comble lorsque TF1 nous annonce que nous allons être en concurrence avec l'agence new-yorkaise Peter Sullivan, l'un des leaders mondiaux de la création de chaînes à l'époque !
En allant proposer le projet, on n'y croyait pas du tout, nous étions tellement petits par rapport aux autres… Un fou rire nerveux nous a secoués pendant tout le trajet dans le taxi !
Arrivés chez TF1, nous patientons avec nos concurrents dans la salle d'attente luxueuse de la chaîne la plus puissante d'Europe. Nous avons vraiment l'air de deux clodos face à toute une équipe de *Men in Black* cravatés et ultra équipés pour assurer une présentation parfaite !
Nous repartons dans une crise de rire incessante, tellement le décalage est énorme. Nous sommes vraiment des clowns face à eux, un bateau gonflable en concurrence avec le Titanic !
Ils passent devant nous, très sûrs d'eux. Puis vient notre tour.

La salle de réunion est impressionnante, et il faut un master spécial rien que pour savoir s'asseoir dans ces immenses et magnifiques fauteuils. Avec confiance, nous présentons notre projet, puis quittons TF1, la même barre de rire au ventre.

Une heure plus tard, Pierre Bellaiche nous annonce que nous avons non seulement gagné la partie, mais qu'en plus, Peter Sullivan fera notre production déléguée. C'était énorme ! Nous avions du mal à réaliser ! En termes de moyens, nous passions de « Gribouille » à « Star Wars » ! Ce qui a fait la différence, je pense, est que nous n'avions pas attendu cette offre pour décortiquer et analyser la chaîne et ses stratégies.
Nous connaissions également la cible et ses habitudes par cœur, puisque nous étions connectés à elle et son évolution depuis des années. Cela a sans doute joué dans notre manière de penser le projet, tout en collant à la force de frappe d'une chaîne comme TF1. Malgré le rejet des films d'animation japonais, j'ai souvenir de notre insistance à ne pas passer à côté d'un futur phénomène comme *Pokémon*, autant en termes d'audience qu'en termes de produits dérivés. Nous ne nous étions pas trompés.

Dans la même période, le Groupe Disney nous contacte pour la future chaîne Disney Channel. Nous commençons à travailler sur le projet, mais TF1 nous pose un ultimatum. Nous choisissons TF1.

En 1996, avec Matt, nous rejoignons l'unité « nouveaux programmes » de la chaîne Canal +, dirigée par Alain Le Diberder et Nathalie Coste Cerdan. C'est l'unité de la cyberculture. Je présente le journal du téléchargement.
Très drôle, quand on pense au décalage technologique entre hier et aujourd'hui…

Au printemps 1996, Canal + et Infogrames signent un accord pour la création de Game One, la première chaîne européenne de jeux vidéo et de cyberculture.
Je ne vais pas tarder à présenter les *news* sur cette toute nouvelle chaîne, mais auparavant, avec Matt, nous sommes à la direction artistique pour la construction de l'identité et de la grille des programmes.
Nous travaillons d'arrache-pied sur Game One, que nous développons de A à Z avec notre équipe de fous de la rédaction de *Player One* et des nouveaux programmes de Canal +. En un temps record, nous arrivons à créer la chaîne, pour assurer son lancement en grande pompe à l'ECTS de Londres, en septembre 1998.

Un beau bébé, dont l'habillage signé Hugues Martin sera récompensé au festival Imagina à Monaco, derrière le *Titanic* de James Cameron, et l'habillage de la Coupe du Monde. J'anime la cérémonie à Monaco, et ce fut à la fois étrange et jouissif de vivre ce moment…
Je suis heureuse d'avoir participé à l'histoire de cette chaîne diffusée sur toutes les plateformes numériques européennes de Canal +, sous la direction de Nathalie Coste Cerdan, et d'avoir appris auprès de chacun.
Aujourd'hui, Game One appartient au groupe américain Viacom.
Être passée par le CJD (Centre des Jeunes Dirigeants) et Kawneer a définitivement inscrit en moi l'intérêt de ne jamais perdre de vue les notions de temps et donc d'avenir. Le temps est ce qui coûte le plus cher. Avoir toujours des projets inscrits à court, moyen et long terme. Ajoutés à cela, mon passage dans l'univers du jeu vidéo et ma culture marketing : tout ça m'a connecté à la réalité des nouvelles technologies et à leur développement croissant. Ces ingrédients font que je suis toujours à gamberger sur l'impact de cette évolution sur notre quotidien à moyen et à long terme.

Pour exemple, l'application que je développe pour le marché global de la publicité.

Rentrée 2011.
Nous sommes fraîchement installés avec Laurent et nos quatre enfants, mes filles Sofia et Anna, et ses deux fils, Benjamin et Martin. La vie m'offre alors deux petits garçons adorables, que je vais élever et aimer comme s'ils étaient sortis de mes tripes. Je tente pour la première fois de ma vie de la jouer *Desperate Housewives*. Pour la première fois de ma vie, je vais accepter de me laisser porter par quelqu'un, de faire confiance à quelqu'un d'autre que moi. Me laisser flotter sur une vague de sérénité, au milieu d'un bonheur qui rejaillit de cette magnifique tribu recomposée. Ne plus avoir à penser, à réfléchir, juste à gérer les enfants, être là quand ils rentrent de l'école, être là pour eux, juste pour eux, et aussi organiser des vacances de rêve dans les plus beaux endroits.
Je fais ça évidemment avec la même énergie que n'importe laquelle de mes missions professionnelles, je ne peux faire autrement, tout doit être parfait. Je suis heureuse de faire ce que je n'ai jamais pu faire jusque-là avec mes enfants, leur consacrer du temps, du vrai temps, de vrais moments.

Seulement, très vite, je vais me sentir mal dans ce costume qui n'est pas le mien. Je ne peux me résoudre à n'être que « ça ». Lorsque tout le monde quitte le foyer le matin, je

me sens affreusement mal. Seule et coupable quand, à huit heures et demie du matin, je regarde par la fenêtre toutes ces silhouettes filantes courir vers leur activité, leur job. Je me sens mal, comme si moi, je n'existais plus socialement. Passer mon temps au spa, ou les après-midi dans les country club, ce n'est pas mon truc. Ce n'est pas moi. Rongée par cet état, je glisse dans une dépression que je cache au monde. La journée, je m'isole dans la chambre jusqu'au retour des enfants. Ils sont la vie, leurs rires et leurs chamailleries font rayonner la maison.
La nuit, j'erre comme un fantôme d'une pièce à l'autre, étouffant dans cette nouvelle peau que je vomis, cette peau dont je rejette le reflet dans le miroir, jusqu'à éviter d'en croiser un. Je ne voulais plus me regarder dans une glace.
La nuit est ma meilleure alliée. Depuis toujours, je l'interroge, et elle me répond dans son silence, jusqu'à la claque ! Celle qui vous réveille de votre léthargie pour vous reconnecter à vous-même.

Je m'inscris alors en droit et, parallèlement, j'observe l'évolution du monde digital. Durant mes veilles nocturnes, je suis sans cesse agressée par de la pub. Une agression quasi permanente de publicités trop longues, intrusives, dépassées et mal ciblées, et qui m'amènent souvent à me déconnecter.

Partant de ce constat, je décide de faire des recherches sur la publicité et le digital. Je passe des nuits à analyser le marché de la publicité mondiale et sa répartition. Je mets en parallèle l'évolution des différentes plateformes.
Le constat est accablant pour les médias dits « traditionnels » car, à terme, le digital engloutira la plus grosse part du gâteau publicitaire.
L'avènement de plateformes comme Facebook, Twitter, Snapchat et Instagram vont bouleverser la donne dans peu de temps.
Instagram, à l'époque, comptait déjà plusieurs millions d'abonnés, c'est la plateforme de l'esthétique, qui a universalisé le beau, l'art de la jolie photo, qui a enseigné à la planète entière l'art de ne rien poster sans faire l'effort de soigner l'esthétique.
Très loin du télé-achat qu'elle est devenue aujourd'hui.

En analysant les différentes plateformes, je me rends compte que des milliards de photos sont postées chaque jour par des anonymes portant des baskets Nike, voyageant sur Air France, buvant du Coca sur les plages sans aucun hashtag ni outils d'identification et de référencement. En gros, des milliards de pubs, des milliards d'histoires personnelles de consommateurs avec les marques sont postées et non exploitées. Autant de milliards de données non analysées sur tous les continents du monde. Pour moi, le consommateur passe du statut cible à celui du consommateur créateur.

Je réfléchis alors à la création d'une plateforme collaborative avec un changement de paradigme total. Un projet disruptif qui va peut-être changer le modèle de la pub et de sa création telle que nous la connaissons depuis des décennies. Suivre le sens de l'histoire avec une économie collaborative et un *business model* en partie *C to B*.

Mon projet a pour nom de code « MyAds », une application qui met à disposition de l'utilisateur les meilleurs outils de montage, de retouches, d'effets spéciaux, et une banque d'images et de sons.
Cet outil a deux vocations.
Il permet aux utilisateurs de créer leur pub et de raconter leur histoire avec les marques de leur choix. Ils ont à disposition des tamplets graphiques désignés par chacune des marques. Les pubs créées sont postées sur MyAds puis notées et par la communauté de « adders » et par la marque. La pub la plus likée est viralisée et devient une sorte de pub officielle de la marque. La publicité est ainsi choisie, plutôt que subie. Le consommateur est récompensé en points de remise d'achat, en produits de la marque, et en gains financiers.
Pour les marques, c'est une nouvelle lecture de la publicité qui permet de déployer une relation durable avec le consommateur, de créer du lien en partant de la marque transactionnelle pour aller vers la marque relationnelle, d'affiner l'image de la marque, de créer du marketing de valeurs, de préparer l'ère de la personnalisation. Et d'accéder à l'or noir, la data ou la connaissance « chirurgicale » du consommateur.
Les études de marché des casques virtuels annonçaient une démocratisation de cet objet immersif. Dans le développement à moyen terme de la plateforme, pour moi, « MyAds » allait devenir la première boutique d'achat virtuelle, presque un monde parallèle grâce aux technologies immersives et à l'intelligence artificielle.

Je dépose le projet, et fais le tour des annonceurs comme Coca Cola et Nike ou encore Sony Computer. Chez Sony, Richard Brunois, le boss du marketing,un ami de longue date, va me suivre dans le projet. Les annonceurs sont tous enthousiastes. « C'est l'outil qu'il nous faut ! » Côté technique c'est Stéphane Zibi, un expert dans le monde digital, un « évangéliste de l'internet » depuis vingt ans, qui, convaincu par le projet accepte de m'accompagner.

Mais, en France, défendre un projet ambitieux et novateur tient du parcours du combattant. Surtout lorsque les gens n'ont d'image de vous que celle de la « fille de la télé ». C'est vraiment très français.
Je fais mes rendez-vous au cabinet d'affaires Racine, dans lequel Laurent, l'homme qui partage ma vie, est avocat et, j'ai de la chance, c'est une Rolls. Ça vous fait gagner un million de points de crédit !
Seulement c'est lent, c'est long, c'est prétentieux et misogyne. Réunir un tour de table financier, ou des associés, tient de la croix et la bannière. Le monde digital va très vite, et la lenteur des *process* en France tue la création et l'innovation.

C'est avec la rencontre de Camille Putois, ex-Publicis et ex-directrice de cabinet du Premier ministre Jean-Marc Ayrault, que les choses vont un peu s'accélérer.
Séduite par l'idée, elle me connecte avec un ex-dirigeant de chez Google, Victor Ribeiro, *business angel* et fondateur de plusieurs boîtes du digital. Contrairement à notre Paris de cravateux tirés à quatre épingles, aseptisés et frileux, lui, me donne rendez-vous tout de suite à Saint-Germain, où il arrive à vélo, en jean et en baskets. Victor pousse l'idée, en même temps il ne comprend pas pourquoi je ne capitalise pas plus sur mon parcours, mon histoire … S'il savait … En France on met les gens dans des cases dont il est difficile de sortir. C'est ridicule et presque culturel.

Il me met en relation avec Cinthia Assili, boss de la pub de YouTube, et aussi responsable de développement chez Google.
Même combat, échanges quelques heures après, et rendez-vous physique soixante-douze heures maximum après avoir vu Victor. Tout va très vite et ça fait du bien.
Totalement convaincue par le projet, elle va jusqu'à me proposer de s'associer avec moi sous condition d'accord de Google, qui lui refusera d'ailleurs ce droit.

J'envoie alors le projet à la Silicon Valley, via Sonia Maria, l'une de mes meilleures et rares amies.
Elle est à la tête d'une fondation d'art, la Kebira Foundation, et son carnet d'adresses n'est composé que de personnes influentes dans le monde. Elle me pousse, elle trouve l'idée top, et va jusqu'à la pitcher lors d'un dîner avec le numéro deux d'Apple et quelques hôtes du même calibre.
« Chérie, il faut que tu viennes à San Francisco, ton projet peut être acheté sans version bêta (version test) ! »

Pour moi c'est alors une libération folle, et en même temps une victoire personnelle, celle d'avoir développé un projet innovant qui aura pris cinq années de recherche et de travail quasi jour et nuit.
Lorsque l'on est « catalogué » dans un rôle en France, il est très difficile d'en changer, ou même d'exercer plusieurs fonctions en même temps. Un tiroir que l'hyper médiatisation scelle de manière quasi définitive. Ce qui est tellement loin de la culture anglo-saxonne, ou du reste du monde, qui n'observent qu'une seule chose, la valeur ajoutée des projets. Par exemple, à l'époque, quand le phénomène Internet commençait à prendre de l'ampleur et que je pensais qu'il fallait intégrer cette nouvelle dimension, personne n'a pris ça au sérieux. Rendu public au début des années 1990, le World Wide Web devient presque accessible à tous. À titre de comparaison, Jeff Bezos crée Amazon en 1994, alors que nous commencions à peine à comprendre l'intérêt de ce marché.
Je me souviens d'un Midem à Cannes, en janvier 1995, c'était le grand rendez-vous de l'industrie musicale. Nous avions interpellé quelques dirigeants de maisons de disques pour les sensibiliser au pillage qui leur pendait au nez avec ce grand quartier sans commissariat qu'allait être Internet. Tout le monde s'en moquait royalement. Pour eux, nous parlions chinois.
J'ai vu là une erreur monumentale. Je savais que la France comptait les meilleurs programmateurs, et que ce capital humain se faisait dépouiller par les États-Unis et le Japon, qui envoyaient des émissaires pour faire le tour des écoles françaises comme Supinfocom ou le CNBDI d'Angoulême, et repérer les talents, afin de les salarier pour les verrouiller, alors qu'ils étaient encore à l'école.
Je faisais partie de la « bande de fous » qui voulait surfer sur ce qui était en train de muter, mais j'ai constaté que l'élite était déconnectée de ce qui se passait. Ce ne sera d'ailleurs pas la dernière fois que je mesurerai l'arrogance et l'inertie intellectuelle de ceux qui sont « en haut ». C'est aussi à cause de cette arrogance quasi culturelle, de cette peur de l'inconnu et du terrible manque de remise en question que la France a lamentablement raté le virage Internet. Nous n'avons pas de Google ou de Facebook et nous, pays de feu, avec la grande Canal +, sommes lamentablement passés à côté de Netflix. Comme l'a dit Thierry Camas, mon ex-directeur financier chez MCM avant de prendre la tête du groupe Viacom en France : « Les Américains n'ont plus besoin de présence militaire, avec les GAFAM, ils ont planté leur drapeau partout dans le monde. » Constat affligeant. Même notre cyber espace est sous leur contrôle.

Toujours dans le cadre de mes recherches sur la technologie et les médias, je me focalise sur l'intelligence artificielle. Pour moi, la télévision doit s'adapter aux évolutions technologiques, notamment avec les technologies immersives, si elle veut assurer sa pérennité. Je m'intéresse donc à l'IA. Je fais des recherches passionnantes sur notre cerveau, notre mental et je découvre la programmation neuro-linguistique. Je dévore des heures de conférence de Richard Bandler, le co-inventeur de cette « technologie » née dans les années soixante-dix dans la Silicon Valley.

Je suis fascinée par le fonctionnement de notre mental et de notre cerveau, cette machine puissante, plus puissante que n'importe lequel des ordinateurs ou systèmes. Il nous appartient totalement, mais nous ne savons pas l'utiliser, et pire encore, nous le sabotons souvent. Je cherche alors en France, mais ce que je trouve ne me convainc pas. Il faut que je sois au plus près de la source, donc de Bandler, pour vraiment tout comprendre.

Après quelques jours de recherches, je tombe enfin sur les Rolls en Europe : Michel Wozniak et Nathalie de Marcé, deux experts en stratégies mentales qui font partie du cercle proche de Richard Bandler.

Après une longue discussion avec Michel Wozniack, direction la Suisse, où je vais étudier et apprendre toutes les clés du fonctionnement mental de l'humain, et ainsi en comprendre les mécanismes, et absorber tous les outils fascinants de la programmation neurolinguistique utilisés aussi bien par les pilotes de chasse que par les négociateurs du FBI.

Plusieurs allers et retours, des séjours de travail et des heures à bouquiner, à apprendre et à tester les outils pour décrocher trois diplômes agréés et signés par Richard Bandler.

Plus que tout, cette expérience a été un véritable *reset* de mon propre fonctionnement.

J'ai pu comprendre mon mécanisme de réussite, mais aussi d'échec.

J'ai pu comprendre combien nous, humains, étions un système programmable et programmé depuis l'enfance à nos blocages et donc à nos échecs.

Combien la répétition de mots, de gestes ou de généralités conditionnait nos vies et notre avenir en agissant directement sur notre cerveau, sur notre système hormonal et donc notre mental.

J'ai compris combien le langage impactait notre fonctionnement et comment nos autres sens sont aussi des langages, souvent très mal exploités, alors qu'ils sont les éléments les plus importants pour la création de notre mémoire passée, présente et future.

Comment l'être humain ne perçoit de nous et de nos mots que l'émotion que nous y mettons.

Saviez-vous que, durant quatre-vingts pourcents de notre temps, nous sommes dans un état de conscience modifié, où nous faisons les choses sans nous en rendre compte ?

Par exemple, lorsque vous allez au travail ou à l'école, vous ne vous êtes jamais dit que vous ne vous étiez pas rendu compte du trajet ?
Cela est dû à la répétition des situations, le cerveau se met comme en pilotage automatique.

Cet acquis fantastique m'a demandé pratiquement deux années de mise en application des acquis sur moi-même pour mieux pouvoir l'utiliser en accompagnement pour les autres.
Aujourd'hui, cela me permet d'aller plus loin que la simple mission de consultante. Souvent, l'objectif est très lié à la personne qui est derrière, et donc à son mental. Vous n'avez pas idée de l'influence que notre façon de penser a sur la réalisation de nos objectifs professionnels et de nos ambitions personnelles. Tout est incroyablement lié. L'être humain est un système et comme tous les systèmes, il y a des bugs et de mauvaises applications téléchargées, il suffit juste d'une bonne mise à jour. C'est une expérience unique à vivre pour aller de l'avant et avancer plus vite. Je vais donc pouvoir élargir mon champ d'accompagnement bien au-delà du monde médiatique.

La vie dans l'ombre est riche d'expériences, et surtout de liberté.
On me retrouve toujours là où l'on ne m'attend pas. Je peux être aussi bien sur scène pour donner une conférence dans une grande école et débattre autour des nouveaux modes de gouvernance que dans les montagnes de l'Atlas au Maroc, avec l'association « Juste pour eux », pour animer un atelier « Image » destiné à deux cents collégiennes accompagnées jusqu'au Bac et plus encore.
Je parle de cet exemple car c'est celui qui m'a le plus marquée.
C'est l'une de mes plus grandes leçons de vie.
Les conditions de départ de toutes ces adolescentes et la force mentale qu'elles ont su déployer pour y arriver m'ont bouleversée. Elles avaient toutes au-dessus de seize de moyenne générale, avec un esprit sain de compétition entre elles qui les tirait toutes vers le haut. Ces gamines avaient envie d'aller arracher leur rêve avec les dents. Lors de nos discussions, aucune d'entre elles ne voulait quitter le Maroc, même avec un diplôme en poche. Elles voulaient être médecins, ingénieurs ou chercheurs pour faire évoluer leur région ou leur pays.
Une expérience dont on ressort tellement plus grand et tellement plus ancré dans l'essentiel.

Autant de diversité m'enrichit en tant que personne, et chacun peut l'être, dès lors qu'il aiguise sa curiosité dans un maximum de domaines. Cela vous permet de booster votre capacité d'adaptation et donc, d'être polyvalent.

Enfin, il est des expériences qui s'imposent à vous parce que la vie en a décidé ainsi.

Mon père va perdre la vue suite à un glaucome mal diagnostiqué.
En 2010, c'est le noir total. Mon mur porteur vacille et c'est mon monde qui s'écroule.
Lui qui était un contemplatif, lui qui regardait le monde avec une extase inouïe, à s'émerveiller devant un bal d'abeilles, à philosopher devant les rochers et les rides profondes laissées par les baisers de l'océan… Passionné par les documentaires, il serait accro à National Geographic, si ses yeux le lui permettaient….
Il a toujours été heureux, car il voyait dans le monde tout ce qui était sous nos yeux, qui était d'une richesse infinie, mais que nous ne prenons plus le temps d'apprécier, totalement happés par la quête infernale du vide.

Le choc fut terrible pour lui. Caché derrière sa sagesse, à l'intérieur, il était brisé.
Je me suis mise à fermer les yeux, éteindre les lumières pour tenter de vivre ce que mon père vivait, ressentir ce qu'il pouvait ressentir. Moi qui pensais pouvoir répondre à tous les petits nuages qui pouvaient venir ternir sa vie, j'étais un petit géant de cire fondu devant l'enfer de l'impuissance.
Depuis, il regarde toujours le monde avec son cœur et, contrairement à nous, avec des sens décuplés. Maman est devenue ses yeux et leur amour un mur indestructible.

Lors d'un séjour à Marrakech, nous sommes invités chez nos amis Laurent et Lisa. Lisa est une amie de plus de vingt ans, elle est médecin esthétique, et nous avons un point commun, celui d'être tournées vers les autres.
Laurent Lavige est écrivain, biographe, et l'une des voix qui a marqué l'histoire de France Inter.
Parallèlement, Laurent est le fondateur d'une boîte de production spécialisée dans l'audiodescription. Moi, j'en étais restée aux voix froides presque robotiques de ce genre de programme. J'ai découvert que Laurent avait fait bouger les lignes, pour imposer une réelle narration des œuvres, tout en collant à son rythme et à son univers.
Dans la douceur printanière de la ville ocre, il pose un casque audio sur les oreilles de Papa et lance un documentaire animalier. Je vois les traits du visage de mon père s'ou-

vrir complètement, il se met à sourire à pleines dents comme un enfant. La narration, le rythme, et le jeu de la voix lui permettaient de vivre le documentaire, totalement.
Depuis, je collabore avec Laurent, je prête ma voix à des séries, à des films et à des documentaires. Chaque séance est pour lui, pour eux, une voix comme une lumière dans l'obscurité, une voix comme un crayon pour redessiner les formes, les visages, une voix comme un pinceau pour recréer les couleurs de l'histoire.
Dans toutes ces aventures, ce n'est pas Ness l'animatrice qui s'exprime, mais la petite Nezha passionnée, Nezha, l'effrontée, curieuse de tout, têtue comme une mule et au caractère difficile lorsqu'elle est trop impatiente.
La petite Nezha, portée par l'énergie qui vient de l'intérieur et qui ne veut pas se laisser enfermer dans une case.
Nous passons beaucoup de temps à nous trouver, à mettre le doigt sur nos ambitions réelles. Dans les faits, c'est parce que nous évoluons constamment et avec nous, nos ambitions, nos objectifs professionnels ou personnels.

Aujourd'hui, je me sens plus complète qu'il y a dix ans et dans cinq ans, je sais que j'aurai encore avancé.

12

LES SECRETS DU CHEMIN

Août 1979.
Comme presque chaque été, nous reprenons la route. Pour les gens déracinés comme nous, ce trajet est important, c'est un peu comme parcourir le cordon ombilical à la recherche de la mère.
Nous avons traversé l'Espagne, affronté les routes de tous les dangers, et bientôt nous serons chez nous ! Nous arrivons par le bateau sur l'enclave espagnole de Ceuta, la grande baleine ouvre sa bouche et se vide de tout son plancton.
Comme chaque été, nous passons la douane espagnole assez simplement, contrôle des passeports et papiers du véhicule, tout va bien. Et comme chaque été, une fois les passeports tamponnés, une angoisse que j'arrive encore à ressentir en moi vient assombrir le tableau à l'approche des douanes marocaines. Comme chaque été, la trouille au ventre, avec, à droite et à gauche, ces centaines de voitures et ces centaines de famille aux visages dépités, angoissés, terrorisés.
À chaque passage, les douaniers font preuve d'un mépris inqualifiable. À chaque passage, nous savons que les voitures vont être entièrement déchargées, fouillées, les bagages et cartons parfois éventrés. Cela dépendait du degré de sadisme du jour de ces monstres en uniforme. Je ne connais pas une seule famille qui n'ait pas vécu ce cauchemar, cet enfer.
En tout cas, dans ma mémoire, c'est *Midnight Express*.
Et le sentiment d'injustice devant les différentes files de voitures : celle des touristes européens qui avancent et celles des « *jorotos* », comme on nous appelait, le terme péjoratif en espagnol, pour dire « immigrés » qui restent immobiles durant des heures interminables.

Avoir peur quand on est enfant, c'est une chose, mais voir son père et sa mère terrorisés est le pire sentiment que j'ai eu à subir de toute ma vie. Maman devenait blanche, livide, ses lèvres se confondaient avec le reste de son visage pâle, jusqu'à disparaître. Mon père avait la mâchoire serrée, les lèvres crispées, la voix tremblante quand il répondait à ces individus qui n'avaient pas un gramme d'humanité ou de respect pour ce que nous étions.
Nous pouvions rester des heures, les bagages éventrés au sol, juste pour leur plaisir. De l'humiliation gratuite. Nous, Marocains, étions humiliés sur notre terre alors qu'une file spéciale est réservée aux véhicules de touristes européens, qui passaient sans problème particuliers.
Cet été-là, il fait nuit dans le passage de *check point* de *Midnight Express*.
Un silence de plomb règne dans la voiture pendant la scène d'humiliation interminable, durant laquelle nos bagages et nos paquets sont sortis un par un et étalés par terre.
Ma mère, qui est cardiaque, fait une sorte de crise de panique, elle s'évanouit.
Alors, du haut de mes neuf ans, je sors de la voiture comme une furie, je me colle devant les semelles d'un monstre douanier à la moustache épaisse en hurlant comme une hystérique : « Ici c'est MON pays, toute l'année j'attends de voir MON pays et quand j'arrive dans MON pays, on nous traite comme des animaux ! Vous faites du mal à ma maman et vous faites peur à mon papa ! »
Devant l'absence de réaction du monstre interloqué par ce petit bout de gamine qui hurle dans ses oreilles, je continue en lui montrant la file V.I.P des touristes occidentaux : « Et eux, alors ? Pourquoi ils ont le droit de pas avoir peur, eux ? »
Je fonds en larmes et je hurle dans un cri strident : « Pourquoi tu nous aimes pas ! Pourquoi tu nous aimes pas, toi et les autres monsieurs comme toi ?!? »
Le douanier est totalement décontenancé, je me souviens d'un silence, il ne dit rien. Son visage est impassible mais ses yeux trahissent un gramme d'émotion.
Il regarde alors mon père et lance sèchement : « Donne ton passeport ! »
Papa le lui tend avec, comme à chaque fois, des billets à l'intérieur pour nourrir ces racketteurs de notre dignité. Le douanier nous rend nos papiers et nous offre le Saint-Graal de la liberté : une croix à la craie blanche sur le pare-brise en guise de laisser-passer.
Nous devons maintenant ramasser nos bagages éparpillés, tout le monde met la main à la pâte pour faire au plus vite, avant qu'un autre serpent à moustache épaisse ne vienne nous pourrir la vie.
Nous sortons de la douane, l'ambiance toujours aussi pesante. Le ventre est noué sur cette route noire, non éclairée sur plusieurs dizaines de kilomètres, sur laquelle les

douanes volantes font un carnage. Mais ces douaniers-là sont plus faciles à gérer, si on a prévu suffisamment de stocks de cartouches de cigarettes et quelques billets.
Nous ne sommes libérés et totalement heureux que lorsque nous arrivons à Laraich, ville située à environ quatre-vingts kilomètres de Tanger. Première véritable étape de mon Maroc à moi.
Les odeurs de fruits frais sur les étalages le long de la route, et puis les effluves de grillades, de tajines, de kefta, de thé à la menthe, de baghrir et de chfenj, cette sorte de donut marocain dont je ne me lasse pas !
Il y a de la couleur partout, un arc-en-ciel olfactif et visuel, les regards bienveillants des chibanis et les sourires des vendeurs de pastèques, un brouhaha vivifiant. C'est le visage que je préfère de mon Maroc à moi. C'est le bonheur absolu.

Nous reprenons la route, puis, étape importante, prenons la vraie douche. Nous nous arrêtons généralement soit à l'hôtel, soit dans une station équipée. Cette douche a quelque chose de particulier, au-delà de l'excitation de porter des tenues toutes neuves. Il y avait comme un nettoyage de l'âme. Comme si chaque goutte qui s'écoulait dans le siphon était une partie crasse du côté obscur du voyage. Nous passions notre esprit au karcher pour faire uniquement place aux belles choses.

C'est en fouillant dans ma mémoire émotionnelle pour écrire ce livre que j'ai découvert que j'avais enfoui cette colère très profondément en moi, à côté de cette impression visqueuse d'avoir été traitée plus bas que terre et, pire que tout, d'avoir assisté à l'humiliation de mes parents, dont j'avais pu ressentir la peur.
Et les questions sont arrivées. Pourquoi les douaniers marocains nous traitaient-ils ainsi ? Ils n'auraient pu se permettre d'être comme ça avec nous s'ils n'en avaient pas reçu l'ordre…
Pourquoi, alors ? C'est aussi en écrivant ce livre que j'ai trouvé la réponse.
À l'époque, nous sommes sous le règne de Hassan II, roi brillant mais très dur. Notre rapport à notre roi était de l'ordre de la vénération, nous l'aimions comme on peut aimer un père. Il n'y avait pas une maison du royaume sans sa photo. Nous étions ses sujets, à la vie, à la mort.
En tant que petite fille, il me rassurait. Je me sentais en sécurité. Mon rêve était de le rencontrer, comme presque cent pourcents des Marocains.
Nous ne manquions aucune de ses interventions. Nous étions fascinés par son intelligence, son charisme et son art de l'élégance. Nous disséquions également ses tenues, ses lunettes, ses chaussures, sa manière de fumer, de tenir sa cigarette…

Hassan II, le roi imperturbable, impossible à déstabiliser, d'un self-control déconcertant, avec cette voix, ce genre de voix chaude, calme, juste ce qu'il faut dans les graves, toujours bien posée, rassurante. J'ai toujours été sensible aux voix.
Pour les immigrés que nous étions, l'humiliation n'était ni à la mairie de Cholet, ni à la Sécurité sociale, mais au consulat du Maroc. Tout me revient, une carte nationale ou un passeport périmé et c'était l'angoisse qui remontait. Du ton de la personne à l'accueil jusqu'à l'agent administratif, tout n'était que mépris envers nous…
Pourquoi, donc ?
Je revois aujourd'hui les déclarations de Hassan II dans les années 1975 à 1980 sur l'intégration impossible des « siens » et je comprends tout.
Nous étions ses sujets. Partir, oui, mais à condition d'abord de revenir au pays en ayant acquis des connaissances intellectuelles et professionnelles, et à celle d'avoir un comportement irréprochable. Il ne supportait pas, ne serait-ce que l'idée, que nous puissions lui faire honte et quelque part entacher la réputation de toute une nation.
L'autre inquiétude du roi était que le sens du patriotisme et l'amour du royaume ne s'effacent peu à peu chez ceux qui partaient… Là-dessus, aucune inquiétude, rares sont les Marocains de par le monde qui ne se lèveraient pas pour une nouvelle Marche verte afin de défendre l'intégrité du territoire !
À chaque reportage qui relate des faits négatifs mettant en cause un Marocain en Europe, nous prenions tous cher, et la note était salée lorsque nous retournions au pays.
Je comprends cette honte : c'est la même que celle qui nous envahit tous lorsqu'une tuerie est perpétrée par l'un des nôtres. Lorsqu'un individu agit ainsi, il agit comme un traitre à la France, un traitre au Maroc, mais aussi un traitre au principe même de l'Islam.
Le roi était donc furieux car, non seulement on ne rentrait pas définitivement comme prévu, mais en plus, on faisait des conneries. L'affaire du voile islamique porté par deux jeunes Marocaines en 1989, la délinquance, la radicalisation, autant de raisons de le mettre hors de lui, et je comprends mieux aujourd'hui.

En faisant mes recherches pour le livre, j'ai découvert une autre raison étonnante. Celle de voir débarquer dans le royaume, via la communauté marocaine et plus généralement maghrébine d'Europe, ce qu'il considère comme un accoutrement ridicule. Pendant les vacances d'été, les Marocains découvrent avec curiosité un style vestimentaire étrange. Cet accoutrement est le voile intégral, ce vêtement très large et qui couvre absolument tout, faisant de la femme une ombre sombre. Selon le roi Hassan II, cet accoutrement n'a rien à voir ni à faire avec la culture marocaine. À l'heure où le voile

est l'objet de toutes les crispations en France, il est étonnant de découvrir que c'est de France que la version « Fantômas » a débarqué au Maroc. Comment ?
Avant de devenir le guide de la révolution de l'Iran, Khomeini s'est exilé plus d'une décennie qui l'a emmené en Turquie, puis en Irak, avant de s'offrir un séjour de plusieurs mois en France en octobre 1978, avec un simple visa touristique. C'est de Neauphle-Le-Château, dans la région parisienne, qu'il a organisé ses conférences audio pour distiller sur cassettes un peu partout ses idées d'un islamisme ultra radical et agressif. Il a banni la musique, la télévision, la radio, et c'est sous sa dictature que les femmes ont dû, entre autres, porter le tchador, C'est donc sous l'influence d'un islam chiite et de l'ignorance qui va avec, que les femmes ont commencé à se couvrir en France et que les longues barbes ont commencé à apparaitre. Une attitude très loin de faire l'unanimité ! « Si Khomeini est musulman, alors je ne le suis pas », a dit Hassan II au Figaro en 1984.
À la douane, les choses ont changé à partir du moment où le roi Mohammed VI est arrivé au pouvoir, en 1999. C'est le jour et la nuit. L'une de ses toutes premières actions a été de faire un grand ménage et de dégager tous les responsables en poste aux douanes sur tout le territoire.
Sa Majesté a donné l'ordre que les MRE (Marocains résidant à l'étranger) reçoivent le meilleur des accueils, à la fois aux douanes mais aussi dans les démarches administratives. C'est aussi la naissance de l'opération « Marhaba » qui veut dire « bienvenue », pour les Marocains résidant à l'étranger.
Depuis, la diaspora bénéficie d'un véritable accueil aux douanes, avec du thé, des gâteaux, et tout le long de la route, des points de distributions de couches, avec des jeux pour les enfants. Les infrastructures routières ont été totalement transformées avec des autoroutes et des aires de repos flambant neuves, avec tout le nécessaire. Un ministère entièrement dédié a été créé.
Le roi Mohammed VI a un vrai respect pour sa diaspora, il a des ambitions et donne des ordres dans ce sens, mais sur le terrain, nous ne sommes pas toujours les bienvenus. Difficile pour les compétences marocaines du monde de coopérer avec leur pays quand, parfois, face à eux, certains agissent avec mépris, malgré les directives du Palais royal, de peur de se voir voler le confortable fauteuil sur lequel ils sont assis.
Pourtant, nombre de Marocains dans le monde souhaitent apporter leur valeur ajoutée, mettre à profit leurs acquis et leur expérience dans ce pays dont la stratégie politique à long terme en a fait la puissance africaine incontournable dans l'échiquier économique et géopolitique.

Curieusement, je n'ai aucune rancœur contre le régime qui nous a fait vivre ces moments de douleur et d'humiliation pendant l'enfance. Hassan II reste pour moi ce père protecteur, aussi étrange que cela puisse paraître, et je le remercie, car sans cette colère éprouvée à maintes reprises pendant l'enfance, ma trajectoire n'aurait sans doute jamais été la même.
En ouvrant les tiroirs de ma mémoire, je me suis rendue compte que l'épisode de la douane, avec le traitement irrespectueux de mes parents et des miens, était une blessure que j'avais enfouie comme un lourd secret.
Depuis toutes ces années.

Là où j'aurais pu penser que mon enfance de petite fille immigrée avait pu faire naître en moi un sentiment de revanche, je réalise que c'est de l'autre côté de la mer qu'est née ma colère. De cette route, de cette douane, du racket de notre dignité.
Avant ce voyage, dans ma mémoire, je n'avais conscience que d'un seul moteur de réussite : l'amour de mes parents, celui de ma famille des deux côtés de la Méditerranée, la reconnaissance que je leur devais, en faisant tout pour parsemer leur vie de parenthèses enchantées. C'était comme une sorte de mission de vie, et ma vie c'était d'abord eux. Aucune trace de colère.
En convoquant ces souvenirs et en les verbalisant parfois à travers mes larmes, j'ai réalisé que c'était probablement l'origine de mon désir viscéral de réussite. Pour rendre hommage aux miens des deux côtés de la Méditerranée et les laver de ces humiliations.
Je comprends seulement aujourd'hui les origines de mes réactions épidermiques à toutes formes de mépris ou manque de respect, d'où qu'ils viennent. J'ai claqué des portes, tiré des croix définitives sur tous ceux qui ont pu d'une manière ou d'une autre réveiller cette morsure à l'âme.
Je comprends aujourd'hui que j'ai transformé cette colère en un moteur positif qui a gouverné ma vie et mes choix. Réussir pour sortir de cette condition où on peut être humilié gratuitement sans pouvoir répondre. Je me rends aussi compte que j'ai respecté une partie du souhait de feu le roi Hassan II, à savoir gagner en compétence et respecter les valeurs de ce pays qui m'avait accueillie, sans jamais renier mes origines marocaines. Des origines dont j'ai toujours été fière. Les deux cultures n'ont jamais été hermétiques bien au contraire. Elles m'ont accompagnée à chaque seconde comme une richesse incroyable, un point fort et unique durant tout mon parcours de vie.
Je me suis alors demandé comment mes frères et sœurs avaient vécu ça… Jamais nous n'avions évoqué le sujet.

Je m'aperçois que nous avons tous fait une sorte de *black out*, que chacun de nous a stocké cette humiliation bien au fond de sa mémoire. En posant la question, c'est une espèce de thérapie collective qui se réalise. Hicham par exemple, ne passera plus jamais par Algeciras avec ses enfants, par peur, par angoisse, qu'ils ressentent ce qu'il a pu ressentir lui enfant. Avec eux, c'est en avion qu'il préfère revenir au Maroc.
Pour Majda et Sarah, ce sont des flashs : être réveillées brutalement dans la nuit, sorties du véhicule, posées comme des paquets au sol ou sur un muret, sonnées, tremblantes avec un sentiment de peur et d'incompréhension qui ne les a jamais quittées.
Pour mon frère Khalid, ça s'est transformé en « Jamais personne ne me parlera comme ça, quitte à aller en prison ! », et c'est précisément ce qui lui est arrivé à un moment de sa vie. Khalid met le doigt sur son mal-être, sur son identité et la projection de la vision du père, suite à ces différents épisodes de mépris.

Je sais, moi, parce que je l'ai vu autour de moi : peu importe d'où l'on vient, l'humiliation, l'injustice, et l'acharnement ne produisent que la colère, de la délinquance ou du repli. En 2018, nous avons décidé de refaire la route ensemble. Avec mes parents et mon frère Khalid. Nous ne sommes pas passés par Algeciras, parce que ce souvenir nous traumatisait encore, mais par Tarifa.
Nous y avons pris un hôtel, puis sommes arrivés au Maroc dans des conditions optimums. C'était un déclic pour mon frère qui a annoncé que, pour la première fois, il se sentait « marocain ». Il venait de se réconcilier avec une partie de son identité. Il lui aura fallu quarante ans pour laver cette plaie…
Cette problématique-là concerne des millions de personnes et a dû générer des troubles chez une grande partie d'entre elles. En particulier les garçons, qui, en assistant à l'humiliation du père, leur premier référent naturel de construction, ont tué le père donc tué une partie d'eux-mêmes.
Quel impact a pu avoir cette attitude méprisante et violente sur une ou plusieurs générations ? Comment savoir qui l'on est et d'où l'on vient après ce genre d'expérience traumatisante ? Et les personnes terrorisées dans leur voiture, comment ont-elles vécu ça ? Comment l'ont-elles transformé, et avec quel moteur ?
Qu'elle soit au Maroc avec les douaniers, ou en France avec un policier, cette expérience montre l'impact dévastateur que l'humiliation, le mépris d'un parent devant son enfant, ou le mépris tout court peut avoir sur la construction de son identité.

Mon histoire n'aurait pas été celle-ci si je n'avais pas connu ces épisodes, je viens de le comprendre. Comme à chaque fois que j'emprunte l'immense escalier qui descend à ma mémoire pour y ouvrir un tiroir douloureux, je fais une sorte de coma de deux heures, je plonge sans que je puisse me contrôler dans un profond sommeil.
Comme si c'était le temps qu'il fallait à mon subconscient pour descendre tout au fond de moi, pour à jamais refermer certains tiroirs.
Cette expérience prouve, encore une fois, que c'est notre manière de percevoir les choses qui influent sur nos parcours de vie. Mon père a toujours eu pour habitude de ne pas garder les choses négatives qui pouvaient arriver dans la vie, mais d'extraire uniquement le positif de cette vie.
Cette expérience en est la démonstration parfaite, puisque la réponse sera plus tard, plus qu'une grande victoire, la rencontre avec mon identité pleine et entière.

13

LA GRANDE PORTE

24 avril 1995, je tourne les *news* de MCM.
Dans la régie, Franck Brocca, mon réalisateur fétiche. Nous avons fait nos armes ensemble à MCM. Il m'informe en plateau de plusieurs appels de ma sœur Majda. J'ai un mauvais pressentiment. L'estomac noué, je quitte le plateau pour décrocher le téléphone en régie. « Nana est morte », c'est tout ce que ma mémoire a retenu de la conversation. Je perds l'ouïe, la parole, je suis comme un boxeur sonné. L'un des murs porteurs les plus importants de ma vie est parti, pour moi ce n'est pas possible. Je refuse l'idée en bloc, ma Nana ne peut pas mourir et me laisser, elle ne peut pas mourir, les âmes aussi puissantes ne peuvent pas quitter ce monde, c'est impossible. J'ai refoulé cette idée jusqu'à aujourd'hui. Nana est encore présente, je sens sa présence.
Je quitte la régie de manière machinale, comme un robot, retourne sur le plateau. Le choc est tel que je retourne à mes *news* comme si rien ne s'est passé.

Quelques jours plus tard, direction le Maroc pour couvrir le Rallye de l'Atlas. Avec mon cameraman et ingénieur du son, nous atterrissons à Marrakech.
Mon équipe est devant moi et passe sans problème le premier contrôle. Moi, je serai gratifiée d'un « Hey ! T'es avec eux toi ?! », sans aucun respect. Le ton est méprisant, pour lui je suis soit la chaoui, soit la pute de service.
Pas un son de ma bouche ne sort, je prends une bonne respiration, je me dresse devant lui et lui tends mon Saint-Graal : une lettre au grammage épais, une lettre flanquée de l'impressionnant sceau royal, émanant directement du secrétariat particulier de

sa Majesté, feu le Roi Hassan II et signée de sa main. La missive royale m'autorisait à tourner ce que je voulais et donnait l'ordre que l'on fasse le nécessaire pour que notre mission se passe au mieux.
À peine les yeux de ce douanier se posent-ils sur l'entête qu'il devient blême, son front se met à perler à la vitesse de la lumière, ses mains tremblent. Totalement gêné, il n'ose même plus me regarder. Dans sa tête, ça devait être Hiroshima. « Qu'est-ce que j'ai fait ? Comment je lui ai parlé ? Je vais sauter ! »
Je pouvais presque lire dans ses pensées.
Il est totalement confus, et ce n'est pas la voix de mon père qui tremble, cette fois-ci, mais la sienne : « Bonjour Lalla, bienvenue chez vous Lalla Nezha ! » J'ai droit donc maintenant au titre honorifique de Lalla, que l'on donne aux princesses royales et aux Chérifiennes, femmes descendantes de la famille du Prophète Mohamed. Ce que je suis aussi, par Nana, ma grand-mère et par mon grand-père Baba.
Il garde mon passeport, transmet l'information à l'aéroport. Ordre est donné que tout soit traité en express, nos passeports sont tamponnés directement par les autorités, nos bagages, nos déclarations de matériel de tournage, tout est traité en priorité. En moins de cinq minutes, nous sommes dans notre superbe tout-terrain flanqué du logo MCM, mis à disposition avec un chauffeur.

Pour la première fois de ma vie, je me suis sentie la bienvenue chez moi au Maroc. Durant tout le séjour et à chaque tentative d'excès de zèle d'un fonctionnaire de police ou de gendarmerie, je vais m'en donner à cœur joie et leur mettre sous le nez, sans jamais leur manquer de respect, mon Saint-Graal à moi. Une délicieuse revanche sur la vie et sur des années d'angoisse et de mépris, offerte par Sa Majesté lui-même.

Chaque fonctionnaire montrait trois réactions. D'abord de la gêne face au mépris qu'ils m'avaient réservé. Puis de la peur, une vraie peur, parce que les ordres venaient du plus haut niveau qui soit au Maroc. Et enfin de la fierté de voir une femme marocaine diriger une équipe de tournage française. Ça démarrait mal pour finir en un attachement et un respect sincère de tous ces fonctionnaires.

Ce fut aussi pour moi l'occasion de découvrir réellement mon pays et la diversité de ses somptueux paysages, de cette palette de couleurs infinies sous l'une des plus belles lumières qui soit.

Les immigrés, pour la plupart, ne connaissent pas cette diversité. Ne connaissent pas vraiment leur pays et ses richesses. À l'époque, nous ne connaissions rien d'autre du Maroc que la route qui nous menait aux nôtres.
J'ai donc fait la découverte des Marocains, un peuple chaleureux et au sens de l'hospitalité unique au monde. Leur ouverture d'esprit, leur poésie quand ils vous parlent des choses simples de la vie et que nous ne prenons plus le temps d'observer.
Leur bouleversante générosité, même quand ils sont perdus dans les montagnes de l'Atlas. La diversité des physiques, comme ces Berbères des montagnes, blonds aux yeux clairs. Ces petites « Heidi » marocaines aux joues roses, et aux yeux de chat, comme tout droit sorties d'un conte…
Tous avaient ce même sourire et ce regard sincère collé au visage, si attachants que nous ne pouvions nous quitter à chaque fois sans essuyer des larmes. Pas n'importe quelles larmes, non, là-bas c'est celles qui vous prennent aux tripes, et à chaque fois.

Mes parents nous ont toujours appris à aimer notre pays. Nous avions avec le Maroc, un rapport presque amoureux et viscéral. Ce voyage va décupler à l'infini cette fierté et cet amour pour mon pays et pour son peuple.
Nana n'a jamais cessé de me dire depuis ma plus tendre enfance : « Tu rencontreras le roi ». Elle venait de mourir et pour moi, à travers cette missive royale, j'ai plus que rencontré le feu roi Hassan II. Elle était donc encore là, ma Nana, ma puissante Nana.
Avec cette lettre, ce Saint-Graal, le roi Hassan II m'a fait l'un des plus beaux cadeaux de ma vie. Il m'a permis de rentrer chez moi avec honneur et de faire la plus belle des rencontres, celle avec mon pays, le Maroc. Plus jamais je ne connaîtrai l'humiliation ou le mépris dans mon pays après cela.

J'ai aussi compris aujourd'hui pourquoi il avait été aussi dur.
Le roi Hassan II était un homme fier, il n'aurait pas supporté que nos comportements éclaboussent cette fierté. Il tenait à ce que nous soyons irréprochables. Il souhaitait surtout que l'immigration soit un deal gagnant pour les deux pays. Son ambition était que nous, parents et enfants, profitions des écoles et formations dispensées en France et que nous revenions avec des compétences dont le Maroc ne disposait pas encore.

Nous avons tous des rêves, des objectifs conscients, que l'on verbalise, et puis il y a ceux que notre subconscient garde précieusement stockés. Sans que nous le sachions, il nous pousse à œuvrer et à déployer l'énergie nécessaire pour y arriver. Dans mon cas,

mon rêve inconscient était né d'une colère profonde face au mépris, une colère que je me suis découverte en écrivant ce livre. Un plongeon dans mes propres profondeurs, une véritable rencontre avec moi-même.
Cette colère, je l'ai utilisée pour en faire un formidable moteur en y mettant une intention tellement forte que j'ai pu atteindre ce qui était en réalité mon objectif premier : une dignité et un respect retrouvés sur ma terre natale. Ce n'est pas une question d'égo, non, ici c'est un élément vital de reconstruction d'une identité précédemment déconstruite par un sentiment de rejet. Ma première victoire est de ce fait la première rencontre avec moi-même.

Parmi mes rêves conscients, il en est un que tout Marocain souhaite vivre un jour. Rencontrer le roi. Nous avons un attachement particulier à la monarchie, et donc à la famille royale. Elle est nous et nous sommes elle. Les deux sont indissociables l'un de l'autre. Le Maroc est l'une des rares monarchies à connaître ce lien indéfectible entre souverain et peuple. Lorsque le roi Hassan II est décédé, ce n'était pas un deuil, c'était un peuple totalement déchiré et dévasté par une douleur abyssale.
Comme ces millions de Marocains, le 23 juillet 1999, j'apprends la disparition du feu roi Hassan II. Nous sommes à Paris avec mes parents, et à la maison, le choc est brutal. Pleurer le souverain est comme pleurer la perte de son père. La douleur est la même pour tous. La perte est immense.
En pleurant, je pense à Nana. Il lui arrivait de simplement poser les yeux sur vous pour lire la couleur de votre cœur, ses visions ne l'ont jamais trahie. « Tu vois, je ne le verrai pas », un peu comme la trahison d'une promesse presque acquise parce que répétée tellement de fois.

Nana avait pourtant bien raison. En septembre 2003, je reçois un appel du service du protocole du Palais royal de Rabat. Je suis invitée par Sa Majesté Mohammed VI pour le premier voyage d'État du président Jacques Chirac, sous le règne de notre nouveau roi. Je suis sous le choc, j'ai du mal à réaliser. Je n'ose en parler à personne tellement tout cela me semble irréel. Dès le lendemain, je reçois par porteur spécial l'invitation officielle de sa Majesté avec toutes les instructions protocolaires.
Voir le nom de mon père sur ce document me tire les larmes. Je repense aux mille et un hommes, je repense à ma mère, aux miens et à ma fée, Nana, dont je ressens si fortement la présence… un peu comme si elle venait me chuchoter : « Tu vois, j'avais raison. » Mes parents sont très heureux à l'annonce de la nouvelle. Ils sont en séjour au Maroc au même moment, à Casablanca.

Leur réaction est à la hauteur de la nouvelle, des rires mélangés à des larmes de joie. Ils n'en reviennent pas, c'est presque un choc.
Partagée entre une fierté et une joie indescriptible, je vais vivre ce voyage comme le voyage d'une vie, non pas avec les yeux de Ness, mais ceux de Nezha, fille de Mohamed et Naima Boubekri, petite-fille de Yamna (née Draï) et Mohamed Radi ainsi que de Fatima Ben Ali.
Le 6 octobre, soit quarante-huit heures avant le grand départ, je n'ai toujours pas trouvé la perle rare pour le *dress code* d'un dîner royal, le caftan.
À chacune des invitations au Palais royal, les convives marocains viennent en tenues traditionnelles marocaines. Le caftan est la tenue d'apparat des femmes du royaume chérifien, il est porté pour les fêtes et les grandes occasions au Maroc. Chaque pièce est unique et au-delà de ses précieux tissus, c'est tout l'art marocain qui s'y exprime. Avec le temps et grâce à des créateurs de talent, il s'est modernisé de saison en saison et est sorti des frontières marocaines pour habiller les dames du monde arabe.

Bon, coup de stress, j'ai quarante-huit heures pour trouver la perle rare ! Pour cela, j'appelle en urgence une spécialiste, celle qui a depuis toujours un goût exquis pour les caftans uniques : Maman ! Elle me connaît par cœur, connaît mes goûts, ma morphologie et le contexte. Elle me rassure tout de suite, elle sait déjà exactement où et comment elle va me trouver « Ze caftan ».

Autre challenge pour mes parents, parcourir la route de Casablanca à Fès et trouver le moyen de le faire parvenir jusqu'à moi. En effet, lors des voyages d'État ou déplacements de sa Majesté, sécurité oblige, il y a un périmètre au-delà duquel on ne peut pas aller. Tant pis ! Nous trouverons une solution.
De mon côté, je prends rendez-vous chez le couturier Emmanuel Ungaro, avenue Montaigne, et repars avec une splendide et immense cape noire en velours de soie, ainsi qu'une minaudière sertie de cristaux. Ensuite, direction la maison Yves Saint Laurent pour une paire d'élégants escarpins fins noirs en satin de soie.

8 octobre 2003, c'est le jour du grand départ.
Notre vol est aux environs de dix-huit heures. Nous embarquons pour un voyage très spécial. À bord de cet avion de la Royal Air Maroc, nous sommes à peine une dizaine, et apprenons que les sœurs du roi, les princesses Lalla Hasna, Lalla Meryem et Lalla Asmaa, voyagent avec nous. Rien que de les savoir à bord est une sensation incroyable.

À peine avons-nous décollé qu'une personne du protocole vient me voir : « Les princesses souhaiteraient dîner avec vous durant le vol. » Là, pour moi c'est un tsunami d'émotions dans la tête. Je suis évidemment flattée, mais nous, les filles, sommes toujours à stresser pour de la futilité du type : « Mon dieu, mais je ne suis pas habillée pour ! Mais que vont-elles penser ? Mais quelle honte, mais pourquoi n'y ai-je pas pensé ? Maman va me tuer quand je vais lui raconter ! »
Voilà, entre autres, pourquoi nous, les filles, névrosées psychopathes, partons toujours chargées comme des dromadaires ... à cause de ce genre de situations,et du fameux : « On ne sait jamais ! »

Lorsque l'on vient me chercher pour les rejoindre, je prends une grande inspiration avant qu'on ne tire le rideau de la première classe, qui leur avait été bien évidemment entièrement réservée. Je découvre des princesses, oui, mais d'abord des femmes, « presque comme moi ». Elles sont d'une simplicité et d'une humilité déconcertantes. Vêtues de tenues décontractées ou *sportswear*, elles sont accompagnées de leur coach sportif. Elles ont une classe naturelle, pas besoin de chichi, rien d'ostentatoire ou de bling-bling.
Elles sont nées dans l'art d'être élégantes, comme le dit Giorgio Armani : « L'élégance n'est pas de taper dans l'œil, mais de rester gravé dans les mémoires. » C'est exactement cela. J'aurais aimé que certaines bourgeoises et parvenues des deux côtés de la Méditerranée puissent en prendre de la graine.

Au cours de ce dîner dans les airs et hors du temps auquel j'ai eu le privilège d'être conviée, je découvre derrière le titre de princesse royale, des femmes belles dont l'humilité reste comme une leçon de savoir vivre, des femmes qui aiment rire des choses simples de la vie, des femmes à l'esprit libre et à la tête bien faite.

9 octobre, c'est le jour J.
Je me réveille sous le ciel de la ville impériale de Fès. Je suis dans ma chambre d'hôtel, celui qui accueille tous les ministres, chefs d'État-major des armées et grands patrons des deux pays. Tout est entièrement sécurisé. J'ai même droit à une garde rapprochée à la porte de ma chambre.
Nous ne savons encore rien de l'heure du départ, pour des raisons de sécurité, et tout nous sera transmis par missive, directement dans notre chambre. Dans le hall de l'hôtel, je croise Jamel Debbouze et Mustapha Hadji, milieu de terrain du club anglais Aston Villa.

Mes parents ont quitté Casablanca tôt dans la matinée avec le précieux caftan. Lorsque je les joins au téléphone sur la route, mon père a une voix particulière, il parle en souriant, je sens dans sa voix un bonheur immense. Ma mère est dans le même état. Comme des enfants, ils sont heureux et tellement fiers. Je pense que c'est le contexte qui les met en joie, mais ce n'est pas tout.
Ils me racontent l'accueil qui leur a été réservé durant les deux cent quarante-six kilomètres qui les séparaient de la ville de Fès. Comment, à chacun de leur passage devant les barrages de police ou de gendarmerie, non seulement on ne les arrête pas, mais ils ont droit au salut. Et cela ne va pas s'arrêter là : alors que la ville est ultra sécurisée et que notre périmètre est bouclé, et donc totalement inaccessible, tous les accès vont leur être autorisés, chaque fois marqués par un salut militaire pour leur permettre d'arriver avec tous les honneurs jusqu'à leur fille.
C'est un moment précieux et inoubliable. Je n'avais pourtant parlé à personne de cette course contre la montre. Cette partie de l'histoire est très émouvante pour moi, car ce jour-là, le Palais royal a rendu à mes parents la dignité qu'ils avaient perdue il y a des décennies, à chacune de leurs arrivées au Maroc.
Ce jour-là, les uniformes qui les terrorisaient leur donnaient le salut.
Ce jour-là, ce geste a été la fin pour mes parents d'une sorte d'enfermement mental dans la peur de tout ce qui pouvait porter un uniforme et de tous les complexes d'infériorité que cela a pu créer en eux. Cela restera l'un des plus beaux moments de nos vies. Mes parents ne vont pratiquement pas me quitter de tout le séjour et vivre avec moi des moments incroyables.

Je reçois les premières instructions : il faut se tenir prêt à partir à vingt et une heures précises.
Le caftan est une merveille de couture : noire, chic et sobre, je serai donc toute de soie vêtue, sous une magnifique dentelle noire brodée et perlée à la main. Maman me prépare comme on prépare une mariée.
L'agent de sécurité frappe à la porte pour signifier le départ.
Je laisse les miens, les yeux brillants et fiers, puis m'engouffre dans la magnifique voiture mise à ma disposition pour tout mon séjour royal, avec chauffeur et *bodyguard*.
Tout va très vite, le convoi des voitures roule vers le Palais royal. La sensation est étrange, celle d'être là sans être là, tellement je ne crois pas en ce que je suis en train de vivre.
Place des Alaouites, la voiture fait face à la mythique façade du palais, habillée de sept

somptueuses portes en cuivre ciselé et de marbre blanc. La plus grande d'entre elles s'ouvre devant nous, je vais enfin découvrir ce que quarante millions de Marocains rêvent ne serait-ce que d'entrevoir.
Derrière les portes, quatre-vingts hectares, une mosquée et une médersa fondée par les Mérinides en 1320, les jardins de Lalla Mina et le palais qui est la résidence personnelle du Roi dans la ville de Fès.
J'ai l'impression de voler au-dessus de ce parc somptueux. Je passe un sas de sécurité, les portables resteront ici. Je marche une vingtaine de mètres sur de magnifiques tapis, avec à ma droite des chevaux de la garde royale. J'ai des frissons, l'instant a quelque chose de très solennel.
Durant ces vingt mètres, mes pensées quittent un instant la magie royale pour aller à Ain Bordja. Je pense aux miens et au décalage du moment que je suis en train de vivre, je sens les larmes monter. Je pense à mes parents, à ma fille Sofia et à Nana, ma fée éternelle dont je sens la présence au milieu des encens à la fragrance divine.
J'aperçois les lueurs du Palais.
L'architecture est dans la pure tradition arabo-andalouse, sobriété, finesse, art et maîtrise des matériaux comme le bois, le marbre, les zelliges. Tout est à sa place dans un équilibre parfait, tout cet art est très savamment orchestré par les meilleurs artisans du pays.
Après un cocktail de bienvenue, j'échange avec Mehdi Qotbi et Jamel Debbouze.

Puis c'est le moment crucial, celui de la première rencontre avec mon roi. Je prends une grande respiration : « Majesté, c'est un grand honneur pour moi de vous rencontrer et je vous remercie pour ces magnifiques moments. » Il est grand, très élégant. Il a le charisme d'un Roi, le mouvement félin, le sourire et le regard sincères, ceux qui caractérisent tous les Marocains.
Sa voix est douce, le ton est bienveillant, chargé d'humilité et de retenue, et c'est ce qui est bouleversant chez lui. Il est roi, c'est son statut, sa mission de vie, sa responsabilité, mais c'est un Roi dont on sent la profonde humanité. « Nezha, je vous remercie pour l'image que vous donnez du Maroc et sachez que nous sommes très fiers de votre parcours. » Que rêver de mieux que la reconnaissance d'un souverain et donc de sa patrie quand on est comme moi, fille d'immigrés marocains ? C'est le plus beau cadeau que l'on puisse recevoir et le plus beau que je puisse offrir à mes parents et aux miens.
Je salue le président Jacques Chirac, puis la magnifique princesse Lalla Salma, épouse du roi, et Madame Bernadette Chirac. Viennent ensuite, les princesses Lalla Meryem, Lalla Hasna et Lalla Asmaa, toutes trois magnifiques dans leurs apparats.

Elles me prennent par la main et me disent avec un sourire complice : « Eh bien voilà, ça, c'est un caftan ! » Merci Maman, mission accomplie !

Je suis là, au milieu de toutes ces grandes personnalités politiques et économiques des deux pays, mais tout ce beau monde semble être étrangement au même niveau. C'est le sentiment que j'ai eu à chacune de mes visites, le Palais royal a pour effet de rendre les gens très humbles.
Dans cette magnifique salle à manger, les mets sont savoureux. Toute la cuisine traditionnelle est représentée, mais à un degré d'excellence incomparable. Il y a un bal de serveurs tous plus beaux les uns que les autres, dans un ballet millimétré, comme chorégraphié.
Un raffinement dont la subtilité me laisse sans voix. J'ai aimé cette affirmation d'identité et cette mise en valeur de l'art et de la culture du royaume.

Ce séjour a été un cocktail d'émotions fortes et, avec la complicité et la bienveillance du Palais royal, j'ai pu, sans rien demander, partager des moments uniques avec les miens. Comme un bon génie, ils avaient comme tout anticipé.
Comme cet après-midi de visite de la magnifique Médina de Fès.
Le ciel est bleu azur, je hume à pleins poumons les effluves des fleurs printanières. Je quitte l'hôtel avec la voiture officielle. Maman m'accompagne, et mes oncles, Brahim, qui habite Fès, et Abdallah sont avec mon père dans son van Chrysler noir aux grandes vitres fumées. Ils sont tous les deux en même temps très charismatiques et très drôles. Autant ils peuvent être très sérieux et très imposants, autant ils ont un vrai talent pour l'humour et la dérision. C'est typiquement marocain.
Sur le chemin, je dois m'arrêter à un distributeur. Le van roule derrière nous, et debout, les bras accrochés aux portes coulissantes restées ouvertes, lunettes noires sur le nez, mes oncles jouent les agents de sécurité rapprochée, ce qui a beaucoup amusé notre véritable sécurité. Lorsque je me dirige vers le guichet, ils sautent du van, mains à la ceinture comme dans une scène de *Les Experts*. C'était à mourir de rire. Avec eux, chaque instant est une occasion de rire, mais de rire vraiment à en avoir mal aux côtes.
Arrivés à la célèbre médina de Fès, nous avions l'impression que cet écrin nous avait été réservé.

Je crois que la reconnaissance de la terre natale est importante pour n'importe quel émigré et ce, quel que soit le pays. Elle participe à un besoin nécessaire à la construction,

la reconstruction et l'affirmation d'une identité. C'est ce que ces moments extraordinaires m'ont donné.
Des instants inoubliables, parce que, au-delà de tout ce raffinement, de cette volupté et de cette déférence, ils me confirmaient la nature hors norme de mon destin, moi, la petite fille de Ain Bordja.

14

LE DIABLE S'HABILLE EN DJELLABA

J'ai grandi avec une émission qui s'appelait *Mosaïque*, sur France 3, le dimanche matin. Cette émission était dédiée aux immigrés. C'était un programme multiculturel dans lequel nous pouvions découvrir les danses, les musiques, et les reportages de société qui traitaient des Portugais, des Turcs, des Yougoslaves, des Italiens et des Maghrébins. Mosaïque proposait une ouverture à l'autre dans l'intelligence. Cette télévision nous parlait, nous montrait la culture d'autres personnes dans d'autres pays, elle saluait la diversité.

Cette émission des cultures immigrées était financée par le secrétariat d'État à l'immigration. Au début, le public venait à quatre-vingt-dix pourcents des populations immigrées, mais, petit à petit, l'émission a gagné un public plus large, jusqu'à ne plus être considérée comme une émission spécifique. Elle s'est arrêtée en 1987 et n'a pas été remplacée.

C'est selon moi un manque, parce que le fait de ne pas se reconnaître dans les médias entraîne de ne pas se reconnaître dans la société. De ne pas y trouver sa place.

En 1993, je fais une sorte d'audit pour la chaîne 2M au Maroc, à la demande de Gérard Barralis et Yasmina Filali, qui dirigeaient le bureau de la Soréad à Paris.

Je découvre un équipement flambant neuf, le tout premier, car régie numérique et une équipe très compétente. À l'époque, le Maroc et le Liban se distinguent dans le paysage audiovisuel arabe.

Durant le vol retour, une idée m'obsède, celle de créer, au Maroc, la première chaîne d'informations arabe multilingue. Le Maroc était, de par son histoire, sa culture et son ouverture sur le monde, le pays idéal, au-delà de l'aspect géostratégique et géopolitique de produire de l'information.

C'est certainement mon plus grand regret et ma plus grande frustration, car cette chaîne aurait certainement évité le cercle infernal dans lequel nous sommes tombés. J'étais trop jeune et mon réseau au royaume n'était pas suffisamment solide pour arriver aux oreilles du Palais royal.
Peu à peu, les chaînes du Golfe arrivent.
Là, je me dis que ça y est, on est bons pour « l'emburquinement ». Via les différents réseaux satellites et leurs prêcheurs, vont alors se diffuser les propagandes radicalistes et terroristes.
Al Jazeera sera lancée le premier novembre 1996.
Les gens ne regardent alors plus TF1 par exemple, qui était leader devant les chaînes du Maghreb. Même constat pour la communauté arabe en Europe. Dès l'apparition des chaînes du Golfe sur Eutelsat ou Hotbird, les yeux se sont tournés vers elles et leurs visions du monde. On n'imagine pas l'impact que ça a eu dans les mentalités des Musulmans du monde entier.

Géopolitique oblige, entre 2005 et 2008, l'Occident, via les Anglais, les Français, les Allemands et les Américains, va lancer des chaînes étatiques arabophones pour tenter de réoccuper l'espace médiatique arabe. Même les Russes vont s'y mettre.
Malheureusement, trop tard.
Difficile de lutter contre la méfiance envers l'Occident, mais également de rivaliser avec le budget de chaînes comme Al Jazeera pour le Qatar ou encore MBC pour l'Arabie Saoudite.

11 septembre 2001.
C'est une journée de tournage comme les autres pour le magazine *Exclusif*.
Je dépose Sofia à l'école et, comme tous les matins, je m'engouffre dans le taxi qui roule en direction du bureau de Case Productions.
Paris la belle défile sous mes yeux comme un tableau vivant. Je me surprends toujours à sourire bêtement en la regardant, éblouie.
Il fait bon et beau. C'est le retour de vacances. L'ambiance au bureau est agréable, tout le monde est chargé de vitamine D, tout le monde est beau, le teint hâlé, et les traces de l'été égaient toute la rédaction.
Je prépare ma thématique du jour et Julie, mon assistante, veille au grain. Elle est toujours dans la bienveillance avec moi, avec son joli minois et son sourire qui ne s'éteint pratiquement jamais. Elle a quelque chose de Sophie Marceau…

Je déjeune sur le pouce. Blanc de poulet et purée huile d'olive, mon péché mignon.

13 h 30 - Je quitte la rue Torricelli dans le dix-septième pour rejoindre à pied les studios situés au Palais des Congrès, Porte Maillot. Comme souvent, j'arrive la première. Je salue la régie et monte dans les loges. J'adore ces loges. Elles sont feutrées, on s'y sent bien. Entre les loges du personnel et l'espace maquillage /coiffure/ stylisme, une mezzanine vitrée et équipée de fauteuils confortables donne directement sur le plateau.
Muriel, la maquilleuse, est là, avec sa beauté et sa bonne humeur légendaire. Philippe, « Fifou », notre coiffeur aux mains magiques, est là aussi. Caroline et Amélie, les stylistes, s'affairent autour des portants. Ce sont nos fées, celles qui œuvrent dans l'ombre et font le tour des créateurs pour nous habiller.
Il règne toujours une ambiance joviale dans cet espace, avec une belle énergie.

Frédéric et Valérie sont arrivés. Tout le monde se prépare pour la répétition du direct. Tout en refaisant le monde, nous piquons dans les bonbons et chocolats toujours mis à notre disposition, quand un mouvement anormal vient suspendre brutalement le temps. C'est étrange comme les chocs peuvent créer des zones d'ombre dans la mémoire. Qui nous informe ? Comment ? Où ? Je suis incapable de le dire. Je compare ça à un choc post-traumatique. Je me souviens juste d'une course inquiète en régie où l'on découvre d'abord les images de l'une des tours du World Trade Center de New York en feu. Nous sommes stupéfaits, mais il ne s'agit pour l'instant « que d'un feu ».
Exclusif est une émission en direct, donc notre régie a le faisceau de la régie finale de TF1, et nous découvrons les evn, les images brutes qui tombent sans commentaires ni montage.
Nous nous interrogeons, chacun y va de son hypothèse, ça va du feu accidentel à l'accident d'un avion privé venu s'écraser sur l'une des tours. Cette dernière théorie semble tellement improbable dans le pays le plus sécurisé au monde…
14 h 46 - L'information se précise, tout s'accélère. Ce ne serait pas un avion privé qui se serait écrasé, mais le vol American Airlines AA11 avec quatre-vingt-neuf passagers et onze membres d'équipage. Nous n'arrivons pas à digérer, ou même à comprendre.
15 h 03 - Sous nos yeux, un autre avion percute la tour sud à huit cent soixante-dix kilomètres par heure avec neuf membres d'équipage, cinquante-neuf passagers et cinq militants d'Al-Qaïda.
Tout s'enchaîne très vite, tout dépasse l'entendement, tout semble irréel, comme dans un méchant cauchemar dont tout le monde espère se réveiller.

15 h 38 - Le vol AA77 d'Américain Air Lines s'engouffre dans l'aile ouest du Pentagone à huit cent cinquante kilomètres par heure, avec à son bord six membres d'équipage, cinquante-huit passagers et et cinq militants d'Al-Qaïda. La mort en direct. L'horreur en direct. L'inimaginable en direct. L'Amérique est attaquée, c'est officiel.
Là, tout devient confus, dans un silence de plomb. Plantés devant la dizaine d'écrans de la régie, nous prenons ces images comme une volée de coups de poing en pleine figure. Difficile de définir nos émotions, c'est un cocktail de tout ce qui peut exister mais elles sont comme étouffées par l'ampleur de la violence. Impossible de les exprimer. Un état de sidération qui nous paralyse et nous fait perdre toute notion du temps.
Secondes, minutes, je ne saurais dire combien de temps ce silence a duré, combien de temps nous sommes restés paralysés par la vision de cette séquence abominable de l'histoire. Le trou noir, le *black out*. Je ne garde que des fragments de regards immobiles, des mâchoires serrées, le regard de Flavie, la bouche de Fred, des fragments humains, comme ce qui était en train de se passer... Tout le monde est dégommé, ça se disloque, le cerveau disloque la scène dans laquelle je suis, je vois, par bouts, le mur d'images, et bizarrement, il n'y a pas de son, peut être un l'effet Larsen. C'est très visuel, très saccadé, la main fébrile du réalisateur sur la console, personne ne cherche le regard de l'autre pour se rassurer. Nous comprenons juste que ce qui se joue là devant nos yeux dépasse toute fiction.
Quand les tours s'effondrent, c'est un monde qui s'effondre, c'est le début d'une fin, on tourne la page d'un monde que je ne reverrai plus.
Une trace indélébile aussi dans mon histoire.

Notre direct est évidemment annulé, c'est la rédaction de TF1 qui prend le relais pour couvrir cette horreur. Les images des tours occupent tous les écrans du monde. Embrasées, sous un ciel bleu azur, pas un nuage pour masquer ces corps désespérés qui flottent dans les airs. À croire qu'ils avaient même orchestré l'image pour que leur spectacle macabre soit garanti de A à Z.
Les témoignages sur place et les déclarations des dirigeants occidentaux condamnent évidemment cette infamie.

Réalisant qu'on allait s'en prendre plein la gueule, je me rue sur mon téléphone pour appeler ma mère et lui demander de parcourir les chaînes des pays arabes pour savoir ce qui se dit, si les chefs d'États s'expriment.

Le roi du Maroc a fait un discours pour condamner ces actes.
Yasser Arafat déclare son peuple et lui-même profondément choqués.
Abdallah de Jordanie et son peuple s'associent à la peine des Américains et le souverain affirme que ceux qui se sont réjouis ne représentent pas le Moyen Orient.
Nassif Hitti, ambassadeur de la Ligue arabe en France, déclare rester sans mots pour décrire cette horreur, cette catastrophe. Et il ajoute que les Arabes ne sont pas des terroristes… Comme s'il pressentait ce qui allait advenir…
Tous condamnent, mais aucune trace de ces déclarations sur les écrans. Seules quelques radios en font l'écho.
On montre tous les chefs d'États occidentaux qui condamnent, mais aucun chef d'État arabe, laissant peut-être entendre que ça pourrait être un coup des musulmans.
C'est là que la mécanique de la manipulation commence.
Au Maroc, la population est sous le choc, dans un véritable état de sidération, tout comme une grande majorité de la planète.

Plus qu'une horreur, le onze septembre marque la fin d'un monde.
Le millénaire commence sous des auspices peu glorieux, le millénaire de la terreur et des extrêmes. Et l'histoire va le prouver.
La montée des idéologies extrémistes est affolante et après chaque attentat, nous sommes dévastés. Doublement dévastés. Dévastés en tant qu'humains devant ces massacres gratuits, et dévastés car nous nous sentons exclus du droit à la douleur et au deuil.
À chaque tuerie, chaque victime d'actes terroristes, nous sommes pointés du doigt comme complices de l'horreur. Le « pas d'amalgame » devient une caricature, intolérable sur bon nombre de plateaux.

Le soir des attentats du treize novembre 2015, je suis figée devant mon écran, consternée comme toute la France devant ce parcours macabre d'une cruauté sans nom. Je reçois un appel d'un ami de plus de vingt ans, journaliste dans un grand quotidien. « Bonsoir, tu as vu ? » Puis il part, sûr de lui, dans une tirade cinglante. « C'est de ta faute ! La faute de gens comme toi ! Vous fermez vos gueules, on ne vous entend pas condamner donc vous cautionnez ! » Je suis consternée. Je finis par hurler que ses propos sont indécents et irresponsables. Et je raccroche.
Je me mets à ruminer. À quel moment, lui ou son journal m'ont-ils invitée à m'exprimer sur le sujet ? Jamais ! Parce qu'on ne veut rien entendre de notre part. Comme si tous discours de condamnation, tous messages de paix et d'union étaient considérés comme *fake*, inutiles, et ne méritaient aucun crédit ! Dans quel monde avons-nous basculé ?

À chaque carnage, à chaque goutte de sang versée, mes parents se cloîtrent, au sens propre comme au figuré. Terrifiés, ils ferment fenêtres et volets durant des jours, de peur des représailles.
Deux petits vieux à qui l'on fait indirectement porter la responsabilité de ces horreurs, alors qu'ils sont des millions à avoir la même sensation de honte, de colère face à l'innommable, face à ce que leur foi leur interdit : tuer !
Les terroristes tuent au nom de leur dieu, pas du nôtre.
Dois-je rappeler que « Allah Akbar » veut dire « Dieu est grand » ?
Mais leur dieu n'est pas le mien ! Leur dieu n'a rien du mien ! Du nôtre ! Le leur n'a rien d'un dieu. Il est l'incarnation de la cruauté et de la lâcheté. Ceux qui commettent ces actes abominables sévissent aussi sur les terres musulmanes et ont tous un point commun : d'où qu'ils viennent, ils sont recrutés là où règnent exclusion, misère et ignorance.

À partir du onze septembre 2001, nous, les « Arabes » sommes devenus l'axe du mal défini par Bush et sa coalition chrétienne. Un axe diabolique dans lequel tout l'Occident va s'engouffrer.
Va alors commencer ce que peu de personnes semblent avoir compris : une véritable guerre théologique.
Je comprends ce jour-là que nous allons être pointés du doigt et qu'un mal profond est en train de s'installer sournoisement dans ma France.
Nous devenons les pestiférés du nouveau millénaire et une arme marketing de division massive et de déstabilisation géopolitique entre les mains de dirigeants qui en sont dangereusement restés à Machiavel, avec la complicité de certains médias, davantage pyromanes que combattants au service de la vérité.
« [le Prince] est souvent obligé, pour maintenir l'État, d'agir contre l'humanité, contre la charité, contre la religion même. Il faut [...] que tant qu'il le peut, il ne s'écarte de la voie du bien, mais qu'au besoin il sache entrer dans celle du mal. » (Machiavel, *Le Prince*, 1532) . Il s'agit de garder le pouvoir à tout prix, même si pour cela on doit piétiner, voire écraser les valeurs et les droits humains.

Les conséquences dans les médias ne se font pas attendre, la stigmatisation arrive à ce moment-là, et « nous » devenons le mal. Un *process* terrifiant de construction de l'ennemi, largement aidé par le monde médiatique, se met alors en route.

Pour preuve, la décision des Américains d'attaquer l'Irak avec de fausses allégations diffusées en masse pour se mettre dans la poche l'opinion publique et ainsi pouvoir « aller tuer avec sa conscience pour soi », comme le dit Pierre Conesa, ancien directeur adjoint de la Délégation aux affaires stratégiques du ministère de la Défense.

La France n'est pas en reste, nos médias plongeront également tête la première dans cette propagande nauséabonde contre tout ce qui peut ressembler à un musulman. En laissant par exemple Éric Zemmour distiller son racisme tranquillement sur tous les médias depuis plus de dix ans, ils ont contribué à banaliser des propos haineux, voire fascistes et totalement hors-la-loi.
Attention à ne pas pousser dangereusement le bouchon trop loin... L'histoire a prouvé les ravages et les stigmates laissés par l'instrumentalisation de la haine.
Cela devient oppressant et inquiétant, en plus d'être à vomir. Dois-je rappeler la signification du mot « propagande » ? « Action exercée sur l'opinion pour l'amener à avoir ou à appuyer certaines idées », ou encore « Tout ce qui est fait pour répandre une opinion. Ensemble d'actions et de stratégies destinées à embrigader les pensées et les actes d'une population ».

Face à cette définition, il est peut-être bon de citer quelques extraits de la charte éthique du journalisme : « Refuse et combat, comme contraire à son éthique professionnelle, toute confusion entre journalisme et communication. Il ne peut y avoir de respect des règles déontologiques sans mise en œuvre des conditions qu'elles nécessitent. Tiens l'esprit critique, la véracité, l'exactitude, l'intégrité, l'équité, l'impartialité, pour les piliers de l'action journalistique. Tiens l'accusation sans preuve, l'intention de nuire, l'altération des documents, la déformation des faits, le détournement d'images, le mensonge, la manipulation, la censure et l'autocensure, la non-vérification des faits, pour les plus graves dérives professionnelles. »

Un petit rappel de la Constitution ne fait pas de mal non plus. Selon l'article trente-quatre, « la loi fixe les règles concernant les droits civiques et les garanties fondamentales accordées aux citoyens pour l'exercice des libertés publiques ; la liberté, le pluralisme et l'indépendance des médias. »

En haut lieu, on se rendait bien compte que les populations « issues de l'immigration », comme on les appelle, avaient besoin de voir quelques-uns des leurs dans les médias. Au début des années 2000, on nous a alors servi le concept de « discrimination positive ».

Comment une discrimination peut-elle être positive ? C'est un non-sens !
Je trouve totalement méprisant de recruter des animateurs et journalistes pour leur origine, leur couleur de peau, et non pour leurs capacités ou talents respectifs. Sans compter qu'on met en concurrence des cibles précises, et que l'on crée aussi un effet de communautarisme.
Ne comptez donc pas sur moi pour faire un comptage, une « liste » de Noirs et d'Arabes. La loi l'interdit et cela me met plus que mal à l'aise de devoir réduire et ramener tous ces professionnels à leurs origines.
Dans les médias, parmi les serviteurs de la division, on trouve aussi des représentants de la « beurgoisie », terme qui provoque chez moi des crises d'urticaire et qui désigne les immigrés qui sont arrivés à un certain niveau social.
Parmi ces beurgeois, il y a ceux qui, avec ce qui semble être un mépris, un rejet ou une confusion totale de leurs identités, viennent karcheriser de manière radicale tout ce qui peut être musulman. Ils font le tour des plateaux pour servir le discours que l'on veut bien entendre et que l'on veut diffuser dans l'esprit de la masse.

Il me semble qu'il y a une différence entre la base et le haut.
En bas, malgré tout, les gens vivent ensemble, partagent le même travail et le même quotidien. Ils s'entraident, ils partagent bien plus que l'élite politique voudrait nous le faire croire. Je ne crois donc pas en la thèse d'une France raciste. En haut, peut-être que le socle judéo-chrétien a du mal à assumer que l'un de ses enfants puisse s'appeler Mohamed, Rachid, Zoubida, Mamadou ou Fatima… Pire encore, qu'il puisse être musulman. Il est peut-être là, le vrai problème.

Cela engendre pour une grande partie de cette jeunesse le sentiment d'être des bâtards de la République, d'être nés d'un viol. Systématiquement renvoyés à leurs origines. Pour eux, c'est comme être né sous X, sans aucune reconnaissance légitime d'appartenance à la nation.

Comment peut-on évoluer psychologiquement dans ces conditions ?
Comment se construire une identité solide ?
Faire le procès d'une assimilation impossible à des gosses nés en France est d'une hypocrisie sans nom, dès lors que l'on organise le communautarisme pour s'assurer qu'ils restent surtout bien entre eux.

J'ai eu la naïveté de penser que tout ça changerait le jour où l'hémicycle serait plus jeune, que tous ces politiques qui ont vécu la colonisation avec le concept de l'indigène seraient partis, mais en fait non, c'est plus profond que ça.

J'aime ce pays qui m'a accueillie et je m'y sens chez moi. Mais il serait hypocrite de ma part de nier une certaine vérité, celle du rejet grandissant et d'une distance, qui, pour certains, peuvent être vécus avec une véritable souffrance.
Lorsque dans les médias, j'entends des aberrations comme « ils veulent tous imposer la Charia en République » ou encore « il y a de plus en plus de musulmans qui font ramadan, sommes-nous face à une montée du radicalisme ? », je reste sans voix.
Au-delà de l'aspect grotesque de ce genre d'allégations sans aucun fondement sérieux, comment peut-on tomber aussi bas dans ce qui semblerait être du journalisme dangereux et irresponsable ?

Ce livre n'est pas un livre-procès, loin de là.
C'est juste une forme d'alerte sur certaines dérives.
Le journalisme est un métier noble et essentiel au bon fonctionnement d'une démocratie.
Certains y laissent leur vie car, plus qu'un métier, il incarne une notion de devoir et de responsabilité à l'égard des citoyens. Il est le véritable garant du bon fonctionnement démocratique, en étant un réel contre-pouvoir. C'est l'un des plus beaux métiers du monde, car il est pour le monde.
Le journalisme, ce n'est pas fabriquer des monstres, mais les combattre.

Je souhaite aussi que ce livre contribue modestement à montrer les contradictions de notre société comme dans un miroir.
Il nous faut regarder une fois pour toutes la part de responsabilité de chacun dans le malaise ambiant.
D'un côté, il y a tous ceux qui ne se rendent pas compte de la chance qu'ils ont de vivre dans ce pays, qui se noient dans la victimisation sans se dire un instant qu'ils sont maîtres de leur destin, réalisateurs de leurs succès comme de leurs échecs. Parmi eux, on compte aussi certains prêcheurs « deux point zéro », ces pseudo-révolutionnaires du clavier qui m'exaspèrent, parce qu'ils donnent une image déplorable des musulmans.
Et de l'autre, il y a ceux qui n'aident pas à l'intégration et qui instrumentalisent en stigmatisant une partie de la population.

Je rêve d'espaces médiatiques où ces questions seraient posées sur la table sereinement. On le sait, la représentation va bien au-delà du fait de poser un homme ou une femme troncs colorés devant une caméra. Une personne en poste pour ces raisons ne peut rien m'apporter si je ne me reconnais pas dans les histoires qu'elle me raconte…
À quand des médias dans lesquels chacun pourra se reconnaître dans sa diversité, sans être stigmatisé ?

15

LE CIMETIÈRE DES VIVANTS

Mes années « Ness à la télé » ont été marquées par les épreuves que moi, Nezha, ai traversées.
Lumière ou pas, la vie loge tout le monde à la même enseigne. En plateau, vous devez puiser dans vos ressources les plus profondes pour laisser vos maux, vos douleurs et vos tracas à la porte du studio.
La télévision ne nous affranchit pas des problèmes de cœur, de famille, de santé, ou encore de fisc. Nous sommes des gens comme tout le monde, sans avoir le droit à l'anonymat qui va avec.
La vie nous fait ainsi surfer entre moments de grâce et tsunamis indescriptibles. Des claques dans la gueule qui vous sonnent, vous mettent KO, et vous plongent dans un gouffre qu'il va pourtant falloir surmonter.
Si je me livre dans ce chapitre, ce n'est pas par manque de pudeur, mais pour montrer combien nous devons savoir puiser, même dans l'innommable, pour se relever, pour continuer, pour grandir, pour s'élever et pour mieux se connaître. Nous apprenons de toutes les choses qui nous arrivent, belles et moins belles et cet épisode est la plus belle leçon de ma vie.

Cholet, Noël 1997.
Je passe les fêtes chez mes parents. Je suis enceinte de huit mois. L'ambiance est chaleureuse et joyeuse. J'ai ma valise de maternité avec moi, on ne sait jamais. C'est un garçon, tout est bleu dans la valise. Mais je décide pour je ne sais quelle raison que mon fils arrivera au monde en blanc.
Le vingt-six décembre, il est sept heures du matin lorsque je quitte la maison avec Papa pour effectuer un examen de routine. Il fait froid en cette nuit matinale.

Après quelques contrôles, j'ai de petites contractions, et l'équipe médicale décide de me garder par sécurité.
Papa et mon frère Khalid m'accompagnent durant tout le travail, avant d'être rejoints par ma sœur Majda. L'ambiance est à la joie, aux blagues et à la bonne humeur.
L'accouchement se passe bien, Mehdi arrive avec de grands yeux noirs, déjà grands ouverts sur le monde. C'est la mascotte de la maternité, le bébé de Noël !
Je joue avec mon fils, tout le monde se l'arrache, mon père est comme un fou, et Majda en a déjà fait sa propriété.
Tout se passe bien dans cette belle clinique qui a vu naître mes sœurs.

Mais tout va basculer. Je ne sais pas quand, je suis incapable de m'en souvenir.
J'ai fait une sorte de black-out, je n'ai aucun repère de temporalité. Mon seul souvenir est de voir débarquer une armée de blouses blanches tentant péniblement de m'expliquer quelque chose. Je ne les entends pas, je ne les comprends pas. Je suis sourde et muette. Comme un refus en bloc d'une réalité inacceptable. Dans le flou de mon esprit, je vois mon père frapper sa tête contre le mur. Je n'entends rien, mais je peux lire une douleur abyssale sur ses traits crispés. La bouche ouverte, il est effondré. Mon frère Khalid est blanc, tellement blanc que sa bouche est illisible. Ma sœur est figée, le regard rougi, le regard fixé vers la fenêtre comme pour me protéger de ce qu'elle ressent. Elle est dans un état de sidération.
Parmi mes souvenirs clairs, il y a cette infirmière qui m'invite à venir voir mon fils. Hors de question, pour moi c'est un énorme mensonge ! Devant mon déni, elle me propose de voir Mehdi en photo… mort. J'ai haï cette femme du fond de mes tripes tellement je trouvais sa démarche indécente et cruelle. Elle ne faisait que son travail.
Cette nuit-là, le médecin vient me voir, me dit qu'il ne comprend pas, malgré toutes ses années d'exercice, et me demande si on peut faire une autopsie…
« Vous ne touchez pas à mon fils, vous allez le découper, il va avoir mal ! »

Je ne sais plus quand je vais décider d'aller le voir avec son papa.
J'avais besoin de la présence de Matt, comme pour être certaine de la réalité des choses. Matt est bouleversé à sa manière. Il est en larmes mais prend très vite le dessus. Les hommes sont plus pudiques avec leurs émotions. J'ai mis du temps à le comprendre.
Mehdi est là, beau, paisible dans ce beau pyjama blanc que j'ai changé à la dernière minute, blanc, couleur du deuil, chez nous les musulmans.

Pourquoi ai-je changé sa tenue de naissance à la dernière minute ? Avais-je senti que le pire allait arriver ? J'ai encore son odeur ancrée dans mes narines pour l'éternité. Il dort, je le câline, je lui parle, pour moi il est là, avec moi. Mais ses mains et ses joues froides me ramènent à la sévère réalité. C'est la première mort de Mehdi.
La deuxième mort est la levée du corps, ce si petit cercueil dans cet immense corbillard que je dois me contenter de regarder partir.
C'est un déchirement tel que l'on me met sous tranxène, on anesthésie la douleur sans penser que les images, elles, sont omniprésentes et obsédantes. Je suis comme une sorte de légume hanté. Je suis là sans être là.

Je pensais avoir presque envisagé l'idée, quand la troisième mort a frappé à la porte pour me sortir de ma léthargie.
J'ai des montés de lait, ma poitrine me serre. Si j'ai des montées de lait, c'est donc que mon fils a faim, bordel ! Il a faim et il est seul. Il fait froid. Il doit avoir si froid dans cette nuit noire et glaciale. Une seule idée me hante alors, aller sortir mon fils de là-dedans pour le nourrir. C'est un enfer mental. Le pire qu'un être humain puisse vivre.

Ma famille est là pour m'entourer. Ma mère et mon père sont effondrés, mais prennent sur eux dès qu'ils sont avec moi. Les filles Akdim sont d'un soutien remarquable, ma sœur Sarah fait le clown pour m'extraire de cette torpeur. Hicham et Majda font bonne figure, les lèvres serrées et le regard sombre. Les yeux trahissent nos émotions les plus enfouies, ils ne savent pas mentir. Khalid, lui, a disparu. Il fait partie de ceux qui ne savent pas gérer, qui ne peuvent pas supporter d'être face à la douleur de ceux qu'ils aiment. Il fait partie de ceux qui, dans la fuite, se cachent pour pleurer.
Mehdi est enterré au carré musulman du cimetière de Cholet.
Je lui rends visite à chaque fois que je viens. Je lui parle, c'est un vrai rendez-vous. Un instant de partage particulier, mais vital, que la quatrième mort va venir fracasser.

Quelques années plus tard, comme à chacune de mes visites à Cholet, j'ai rendez-vous avec mon fils.
J'entre dans ce très beau cimetière, si silencieux et si paisible. Je parcours les allées qui me mènent vers lui. Ma sœur Sarah est avec moi. Lorsque nous arrivons à son emplacement, je pense m'être trompée. Avec Sarah, nous cherchons et cherchons encore. Mais nous ne sommes pas folles, mon fils était là et il n'y est plus !
Je me parle, je lui parle dans ces grandes allées, je suis comme une aliénée. Un nouveau choc qui me replonge dans un mon état de sidération, plus de son, plus rien.

J'erre dans ce cimetière comme une zombie, sans rien comprendre à ce que je suis en train de vivre.
Nous redescendons vers l'entrée pour questionner le gardien. Gêné, il nous répond que le carré musulman a été supprimé, faute de place dans le cimetière, et que mon fils a été déterré et mis dans la fosse commune.
Une aberration !
J'imagine la scène, le corps, les os, c'est un film gore qui défile dans mon esprit.
Je hurle : « Comment vous avez pu le déplacer sans me prévenir ? »
Dans ma tête, ce n'est plus un petit bébé qui a froid, non, ils l'ont enlevé, ils l'ont jeté dans plein d'os. C'est abominable. Le choc est tel que je n'ai pas cherché à comprendre, l'image est trop violente et le choc, indescriptible. Je pense avoir, cette fois, volontairement déclenché comme une amnésie traumatique. La même qui a accompagné tous les évènements douloureux de ma vie. J'ai voulu comme mettre un voile opaque sur tout ça.

La mort fait partie de la vie, il faut continuer.
J'ai continué parce que j'avais une fille merveilleuse. Elle m'a sauvé la vie, du haut de ses un an et trois mois. Sans prononcer un mot, avec le regard, elle dit absolument tout, elle comprend tout, alors qu'on ne lui avait rien dit. Les enfants sont connectés à notre inconscient.
Avec le regard, un regard qu'elle ne m'avait jamais donné auparavant, elle m'a dit : « Je sais, maman, et je suis là. » Ce moment a duré dix ans.
Sofia a dormi dans notre lit pendant deux ans, j'essayais de l'emmener partout, car j'étais terrifiée à l'idée de la perdre.

Il a fallu mettre entre parenthèses le *process* de deuil, et continuer.
Continuer dans un milieu fait de gens exceptionnels comme d'êtres capables d'une inhumanité sans nom.

Quelques mois auparavant, j'avais été contactée pour rejoindre TF1 en *prime time*. J'adorais cette équipe, ils s'amusaient avec ma grossesse, disaient que le bébé allait être la mascotte de l'émission.
Quand Mehdi est parti, j'ai vécu une réalité à laquelle je ne m'étais jamais préparée.
J'ai reçu un appel qui m'a dit : « Écoute chérie, nous on a un prime, et vu ton état, la boss veut plus de toi. C'est la vie, on se reverra. Salut. » Quelques heures plus tard, au téléphone avec Matt, elle a été glaciale et odieuse.

Le boulot prime, ok, c'est la vie, les choses doivent continuer et tous les *prime time* du monde ne me ramèneront pas mon fils et ne pourront combler cet océan de vide.
Mais pas comme ça, pas avec ce ton dénué de toute humanité. C'était d'une violence ! De la part de femmes ! Comme quoi, les femmes ne sont pas toujours les meilleures alliées des femmes.
Lorsque Stéphane Courbit me demande de rejoindre *Exclusif*, je donne mon accord de principe dans son bureau.
Mais lorsque Corinne Spack, la productrice, me fait faire le tour de la rédaction, j'entends tout à coup cette voix glaciale, celle-là même qui m'avait glacée au téléphone par son inhumanité à la mort de Mehdi. Cette voix qui vient me triturer le ventre. La femme à qui appartient cette voix faisait partie intégrante de l'équipe d'*Exclusif* et pour moi, c'était trop frais, trop indigeste. J'ai tout de suite prévenu Corinne que ce serait malheureusement sans moi. J'avais Matt au téléphone, hystérique, qui tenait le même discours.
C'est sur le trottoir de la rue Toricelli que Corinne s'engagera à ce que je n'aie aucun autre référent que Stéphane Courbit et elle-même. C'est uniquement à cette condition que j'ai accepté finalement de rejoindre *Exclusif* sur TF1.
Mon père m'a toujours dit de ne pas perdre de temps avec la colère, et il a raison.

J'ai essayé de comprendre la psychologie de ces personnes qui se déshabillent de toute forme d'humanité, dans l'intérêt d'un programme ou d'une mission.
Peut-être avait-elle eu une vie ou une enfance difficile ? Toujours est-il que nous t ravaillions entre les mêmes murs, et que cela a créé une relation étrange.
Petit à petit, année après année, à évoluer dans les mêmes espaces, le même programme, à se croiser sans réellement partager, quelque chose de profond mais d'invisible nous a liées en silence. C'était un rapport étrange, indescriptible car toutes les deux savions.
Nous partagions sans rien exprimer ce sombre secret.
Pour mon premier prime à France 2, elle a été la première à m'encourager avec un SMS bienveillant que je n'oublierai jamais.

La vie est ainsi faite, nous vivons les choses et regardons les gens avec nos propres prismes et nos généralités. Cette expérience m'a appris à prendre du recul sur les évènements que l'on peut vivre ou sur les personnes et à balayer les colères en essayant de comprendre leurs propres mécanismes.

Mehdi ne m'a jamais quittée.
Il est celui qui me rappelle à l'essentiel.
Aujourd'hui encore, je refuse de savoir à quelle heure Mehdi est mort, c'est un déni total.
Et les questions sont toujours là.
Mehdi m'accompagne tous les jours.
Je suis tombée dans un puits sombre, mais j'en suis ressortie avec quelque chose en plus… Il vit à travers moi, à travers ses sœurs.
Quand tu es au fond du trou, il y a toujours un truc qui te ramène à une réalité, celle de la vie. Nous ne sommes pas sur cette terre pour rien, ou juste pour satisfaire nos besoins essentiels. Nous sommes là pour vivre !
Je ne vais pas dire que c'est une chance de vivre ça, mais je crois que tout ce qui nous bouscule ou nous rentre dedans n'est pas là gratuitement. Quand on est bébé et qu'on se casse la figure, ça fait mal, mais ça nous apprend à marcher.

À la moindre tentation de baisser les bras, Mehdi me donne un rappel.
Il me rappelle que la vie est réellement belle, que le fait de respirer le matin, c'est ce qui ne s'achète pas, que c'est un luxe incommensurable d'avoir encore une journée à vivre, que la vie peut basculer, dans un sens comme dans un autre, en une fraction de seconde.

Il me rappelle chaque jour qu'on se fait des montagnes de problèmes de gens riches.
C'est un rappel à l'ordre qui redit combien la vie est fragile, qu'elle n'est pas éternelle, et qu'il faut vivre intensément,
C'est pour ça que je prends un pied incroyable à marcher sous la pluie, comme si c'était une chose extraordinaire. Je vis ces moments-là d'une façon intense, comme une douche bénéfique.
Mehdi, c'est ça, un signal qui se réveille, un clignotant, une lumière qui s'allume… un phare.

16

LUMIÈRE SUR LES BACKSTAGES

L'exposition fascine, la lumière déforme et les fantasmes ou idées reçues se fabriquent à une vitesse défiant celle de la lumière.
Toutes ces années passées dans l'antre de la télévision m'ont permis de rencontrer à peu près tout ce que le monde médiatique peut compter en termes de personnalités hors du commun. J'ai aussi été un témoin privilégié de scènes et de moments incroyables, étonnants, et parfois même violents, qui m'ont souvent fait découvrir l'autre côté du miroir, là où l'image publique s'évanouit derrière la véritable nature.
Les coulisses sont aussi parfois le théâtre de rencontres extraordinaires et de moments magiques.

UN INSTANT PARANORMAL

Je me souviens d'un instant en apesanteur, aux confins du paranormal.
Nous sommes le 4 octobre 2000. Je suis au Palais des Sports de Paris pour assister à la première de la comédie musicale *Les dix commandements*, produite par Elie Chouraqui, Dove Attia et Albert Cohen sur les musiques de Pascal Obispo.
La représentation est un triomphe.
Nous nous rejoignons tous pour l'*after show* organisé au VIP Club chez Jean Roch. Tout Paris est là, avec les caricatures qui vont avec : « Saluuut chèèèriie ! Tu es magnifiiiique ! », « On s'appelle, il faut aaaabsolument qu'on se parle ! » Un cocktail de véritables stars, de célébrités poussiéreuses en quête de lumières et des fameux « pique-assiettes » qui sont de toutes les soirées pour boire à l'œil et avoir des manières de diva avec option langue de pute. Personnellement, ils ou elles me font rire, ce sont un peu les clowns du roi.
Je suis assise avec Elie Chouraqui et Pascal Obispo.

Avec Pascal, nous avons fait nos débuts presque en même temps et c'est à MCM que nous nous sommes croisés au début des années quatre-vingt-dix. Il est toujours resté accessible avec moi, c'est une personne « normale » et très sensible. Je lui ai même parlé de l'un de mes projets de l'époque, créer une chaîne entièrement dédiée à la création, une mise en lumière des talents de tous horizons, une sorte d'annuaires d'artistes à la télé. À peine lui avais-je exposé le projet qu'il m'avait dit : « Banco, on la monte ensemble ! » Quelques semaines plus tard, des problèmes personnels l'avaient accaparé et le projet était resté dans mes tiroirs, faute de temps. Mais cela avait créé une connivence entre nous, qui ne s'est jamais démentie.

En cet *after* au VIP Club, nous sommes enfoncés dans nos fauteuils en velours version clubbing, en compagnie de l'un des meilleurs amis de Pascal, un homme d'affaires très loin des paillettes et du monde qui va avec.

Pascal se penche vers moi et m'explique que cet homme est né avec un don incroyable, il sent les gens, perçoit les choses, et s'il voit quelque chose ce soir, je devrais m'en rendre compte.

La soirée se passe normalement, entre éclats de rire et confessions, lorsque, soudain l'homme m'interpelle : « J'ai très mal aux épaules, vous devez porter des choses trop lourdes pour vous et depuis votre enfance… »

Il redresse sa tête et regarde droit devant lui en hauteur : « Vous avez perdu deux êtres qui vous manquent beaucoup, votre fils et votre grand-mère ». À cet instant, mes jambes et mon cerveau se glacent, je n'arrive plus à parler et mes yeux s'inondent de larmes. Tout en continuant à regarder en hauteur, son visage s'adoucit en esquissant un sourire. Il prend ma main moite et tremblante et ajoute : « Je ne sais pas qui était votre grand-mère mais elle a l'air d'être un personnage puissant, elle est là, avec votre fils dans les bras. Elle est souriante, lumineuse, elle me dit de ne pas vous inquiéter et qu'elle est très fière de vous. »

Je reste silencieuse, le visage humide, mon corps tremble jusqu'à la nuque. J'attends la suite. Il parle enfin : « Elle parle d'un collier de perles qu'elle vous a transmis, prends-en bien soin, ma fille. »

Je suis stupéfaite : avant de mourir, ma grand-mère m'avait effectivement donné un collier de perles, dont le fil s'était malheureusement rompu…

Nana était coquette et adorait les bijoux, surtout les perles. Mais pourquoi ce message ? Et comment cet homme a-t-il pu savoir sur moi autant de choses si personnelles ?

Pendant qu'il parlait, j'avais ressenti la présence de ma Nana, de mon fils. Ce moment a été l'un des plus marquants de ma vie, car il m'a fait un bien fou. Le fait de savoir que ma grand-mère était heureuse et que mon fils était lové dans ces bras moelleux me réconfortait à un degré insoupçonnable. J'ai toujours été dans le déni de ces deux disparitions, ces deux deuils impossibles. Ce soir-là, j'ai peut-être compris qu'ils étaient vraiment partis, mais heureux. Un moment unique que je dois à Pascal, un moment qui est venu fragmenter cette soirée pour me faire basculer dans un monde aux antipodes de celui dans lequel j'étais physiquement.

DE L'AUTRE CÔTÉ DU MIROIR

Nous sommes en janvier 2003, nous tournons *La Légende des Voix* pour France 2.
Mariah Carey est une star planétaire qui vend des dizaines de millions d'albums et provoque une émeute à chacun de ses déplacements.
Elle a la réputation d'être capricieuse, difficile, et ses passages s'accompagnent d'une liste stricte de directives à respecter, avec la menace implicite, en cas de manquement, de voir la diva claquer la porte du studio le jour du tournage.
Son staff, l'attachée de presse et le manager ont donc posé des conditions draconiennes à sa venue, et laissé entendre qu'elle souhaitait un minimum de distance avec l'équipe. Interdiction de fumer dans tout le bâtiment minimum 48h avant son arrivée, et sa loge doit être inondée de sucreries. Quand je dis « inondée », le mot est faible. Nous avons davantage l'impression d'être dans *Alice aux Pays des Merveilles* que dans la loge d'une artiste.
Pour résumer, lorsqu'on reçoit une artiste de ce calibre, tout le monde a une pression de malade et le trouillomètre à zéro. Ce n'est plus Mariah que l'on vous dépeint mais Cruella.
Seulement voilà, le premier contact avec le « phénomène » est très loin de la rencontre redoutée avec un pitbull. Elle est charmante, et, avant même de savoir que je suis la *TV host* (l'animatrice du show), me lâche un sourire et un regard plein de douceur et de politesse. Elle reste une star inaccessible, mais avec un côté plutôt bonbon !
Nous échangeons poliment, et je remarque qu'elle ne lâche pas des yeux le bracelet de diamants que j'ai au poignet. La belle a la réputation d'en raffoler. « *Ohhh, I love it! It's so beautiful! I really love your bracelet* ! " Je laisse la diva tranquille et file dans ma loge me préparer.
Son arrivée sur scène est millimétrée. La belle maîtrise son image jusqu'à la dernière boucle.
Son staff est au garde à vous, et nous avons l'interdiction de la filmer en marchant. On la dépose presque au milieu de la scène devant son micro. Ventilateur à fond sur le titre *Butterfly*, *standing ovation* du public.

Mariah me rejoint sur le coin *talk*, en caméra off, car nous ne pouvons pas filmer ses hanches pendant qu'elle marche. Dans le contrôle absolu de son image, elle me demande gentiment d'échanger sa place avec moi, parce que ça lui permet de présenter son meilleur profil. Aucun problème, pour une star, maîtriser son image n'a rien d'un caprice, bien au contraire. Être une star, c'est faire rêver, avec un mélange de glamour et de mystère que beaucoup ont laissé au placard.
La séquence démarre, l'interview se passe très bien, elle est tout sourire et a vraiment l'air heureuse d'être là, au milieu du public français. Je vois cependant que son regard se pose régulièrement sur mon bracelet. Une superbe pièce avec des diamants que mon ami joaillier Edouard Nahum avait fait spécialement pour moi. Son regard de gamine devant un sapin de Noël me touche, je ne réfléchis pas, je pose le micro, je me lève, je décroche l'objet de convoitise de mon poignet et lui offre : « Tenez, c'est un cadeau du public français ! » Elle semble d'abord très gênée, mais accepte finalement ce cadeau. Je vois qu'elle est touchée, ce n'est pas une diva que j'ai en face de moi, mais juste une enfant, toute simple, heureuse d'être là, de recevoir et de donner.
Je ne sais pas si elle porte toujours ce bracelet. Ce que je sais, c'est qu'Edouard Nahum a été très content de voir sa création au poignet de Mariah Carey, et moi, je pourrai dire à mes petits enfants que j'ai été la seule présentatrice au monde à avoir donné des diamants à Mariah Carey !
Beaucoup de personnes ont été choquées par ce présent, et le sont peut-être encore, mais c'est pour moi la suite logique de mon éducation et de ma façon de donner, sans calcul, dans la spontanéité de l'instant.

Dans le même style de décalage, il y a l'une de mes rencontres avec Jean-Jacques Goldman.
Nous sommes en tournage de *Top Of The Pop* à la Plaine Saint-Denis.
Dans les coulisses, je sors de la loge pour rejoindre le plateau. Je tombe nez à nez avec Jean-Jacques Goldman. Il est venu à vélo, il porte son engin sur ses épaules et, les cheveux presque dans les yeux, me lance : « Ness, ça ne te dérange pas de me prêter ta loge pour me laver les cheveux vite fait ? » J'ai à peine le temps de lui dire oui et de lui indiquer le chemin qu'il remarque les sanitaires communs des équipes techniques : « Non, non, mais en fait, ne te dérange pas, je vais aller là ça va prendre deux secondes. » J'ai souvenir d'être restée bloquée devant lui, comme une cruche, le sourire aux lèvres. Dans ce milieu, c'est toujours agréable d'être rappelée à l'ordre devant autant de normalité. Goldman, l'un des plus grands artistes français, un monstre de l'industrie musicale,

qui transforme en or tout ce qu'il touche, qui se lave les cheveux le plus simplement du monde dans les lavabos communs, au milieu de tout le monde, sans la moindre distance… Quand certains sont d'une prétention imbuvable dès qu'ils vendent trois albums…
Dans mon parcours, je me suis rendue compte que plus les artistes étaient grands, plus ils étaient humbles et simples.
Ça a été le cas avec Elton John, d'une disponibilité et d'une présence incroyables, bien loin de ce que l'on pourrait attendre d'une star de cette envergure. J'ai vécu un moment magique avec lui sur scène avec son piano, ses yeux dans mes yeux, pleinement là et enchaînant les chansons sans s'arrêter un instant.
Avec Robbie Williams aussi, déchaîné comme un gosse lors des répétitions. Souriant, agréable avec tout le monde, il prenait du plaisir à nous faire marrer en nous offrant un véritable show privé.
Ou même avec Arnold Schwarzenegger, d'une ponctualité d'horloger suisse à chaque rencontre, qui prend le temps de serrer la main à tout le monde et de papoter avec toutes les personnes qu'il croise, chaque technicien et chaque membre de l'équipe.

Ma rencontre avec Lionel Richie en dit long aussi sur cette question.
Cet artiste aux dizaines de millions d'albums vendus était sur mon plateau de la *Légende des Voix* à l'Olympia.
À ses côtés, un artiste français nominé aux Victoires de la musique. Un artiste que j'aime beaucoup, d'ailleurs, humainement et artistiquement. Je lui demande si cette nomination est importante pour lui, car il s'agit de la reconnaissance du milieu de la musique. Mais ce jour-là, il avait revêtu la panoplie du rebelle en carton et me répond quelque chose comme : « Ouais, super, ça va vachement changer ma vie ! »
Soit.
Je me tourne alors vers l'ex-chanteur des Commodores, dont il est inutile de rappeler le palmarès, et qui me répond : « Bien sûr que c'est important d'être reconnu par le milieu et l'industrie musicale, le contraire serait mentir. »
Tiens, prends ça dans les dents, rebelle en carton ! C'est exactement ce que je me suis dit dans ma tête en plein tournage. Je gloussais intérieurement. Pourquoi vouloir se donner cette image d'artiste soi-disant détaché ? Je n'ai jamais compris cette hypocrisie.

Bien au chaud dans ma mémoire aussi, la rencontre avec le grand Yves Mourousi.
Dès mon arrivée en France en 1973, j'ai été biberonnée à son célèbre « Bonjour ! » en sortie de générique du journal de TF1.

Petite, j'étais secrètement amoureuse du feu roi Hassan II, d'Albator et d'Yves Mourousi ! Nous nous crêpions les cheveux avec mon frère Khalid car il refusait l'idée que c'était moi que Mourousi regardait et pas lui ! Névrose de gamine, déjà…
J'ai grandi avec lui, j'adorais la façon dont il présentait le journal, sa liberté, et la diversité des personnalités qu'il mettait en lumière, ainsi que, bien sûr, son duo avec la cultissime Marie-Laure Augry.
Yves Mourousi était un accro de jeux vidéo, et c'est dans ce cadre-là que nous l'avons rencontré la première fois avec mon binôme et compagnon, Patrick Giordano, allias Matt. Nous sommes alors tous les deux les directeurs artistiques de MCM.
L'intention était de lui proposer de prendre les manettes d'une sorte de JT déjanté, comme lui seul pouvait le faire. Nous fixons un rendez-vous avec Thierry Laval, notre directeur général, pour formaliser notre projet avec lui.
Au sortir de ce rendez-vous, Yves Mourousi nous invite, Matt et moi, à dîner chez lui.
Au cours de cette soirée dans cet appartement cossu, nous découvrons un homme à l'humour détonnant, qui enchaîne anecdote sur anecdote, dans un va-et-vient permanent entre rire et élégance. On sentait sa santé fragile et sa voix se grippait parfois jusqu'à devenir à peine audible, cette voix qui était tellement lui…
À la fin du dîner, comme un cheveu sur la soupe, il nous annonce qu'il accepte notre projet puis incline légèrement sa tête vers moi, me regarde et ajoute : « Mais c'est avec vous que je veux le présenter ! »
Dans mon for intérieur, c'est un tsunami d'émotions, entre joie et pression. Nous le quittons, heureux, sans savoir que ce sera la dernière fois que nous verrons Monsieur Yves Mourousi. Sa santé commencera à se détériorer une dizaine de jours plus tard.

Ma rencontre avec l'écrivain Paulo Coelho restera aussi l'un des grands moments de ma carrière.
Il est des personnages que la vie pose joliment sur votre chemin et qui vous marquent, laissant en vous bien plus qu'un simple souvenir, et dans votre âme un sceau particulier. C'est ce que j'ai vécu avec Paulo Coelho.
Il est aujourd'hui un auteur à succès international, mais ce n'est pas encore le cas au début de l'année 1994, quand je le reçois pour *Le Mag* de MCM, à l'occasion de la sortie de son œuvre désormais culte, *L'Alchimiste*.
L'auteur brésilien essuie alors un tsunami de critiques négatives, un rejet quasi viscéral qui va au-delà du jugement objectif pour livrer des salves d'insultes totalement primaires et gratuites de la part de la critique française. À quelques exceptions près, c'est un véritable lynchage.

Je prépare mon entretien avec lui, ma première interview importante pour la télévision. J'ai la pression, je ne dois pas reproduire la catastrophe de ma toute première expérience en direct, ce bide total dont je garde encore un souvenir cuisant…
Je me plonge donc très sérieusement dans son œuvre, sans presque pouvoir en sortir. Elle est addictive, presque hypnotique pour la jeune gamine rêveuse que je suis encore à vingt-trois ans.
Plus je le lis, moins je comprends l'acharnement contre ce livre. Pourquoi ? Parce que Paulo Coelho est brésilien ? Ou parce que l'on sent peut-être l'odeur du best-seller, dans un pays où littérature et succès des ventes ne sont pas forcément gage de qualité ?
Je me dis que nous n'avons pas lu le même livre, ce n'est pas possible. Ils n'ont pas lu cette invitation universelle à la fois poétique, fantastique et mystique à une rencontre avec soi-même. J'y vois une œuvre qui se vit mentalement, émotionnellement et qui nous rappelle combien, dans ce monde où les rêves sont formatés en masse, notre chemin n'est pas forcément celui du voisin et combien toute notre vie, notre quête du bonheur passe d'abord par la quête de nous-même. Combien notre chemin de vie évolue et nous fait évoluer intérieurement, jusqu'à nous permettre de nous trouver. La véritable quête personnelle ne serait-elle pas cela : se trouver ? Savoir qui l'on est réellement de manière totale, entière et assumée…
Je sors pour ma part bouleversée par cette lecture.

C'est le jour J, mes fiches sont prêtes, j'ai tout blindé comme on dit. Hors de question de me manquer. La boule au ventre, j'accueille Paulo Coelho. La personne est douce, l'allure décontractée, sans aucune prétention intérieure ni extérieure.
L'entretien est un pur moment de joie, sa voix, son attitude, ses regards, sa façon de se mouvoir m'enveloppent d'une quiétude rare. Plus nous échangeons, et moins je comprends ce que l'on a pu reprocher à cet homme. Pour moi, cela restera un mystère. Paulo Coelho est ce qu'il écrit, il est chaque mot, et chaque émotion qu'il offre à lire est comme une rencontre réelle avec notre profondeur.
Son livre et les messages qu'il tente de nous livrer m'ont accompagnée dans mon parcours bien avant ce qu'il est bon d'appeler aujourd'hui, le développement personnel.

DERRIÈRE L'IMAGE PUBLIQUE

Voir l'envers du décor et connaître les artistes dans les coulisses donne une tout autre perception de ces personnes que l'on a l'impression de connaître, parce qu'elles font partie de notre quotidien depuis des années, ou parfois, des décennies.

J'ai ainsi pu me rendre compte à quel point certaines ou certains sont minés par le trac. Nous sommes tous terrorisés à l'idée de prendre la parole en public, et comme monsieur et madame Tout-le-Monde, de nombreux artistes, comédiens, personnalités publiques ou politiques continuent à connaître un grand moment de stress juste avant de monter sur scène. Chacun gère et vit le trac à sa manière. Certains prendront un verre de whisky, d'autres danseront frénétiquement, d'autres s'isoleront dans les prières…
J'ai souvenir par exemple de monsieur Serge Lama, lors du tournage du premier numéro de *La Légende des Voix* à l'Olympia. On se dit que pour ce grand nom de la chanson française c'est facile, il est habitué au public, il foule les scènes depuis des décennies… Et pourtant…
Serge Lama est le premier artiste que j'accueille. La salle est bondée, le rideau est encore baissé, et Serge est face à moi de l'autre côté de la scène. Nous entendons le générique de début démarrer, il me mime un mal au ventre, et en langage mimé je lui demande s'il est malade. Il me répond qu'il a la nausée, l'envie de vomir. Plus tard, il me dira que c'est la même chose à chaque fois qu'il monte sur scène, qui plus est sur cette scène mythique.
Surmonter le trac, c'est laisser le corps vous préparer un cocktail des meilleures hormones pour faire de vous une véritable bête de scène.
Voilà donc cette immense voix, qui vit son trac à sa manière.

L'ASCENSEUR ÉMOTIONNEL PERMANENT

Dans les coulisses, on vit parfois des choses ahurissantes et surréalistes, dont les spectateurs n'ont pas idée. Et les situations procurent souvent des émotions très vives, c'est en quelque sorte un concentré de vie puissance dix!
Comme par exemple, cet épisode d'une rare violence auquel j'ai assisté à MCM.
Je suis dans le bureau de Thierry Laval, et quelqu'un nous informe que quelque chose d'étrange se passe en régie finale.
En bas, Olivier Cachin est en direct, il reçoit Busta Flex et Expression Direkt, des rappeurs. Je descends précipitamment et m'engouffre dans l'ascenseur lorsque les portes s'ouvrent sur le grand hall du rez-de-chaussée. Le marbre blanc du sol est rouge écarlate, il y a du sang partout. Je me précipite vers la porte de la régie et, alors que je tape le code d'accès, entends des cris et des coups. Lorsque je tire la porte vers moi, un individu s'extirpe en courant, un couteau à la main, dont la lame va frôler mon ventre. Lorsque je rentre, c'est un véritable carnage. Les murs et la moquette sont écarlates, un pitbull égorgé git dans une mare de sang. Ça hurle, ça se bat à coups de matraques, de battes de baseball et de couteaux.

Olivier est en plateau, et à travers les portes vitrées, il sait que quelque chose de grave est en train de se passer mais reste concentré sur ses invités pour éviter que la situation ne s'envenime, alors que la régie a été prise par deux bandes rivales. En très grand professionnel, il fait atterrir l'émission comme on fait atterrir un avion en catastrophe. Il y a eu des chiens morts et des blessés, il y avait du sang partout, une mare de sang dans le hall rue du Faubourg-Saint-Honoré. Puis les CRS sont arrivés, le quartier a été bouclé durant des heures, mais l'odeur de sang, elle, a tellement plané pendant des semaines, qu'elle s'est mêlée à la matière pour ne jamais quitter les lieux. C'était abominable.
Ce jour-là, j'ai vu la mort à un cheveu !

Les coulisses nous procurent aussi des rencontres qu'on aimerait ne jamais avoir faites ! Comme celle avec une sorte d'*Evil Queen* dont la devise est : « Écran, mon bel écran, dis-moi qui est la plus belle ! »
Cela se passe au cours de l'hiver 2002.
Comme chaque année, France 2 organise un dîner spécial afin de réunir tous les visages de la chaîne. Et cette soirée-là va donner lieu à des séquences dignes d'un vaudeville ! Nous sommes tous conviés au restaurant de Luc Besson, à l'époque, le très chic Market, avenue Matignon, dans le huitième arrondissement de Paris.
Lorsque j'arrive, une vingtaine d'animateurs sont déjà là. Je salue l'équipe de la rédaction, les filles d'*Envoyé Spécial*, Laurent Romejko et Nathalie Rihouet, David Pujadas, Patrick Sébastien, Delarue, Ardisson… Tout le monde est très décontracté, l'ambiance est bon enfant, l'humeur est aux vannes et à la légèreté.
Après avoir déposé mon vestiaire, je rejoins Michel Drucker au comptoir. Ce dinosaure de la télévision est impressionnant par son humilité. C'est une bible d'anecdotes à lui tout seul.
Tout se passe bien jusqu'à ce que nous soyons sèchement interrompus par Daniela Lumbroso, alias *Evil Queen*, un mix de la méchante reine de *Blanche-Neige et les sept nains*, et de Nelly Olson, la peste dans *La Petite Maison dans la prairie*.
Toute raide, sans un salut ni bonjour, elle se plante devant moi et me lance avec une voix de crécelle, telle une sale gosse qui ne veut pas partager ses poupées Bratz que la variété à France 2 c'était ELLE !
La scène est tellement ridicule et surréaliste que nous manquons de nous étouffer avec Michel, qui essaie de garder son sérieux et sa diplomatie légendaire.
Puis *Evil Queen* tourne les talons pour disparaître au fond de la salle.
La scène a duré trois secondes, mais était d'une absurdité telle que nous nous tordons

de rire. Le PDG de France Télévision, Marc Tessier, arrive et nous salue. Nous échangeons tous les trois quelques instants avant que les filles des relations publiques du groupe ne le prennent en charge.

Les minutes passent, la majorité des animateurs de France 2 sont arrivés et j'observe au loin un ballet anxieux, du côté des responsables des relations publiques.

Elles font les cent pas, s'isolent puis reviennent, regardent dans notre direction. Quelque chose me dit que c'est pour moi … Pas loupé. Confuses, elles m'expliquent que, parce que je suis placée à table près du président, Daniela leur fait une crise. Là, je suis prise d'un fou rire intérieur devant la mascarade niveau bac-à-sable de cette *queen* en carton. Je tente de garder mon sérieux et leur réponds de ne surtout pas s'inquiéter, il n'y a pas mort d'homme, je lui laisse ma place. Avec Michel, nous rejoignons nos tables respectives.

Je vais passer mon dîner avec l'équipe de l'information, Guislaine Chenu et Françoise Joly de *Envoyé Spécial*, Arlette Chabot, à la tête à l'époque de l'émission politique *Mots Croisés*, Nathalie Rihouet et David Pujadas.

Un moment très agréable et très convivial, avec des gens comme j'aime, brillants, accessibles, humbles, simples… en bref, des gens sympas. J'ai adoré Nathalie Rihouet, une vraie belle découverte, pétillante et drôle. Quant à *Evil Queen*, elle est peut-être partie en rasant les murs devant l'absurdité de ses éclats.

J'ai appris qu'elle avait appelé le directeur des programmes en pleine nuit pour lui crier : « Pourquoi Eeeeeeelle ?! »

Faut-il avoir si peu confiance en soi pour atteindre ce degré d'aliénation ?

Faut-il n'être composé que d'acide et d'aigreur pour en arriver là ?

Quand on est devant son petit écran, on ne peut pas imaginer tout ce qui se passe derrière. Par exemple, on n'a pas idée de ce qui est mis en œuvre pour que les animatrices soient les plus belles et les plus glamours possible.

Pendant des années, j'ai vraiment connu le luxe en « *open bar* », un vrai délice lorsque l'on est comme moi une « *fashion victim* ».

Je deviens donc *fashionable* et accède à des privilèges que la majorité des femmes sur cette planète rêvent d'avoir. Dire le contraire serait d'une hypocrisie totale.

Ainsi, je suis invitée à séjourner dans les plus belles suites, les plus beaux palaces. Je reçois toutes les dernières collections de sacs, de lunettes et de bijoux des plus grands créateurs. Dans les bureaux d'*Exclusif*, j'ai ma caverne d'Ali Baba, fermée à double tour, et protégée par Julie, mon assistante. Toutes les filles en bavent, mais je suis généreuse et je partage volontiers tous ces présents hors de prix.

J'ai un contrat avec Cartier et Chaumet par exemple, avec un accès à toutes leurs collections de montres, que je peux porter toute l'année. L'un des leaders mondiaux de diamants me livre par garde du corps ses colliers, bracelets, bagues et boucles d'oreilles. Je me souviens des premiers rendez-vous avec eux, je n'en revenais pas !
Il faut dire que, quand j'étais sur *Exclusif*, le standard de TF1 était saturé d'appels, après chaque diffusion, pour avoir les noms ou références de ce que je portais. Avec un peu de recul, il y a pas mal d'accidents de stylisme…
Chez MCM, j'étais déjà habillée par Thierry Mugler et Azzedine Alaïa et, petit à petit, grâce à mes stylistes Caroline et Amélie, les portes des autres grands couturiers se sont ouvertes.
Je me souviens d'une séance d'essayage chez Chanel, rue Cambon à Paris.
Il y avait une attachée de presse nommée Elsa. Elle était douce, polie et bienveillante. Tout est équilibré chez Chanel. La première fois que j'ai découvert les salons privés de la célèbre marque, je me suis crue dans un rêve. Les moquettes étaient tellement épaisses que j'aurais pu m'y perdre. C'était divin. Ce jour-là, j'essayais tranquillement diverses pièces, de vraies œuvres d'art, quand une hystérique a interrompu mon moment de kiff absolu.
Avec les filles, tu peux tout ! Sauf interrompre une séquence shopping de ce niveau-là. J'ai discrètement jeté un œil et aperçu une asperge desséchée travaillant pour un grand magazine de mode parler à Elsa comme une crétine hurlant sur un chien !
Non seulement elle venait de briser mon instant Whitney Houston, mais en plus, elle était méprisante, à un degré que je ne pouvais pas tolérer.
J'ai descendu les quelques marches et lui ai lancé avec mon élégance naturelle de ces cas-là : « Tu vas fermer ta putain de gueule ! D'où tu parles comme ça, espèce de pique-assiette habillée jusqu'au string avec des fringues de shopping prêtées par les marques ! Tu as cru quoi ? Que Chanel, c'était à ton père ! Baisse d'un ton et excuse-toi auprès de la demoiselle ! »
L'asperge sèche n'en revenait pas. Les yeux écarquillés, et, rouge comme une tomate, elle ressemblait plus à Nemo qu'à une rédactrice de mode prétentieuse.
Les joues d'Elsa étaient également rouge écarlate, de gêne sans doute, mais son regard trahissait une immense jouissance interne.
Je n'ai jamais supporté que l'on soit méprisant avec les gens, quels qu'ils soient et d'où qu'ils viennent, chez moi c'est épidermique.

Pour clore ce chapitre bling bling, direction la maison Azzaro. Nous sommes en février 2003, je dois trouver la tenue idéale pour les Victoires de la musique, où je vais rejoindre le duo Michel Drucker et Jean-Luc Delarue.
Pour l'occasion, il faut sortir le grand jeu. De rendez-vous en rendez-vous, j'arrive chez le couturier Azzaro. J'attends tranquillement l'arrivée de son attachée de presse, lorsque j'aperçois une silhouette féline descendre l'escalier. Plus il descend, plus je me dis que c'est impossible… et si ! C'est le couturier Loris Azzaro en personne qui est face à moi. Après un échange courtois, je reste timidement sur ma réserve, impressionnée par le personnage.
Il fait un pas en arrière, m'observe de haut en bas pendant vingt secondes puis, avec une élégance folle, une voix chaude et un accent italien au roulement de « R » si prononcé, il me dit : « Aaaah, enfin ! Moi, je fais des robes pour les femmes, pas pour les chevaux ! Je vois tout de suite ce qu'il vous faut ! »
Il part d'un pas décidé et revient avec LA robe parfaite pour l'occasion. Une pièce magnifique, comme entièrement cousue pour moi.
La mode est un art, effectivement, et pour l'exercer, il faut profondément aimer les êtres qui vont se glisser dans ces créations.
De plus, j'ai compris que du haut de mes un mètre soixante-deux, j'étais une femme et pas un cheval !

DÉRAPAGE INCONTROLÉ

À la télévision, rien n'est prévisible, la machine peut dérailler à tout moment sans que l'on puisse forcément reprendre le contrôle.
Nous sommes le 14 février 2004, au Palais omnisports de Bercy, pour une soirée *live* organisée par MCM et Europe 2.
Avec Cauet et sa bande, nous allons assurer la présentation en direct de l'événement qui ne réunit pas moins de quarante mille personnes. La salle est bondée, c'est impressionnant. Je fais des allers-retours entre la scène et le coin interview, installé côté public.
Dans une configuration comme celle-ci, il faut savoir que le bruit du public est tel qu'il est impossible d'entrer avec une oreillette de plateau. Nous sommes donc équipés d'oreilles qui ressemblent à de gros bouchons pour avoir notre retour voix, mais aussi la régie.
Ce soir-là, vont fouler la scène de Bercy des artistes comme Tarmac, Pleymo, Eagle Eye Cherry, le groupe Placebo, Indochine, Avril Lavigne, Kyo, et Ben Harper. C'est avec Ben Harper, un artiste que j'adore, que tout va partir en débandade pour le pire bide de ma carrière.

J'accueille l'artiste, il est comme porté par les applaudissements et hurlements de ses dizaines de milliers de fans dans le public, c'est plutôt grisant.
Nous avons prévu une traduction via les oreillettes, car impossible de nous entendre lors des échanges, et que ce serait plus lisible à l'antenne pour les téléspectateurs.
Ben Harper parle, mais je n'entends rien, j'ai beau essayer de lire sur ses lèvres, c'est impossible.
Plus de contact régie, aucune trace de la traduction, j'essaie de relancer, mais le chanteur s'agace sans que je ne comprenne pourquoi. Il avait dû dire quelque chose d'important, et ma relance était totalement à côté de la plaque, visiblement.
Excédé, Ben Harper se lève, et avec un micro main, se dirige vers moi, donc vers le public, et hurle en anglais : « Laissez les femmes porter le voile ! » à plusieurs reprises, et quitte le coin *talk*.
Je comprends alors sa réaction, surtout sur un sujet pareil, même si pour moi il était non seulement hors contexte, mais en plus très limite en termes de sécurité.
Je n'ai jamais eu de retour sur ce satané problème technique, impossible à rattraper en direct dans cette configuration. C'est pour moi un énorme bide, les gens me regardent en coulisses comme si j'étais porteuse de la peste, et me jugent sans savoir ce qu'il s'est passé.
Enfin, pour terminer en beauté cette horrible soirée, lorsque je redescends récupérer ma voiture au parking V.I.P de Bercy, mon beau coupé BMW Z4, tout neuf, est entièrement rayé, l'arrière, les côtés et tout le capot avant.
Qui avait fait ça ?
Étaient-ce des jaloux de la sécurité ? Ils m'avaient fait mariner avant de m'ouvrir l'accès quelques heures plus tôt… On sait bien que certains hommes ont du mal à voir des filles conduire des voitures de sport. Ils ont parfois tellement la haine qu'ils ont l'impression qu'on leur coupe la zigounette au sabre.
Était-ce le staff de Ben Harper ? Je ne le saurai jamais…

ENTRE ANGOISSE ET BURLESQUE

Les coulisses des documentaires recèlent aussi quelques pépites, et celles des documentaires de guerre sont souvent pleines de surprises, en décalage total avec la gravité ou la dangerosité des événements.
Je ne les ai pas vécues sur place, mais à distance, car j'étais très proche de mon ami et complice Karim Baïla, un grand reporter de guerre français dont les parents sont d'origine algérienne.

À chaque fois, Karim me laissait le numéro d'une cellule spéciale à appeler si dans un délai de X heures, je n'avais pas de nouvelles de lui. Quand il était en tournage dans des zones à risques, j'étais ainsi connectée vingt-quatre heures sur vingt-quatre avec lui. Personnage haut en couleurs et aux multiples facettes, Karim cumule les tares, comme il aime à dire en riant. Un personnage atypique dans ce monde des médias ou peut-être ce monde tout court.

Quand il est à Paris, c'est un dandy gay à l'accent marseillais très prononcé, toujours tiré à quatre épingles, précieux, vivant et festif.
Et, sur le terrain, ce gars a plus de « cojones » que cent soi-disant « bonhommes » !

Habitué à me faire bien des frayeurs lorsqu'il part en zone de guerre, Karim est le roi de l'immersion.
Le conflit syrien est interdit d'accès aux médias ? Ça n'arrête pas Karim, qui va passer par le Liban via son réseau de monastère et se faire passer pour le frère « Augustin ».
Il partait en Syrie pour deux médias français. Mais, dès qu'il est parti, le ministère des Affaires Étrangères a envoyé une lettre à ces médias, les informant de la dangerosité de la présence de Karim Baïla sur le territoire syrien et de leur désengagement quant à sa sécurité, les invitant à faire de même. Karim va ainsi être abandonné purement et simplement par les deux médias français pour lesquels il était parti.

Autre exemple de ces incroyables choses qui se cachent dans les coulisses des tournages, l'expérience vécue par Karim pour son documentaire *Kaboul – Paris : la nouvelle route de l'héroïne.*
Il avait pour projet de remonter la filière du trafic de l'héroïne. Un sujet chaud pour une enquête hautement à risque, et, malgré tout ça, Karim est arrivé à vivre à chaque fois des situations loufoques.

On part toujours dans des zones comme celles-ci en ignorant totalement combien de temps va durer la mission.
Karim a embarqué dans ses bagages toutes ses huiles essentielles, mais aussi tout ce qui peut ressembler à un slip, maillot de bain compris.
Lorsqu'il est arrivé dans les grottes des Talibans, il a fait l'interview du Mollah Omar, bras droit de Ben Laden à l'époque, et est arrivé à gagner la confiance des Talibans pour accéder à la bourse mondiale de l'héroïne.

Après ce tournage ultra-sensible avec une caméra planquée dans un bras plâtré pour la séquence, les Talibans lui ont proposé d'aller se baigner dans un lac. Arrivés sur place, le cadre était magnifique. Karim a regardé les hommes retirer leurs différentes couches, un millefeuille de vêtements.
Lorsqu'est arrivé son tour, Karim a commencé à baisser son pantalon avant de s'arrêter net. Il s'est figé. Catastrophe, il avait mis ce jour-là un shorty de bain Dolce & Gabanna ultra moulant avec le drapeau des États-Unis collé en haut de la fesse droite !
Imaginez un instant la tête des Talibans devant ce tableau… Mon Karim a remonté discrètement son pantalon, et ne s'est définitivement pas baigné ce jour-là.

Karim est un personnage fascinant, il faudrait juste que l'on m'explique un jour pourquoi un grand reporter de guerre, spécialiste du terrorisme, du narco-islamisme et des quartiers, est envoyé par France Télévision en correspondant permanent à Saint-Pierre-et-Miquelon…

Derrière les rideaux de la scène ou les décors des plateaux, on évolue dans un microcosme où toutes les émotions positives et négatives sont décuplées, entre rires, angoisses, haines, amours, fiertés, hontes et bonheur absolu.
Et les années que j'y ai passées sont parmi les plus riches de ma vie !

17

MÉDIAS HORS-SOL

D'année en année, écran après écran, le climat médiatique a comme changé de promesse. Le casting est toujours le même, mais le ton y est moins libre, et les idées, distillées au départ au compte-gouttes, finissent par un tsunami en pleine gueule à l'arrivée. Peu à peu, les débats ouverts se font rares et la contradiction devient comme un fantôme, une trace du passé, bientôt un fantasme. Suis-je la seule à observer ce tournant inquiétant ? Suis-je la seule à me demander si le simple doute, la simple question sur un fait donné nous classe d'emblée dans la catégorie des complotistes ? Sommes-nous en train de former nos enfants à digérer ce que certains médias nous donnent à manger, sans que toute notion de doute ou de divergence d'opinions et de questionnement même ne soient possibles ?

La liberté d'expression, si souvent critiquée comme un adage à géométrie variable, n'a jamais autant mérité cette étiquette. Crise de la Covid-19 aidant, avec la surmédiatisation de la mort constamment chiffrée par compteur morbide et oppressant, la planète s'est-elle enfermée dans une prison mentale qui ne lui permet même plus de prendre du recul, ni d'observer le monde et ses sociétés ? Suis-je devenue folle, totalement parano ? Tout ce qui est interdit par la loi s'étale sans complexe sur les plateaux et les réseaux. Une course aux idéologies les plus abjectes s'engage sous nos yeux, et tout le monde trouve ça normal ?

Petit à petit, on participe à la division des êtres, à organiser l'opposition des âmes en pointant les différences. On nourrit la bête jusqu'à ce qu'elle devienne un monstre. On banalise la haine, comme l'a écrit Hannah Arendt. Comment, de manière sournoise, comme un poison qui coule dans les veines, doucement, l'impensable se mue-t-il en normalité déshumanisée ? C'est un jeu très dangereux.

Pour répondre à mon questionnement et sortir peut-être de mes généralités construites, j'ai eu besoin de poser la question à mes anciens patrons, avec l'espoir d'obtenir des réponses non policées.
Pour Éric Angioletti, ex-directeur des programmes du groupe NRJ, MCM, Europe 1, les médias sont éditorialement libres, mais la société a fait qu'on ne peut plus tout dire et tout faire comme avant. Il cite comme exemple Coluche, qui a longtemps été à l'antenne sur Europe 1. Il moquait toutes les populations, les Noirs, les Jaunes, les homosexuels, les Arabes... Tout le monde en prenait pour son grade, donc on ne pouvait pas le traiter de raciste, pourtant il allait très loin, y compris avec les politiques.
Été 2013, Éric Angioletti a souhaité rediffuser ses émissions sur Europe 1 avant d'essuyer un refus catégorique de son service juridique. Motif: « indiffusable » en l'état. Ainsi, pour éviter les levées de boucliers des différentes associations et le coût des procès, on a perdu en liberté. Pour lui, le point de bascule, c'est à ce moment-là.

Pour Yves Bigot, ex-directeur des programmes de France 2, commence alors une ère de la victimisation qui va réduire considérablement le champ de l'expression et de la liberté. Dans les années soixante-dix à quatre-vingt-dix, il y avait des émissions de débat, où on pouvait vraiment s'exprimer, quitte à provoquer et à ne pas être politiquement correct. Pour *Droit de Réponse*, de Michel Polac par exemple, c'était le cas. Moi, je la regardais gamine, et je n'étais pas la seule. Dans les années 2000, Thierry Ardisson a suivi le pas en invitant des personnalités de tous les univers, ce qui donnait lieu à des échanges et des rencontres improbables, ça honorait le service public. Mais la politique a eu raison de lui, et son sort a été scellé durant la première campagne de Sarkozy. Je n'ai jamais compris comment une chaîne aussi puissante pouvait se priver d'une marque, qui, de plus, respectait parfaitement les clauses d'audience. Quand on sait le temps qu'il faut pour la fabriquer et le combat pour la garder... C'est un non-sens spécifique du service public audiovisuel français qui, à l'époque était trop contrôlé par le pouvoir politique en place. Selon Yves Bigot, lorsqu'un nouveau président est élu, il gagne aussi la télévision publique, et c'est alors le bal incessant des copains du palais de l'Élysée. Il reste Laurent Ruquier, Élise Lucet et une poignée d'autres qui font de la résistance.

Les artistes, on ne les entend plus beaucoup non plus. On a assisté à la disparition de la voix des intellectuels, et les seuls philosophes que l'on regarde défiler sur les plateaux partagent les mêmes idées... extrêmes, ou presque. Perdus de vue également les artistes leaders d'opinion: où sont les grandes gueules qui se révoltaient devant les aberrations ? Le monde de la culture a un rôle clé à jouer dans la circulation des idées, et il est comme muselé. Tous ont été là par le passé pour rappeler à l'ordre et participer à donner le coup de sifflet final à certaines dérives. La peur d'enflammer les réseaux sociaux ? La peur d'être bannis des plateaux ? La peur d'être black-listé des radios, voire de son propre milieu ?

Devant ce que j'observe, je ne peux m'ôter de l'esprit qu'il règne comme une odeur de formatage de la pensée. À coups de répétitions incessantes, comme un gavage de cerveaux déjà obèses de la *junk news*. Une restriction de la contradiction et une libération des idées et du langage extrême. Comme si l'on pouvait imaginer une forme *light* du racisme, du fascisme et du négationnisme.

Selon Yves Bigot, c'est la boîte de Pandore. Pour lui, il y a tellement d'éléments convergents que tout ça en devient incontrôlable, la situation économique autorisant absolument tout ou presque, tant que l'argent rentre. Vient se greffer à ça l'effet Trump, avec tout l'aspect démentiel qui va avec, l'institutionnalisation du mensonge comme parole officielle de l'homme le plus puissant de la planète. La parole du haut devient la parole de tous.

Jusque-là, nous étions dans une société policée qui, depuis la Seconde Guerre mondiale, faisait attention à ce qu'elle disait, car elle était consciente que les erreurs du passé conduisaient à Auschwitz, à Dachau, et à l'horreur. C'est ça l'ouverture de la boîte de Pandore selon Yves : « On commence par brûler les Juifs, après les Gitans et ensuite les pédés, et puis ça sera les coiffeurs etc. » Je rajouterais aussi les musulmans, qui prennent particulièrement cher depuis quelques années, avec un monde médiatique devenu complice.

Tout le monde se rejoint sur le cas Zemmour. Pour Éric Angioletti, ce qui est grave, c'est qu'à la sortie de ses condamnations, ce coupable d'attiser la haine raciale se fasse embaucher en toute conscience par un média…

Des médias rarement convoqués par la justice et au compte-gouttes par le CSA, dont la mission est de veiller aux respects des lois, mais aussi aux cahiers des charges des chaînes.

C'est justement là-dessus que les Zemmour et Cie construisent leur succès et leur aura. Avec en toile de fond une société qui se renferme à cause de l'extrême-droite et de l'extrême-gauche, fait inédit en France.

Tous partagent aussi le même constat sur le modèle des chaînes d'information en continu comme CNEWS et BFMTV qui, pour gagner de l'argent et remonter des dividendes à leurs actionnaires, en sont venues à jouer sur le même terrain que Fox News aux USA, en créant l'antagonisme entre les gens. Là où LCI et France Info rament en termes d'audience.
La culture de la vérité a laissé place à la culture du buzz. Le journalisme est-il mort ?

Pour Thierry Laval, ex-directeur général de MCM, et tous mes interlocuteurs, les journalistes, aujourd'hui, n'ont plus les moyens de faire de l'investigation pour des raisons de coût et de tension économique. Résultat, ils lisent des communiquées de presse, ils appellent les services de presse, des entreprises ou des ministères de l'Élysée ou de Matignon, et se font restituer les éléments de langage. Deuxième point, dans toutes les rédactions, on retrouve les mêmes piles de journaux et les fils type Agence France-Presse. Ils se contentent de reprendre les articles des journaux sur les thématiques spécifiques et le Fil AFP.
Troisièmement, il faut aller vite, car le temps c'est de l'argent. Enfin, le facteur marketing, il faut se positionner, on est là pour faire de l'audience, et donc du profit.
Il y a au moins une génération, si ce n'est plus, qui fait du journalisme militant et de dénonciation. Alors, le journalisme militant, c'est bien quand c'est du journalisme engagé pour les droits de l'homme et la recherche de la vérité. Mais lorsqu'ils deviennent des militants politiques, ça complique tout. Malheureusement, c'est ce que sont devenus les médias selon Yves Bigot.

Pour François Tron, ex-directeur des programmes de France 2, nous sommes dans le syndrome de l'air du temps, c'est-à-dire qu'on a libéré totalement la parole sans le moindre contrôle sur les réseaux sociaux.
Les médias sont derrière, et, principalement, les chaînes d'information qui, par économie, ne font jamais énormément de reportages, mais du direct. Il n'y a pas d'investigation, pas de documents de fond et pas d'enquêtes. Rien pour tout ce qui est de l'information et qui demande de la réflexion…
L'éthique a laissé place à la polémique, dans une sorte de suivisme, par peur de perdre la main sur l'information puisée dans les réseaux sociaux, devenus la source de la *fast news* sans aucun filtre. Un réflexe catastrophique, car nous allons vers une information réactive, et non plus une information réflexive. Tout le monde est responsable, les politiques aussi. Tout le monde a son compte Twitter, tout le monde relaie une info

sans réfléchir, une info qui va générer des centaines de milliers, voire des millions de vues, pour que l'on se rende compte, trop tard, qu'elle est fausse.
Tout le travail journalistique, qui est de regrouper, de vérifier et revérifier pour aller au maximum vers une information « vérité », est jeté aux oubliettes. C'est le règne des *fake news* et du buzz pour l'audience. C'est le symptôme d'une société.
Les conséquences sont que nous n'informons plus, nous clivons, nous provoquons et nous divisons, ça va bien avec l'humeur générale de la société… Un tiers des jeunes Européens entre dix-huit et vingt-cinq ans considèrent que la démocratie n'est pas un bon modèle. Nous avons loupé quelque chose dans la transmission. Dans leur culture, ils n'ont pas conscience de ce qu'a été la construction de l'Europe, on ne parle plus de la mémoire de la guerre. Par ailleurs, notre modèle démocratique montre ses failles.
Tout commence après les attentats aux États-Unis en 2001. En France, c'est en 2015 que la machine s'emballe avec une libération totale de la parole extrême. Pour Yves Bigot, ce qui est terrible, c'est que tout est dans la Bible, c'est à la fois le mythe de la boîte de Pandore et celui de la tour de Babel. Tout le monde parle, mais plus personne ne s'écoute. Pour lui, il y a des journalistes qui ne sont nullement dérangés d'aller souffler sur le feu en tant que tel.

Pour Éric Angioletti, c'est la même fatalité, inspirée des idées de Jacques Attali selon lesquelles nous serions arrivés au bout du système de la mondialisation avec des êtres humains qui ne sont visiblement pas faits pour être mondiaux. Après cette phase de mondialisation, il y a une phase de repli sur soi, qui signifie un repli des communautés, un repli des religions et un repli des langues régionales. Ce serait la période que nous sommes en train de vivre. Une période de peur, puis de chaos pour donner naissance à une nouvelle société de partage.

La France, pays des droits de l'homme, a influencé beaucoup de pays sur la question des droits et des libertés, et quand elle dérape, les autres se donnent le droit de le faire, comme un effet papillon. Nous avons une responsabilité de par notre histoire, et nous ne lui rendons pas honneur en ne mettant pas l'indépendance des médias et des journalistes au centre de nos préoccupations.
Avant, l'information venait du haut. Depuis les réseaux sociaux, elle se partage aussi par le bas. Les gens ne vont plus forcément chercher l'information dans les médias traditionnels. Du coup, on voit bien les ficelles tirées par ceux qui détiennent les médias, une partie de l'humanité est diabolisée, on programme les gens à se haïr. Je connais la

chanson, je l'ai vécue de l'intérieur, je sais comment on construit un débat, un plateau, une émission en fonction de là où on veut l'amener pour faire le buzz.
La création n'a plus beaucoup de place non plus dans la télévision française. Un manque de prise de risque l'a vraiment freinée, et elle a eu du mal à résister face à des formats étrangers.
Je me souviens d'Étienne Mougeotte et de Patrick Le Lay, qui venaient avec leur polaire en régie et qui restaient là pendant des heures... C'étaient des gens de télévision ! On pouvait dire ce qu'on voulait de TF1, mais la chaîne était dirigée par des gens qui savaient de quoi ils parlaient, c'étaient des gens de programmes, tout comme à Canal + avec Alain Degreef et Pierre Lescure. Pas des gars formatés et parachutés qui font venir leur réseau et inscrivent une empreinte à l'opposé de la création.
Enfin, une enquête CSA, publiée l'an dernier suite à l'analyse des programmes d'une vingtaine de chaînes pendant deux semaines, constate une dégradation dans la représentation de la diversité.
Nous avons longtemps échangé sur la diversité, mais j'avais l'impression de faire un bond en arrière de presque vingt ans, avec à peu de chose près, le même constat. Lorsque Nicolas Sarkozy est arrivé avec la discrimination positive, pour moi, c'était déjà un non-sens. Comment une discrimination peut-elle être positive dans cette République dont l'une des valeurs fondatrices est l'égalité ? J'ai été mal à l'aise. Moi qui avais fait un parcours dans l'invisibilité, dans ce droit universel que devrait être le droit à l'indifférence, tout d'un coup, j'étais devenue visible par ma différence ethnique. J'assiste alors à ce que je considère comme étant aberrant et totalement illégal, un véritable comptage ethnique commandé par Jacques Chirac, alors président de la République.
L'Élysée ordonne donc aux dirigeants du service public de compter ses Noirs et ses Arabes. Panique à bord du paquebot France Télévision, car Yves Bigot refuse de jouer le jeu : « Je vais voir passer dans le couloir Mohammed, comme ça je me dis s'il s'appelle Mohammed, déjà, il doit être musulman, s'il est musulman, il y a quand même des chances qu'il soit arabe. Mais Roger, il est un peu bronzé, et je lui dis : « Dis donc Roger tu serais un peu arabe par hasard ? », et si le mec me met son poing dans la gueule, il a raison, or peut-être que Roger c'est le frère de Mohammed ! Vous voulez que je compte les Noirs, ça c'est facile, oui Nathalie Denis, je sais qu'elle est noire, ok, mais les Juifs je fais comment, je vous rappelle que la loi interdit en France de demander à quelqu'un s'il est juif, et plus encore de compter comme juif donc je lui dis je fais comment. Donc je ne le ferai pas et vous pouvez me virer si vous voulez je m'en fous ! »

Pour Yves Bigot, comme pour tous ceux que j'ai interrogés, le malaise est palpable à l'idée de sélectionner une personne pour son ethnie, à la télévision comme dans d'autres médias, seul le talent compte, et rien d'autre. Autre argument avancé, le manque de talents opérationnels, même si pour moi une chaîne comme TV5 Monde est un véritable vivier de talents, aussi bien à l'antenne que sur tous les autres fronts. Pourquoi personne n'y a pensé ? Comment un groupe comme France Télévision et ses milliers d'heures d'antenne ne joue-t-il pas plus le jeu comme créateur de talents, comme laboratoires à la fois à l'antenne, en production mais aussi pour les cadres ? Pourquoi la sauce ne prend-elle pas ?
Pour François Tron, c'est aussi le problème inconscient de certaines élites qui viennent des mêmes milieux. Coupés donc de la France et de sa diversité, l'automatisme ne serait pas au rendez-vous, ni à l'antenne, ni dans les fictions, encore trop figées dans une vision caricaturale.

La question de la diversité reste une épine bien plantée dans le talon audiovisuel de l'Hexagone, alors que parallèlement, la France et tous ses visages, toutes ses couleurs, existent naturellement dans tous les réseaux sociaux. Encore une fois, la télévision n'arrive pas à se remettre en question et prend un retard considérable qui va bientôt rendre la question ridicule, tant le décalage est phénoménal. Il faudrait se demander comment participer à rendre plus visibles ceux dont on fracasse l'image en permanence. À cause d'une poignée de délinquants, c'est tout un pan de la population qui trinque, et le serpent qui se mord inlassablement la queue. La seule visibilité qui leur est accordée passe par la mise en lumière des faits divers des quartiers. Résumé : tous les Rachid et les Souleiman sont des délinquants sauvages et inassimilables à la société ! Honteuse manipulation, quand on sait que la majorité, elle, travaille et participe à la vie sociale et économique du pays. Combien sont médecins, avocats, professeurs, ingénieurs, chirurgiens, banquiers d'affaires, sous-préfets, commissaires, dirigeants de grandes entreprises, commerçants, entrepreneurs, et la liste est longue ? Eux, en revanche, n'existent nulle part dans les médias, alors que c'est de cette visibilité-là dont nous avons besoin, d'abord parce qu'elle est bien réelle, et surtout parce que c'est à travers elle que l'on crée les référents essentiels à toute une jeunesse persuadée qu'il n'y a aucune place de prévue pour elle, à part la case béton puis la case prison où ils sont livrés en proie aux prédateurs sombres. Ceux-là mêmes qui nourrissent la haine en bafouant la foi et, que par notre inertie, nous leur livrons sur un plateau doré. Pourquoi ? Que l'on ne me réponde pas qu'ils souhaitent rester ensemble là-dedans !

Lorsque l'on prend le temps de visionner les archives de l'INA, sur les quarante dernières années, tous les reportages racontent à la virgule près la même histoire, posent les mêmes constats, la même violence engendrée d'abord par la misère et l'exclusion sociale. Comme il y a quarante ans, les familles se saignent pour inscrire leurs enfants dans des écoles privées catholiques pour qu'ils aient droit à un meilleur avenir et qu'ils ne croisent pas le chemin de la délinquance. À la différence près que les places sont aujourd'hui plus rares et plus chères. Nous pourrions presque prendre un calque pour nous rendre compte de l'affligeante ressemblance. À un détail près et pas des moindres, l'ethnicisation de ces quartiers et l'évolution de l'angle du traitement journalistique quasi systématiquement à charge, et dénué de toutes références ou parallèles historiques. Comment se plaindre d'un communautarisme orchestré de toutes pièces par une politique de l'exclusion ? Comment pouvons-nous continuer à demander à ces gosses de s'insérer, tout en organisant sournoisement leur enfermement « entre eux » ? J'en veux pour preuve cette séquence surréaliste d'Emmanuel Macron face à une maman dont le petit garçon se demande si « Pierre » existe vraiment.

Alors que la méfiance vis-à-vis des médias n'a jamais été aussi forte, le numérique offre une alternative dans tous les domaines. En dehors d'Arte, Élise Lucet et quelques autres grands journaux, la fraîcheur du *Quotidien* de Yann Barthès, c'est sur le web que l'on retrouve les traces du journalisme d'investigation.

Du divertissement à l'information, les chaînes se multiplient en fracassant le *business model* et la culture même du métier média. Lorsque l'on se retrouve nulle part dans les écrans, on finit par les créer soi-même. Résultat, les médias urbains cartonnent sur la toile. Inspirés par des modèles comme Brut ou Konbini, certains génèrent plus d'audience que les médias généralistes.

Contrairement aux médias classiques, l'immense gâteau internet permet à tout le monde de manger sa part et à tout le monde d'exister. Pour faire face à certains coûts, certains mutualisent les effectifs journalistiques. Ils sont clairement sur le point d'imposer leur truc et d'écrire une nouvelle page dans l'histoire du récit audiovisuel.

18

DANS LES COULISSES DU POUVOIR

Au rayon des rencontres étonnantes qui ont jalonné ma carrière, il y a aussi ce moment passé avec Jacques Chirac. Voici les morceaux choisis d'un déjeuner pas comme les autres.

Printemps 2002, je suis en contact avec Mehdi Qotbi, peintre franco-marocain talentueux au parcours étonnant qui est aujourd'hui le président de la Fondation nationale des musées du royaume du Maroc.

À l'époque, il est très introduit dans les arcanes du pouvoir, aussi bien en France qu'au Maroc. Son réseau est très important et il fait un formidable travail de détection des réussites marocaines en France. Il mobilise aussi son énergie pour créer des rencontres stratégiques afin de consolider le lien fort qui règne entre les deux pays. C'est lui qui va être à l'initiative de ce déjeuner avec le président Jacques Chirac.

C'est le jour J, me voilà plantée devant les grilles du 55 rue du Faubourg Saint-Honoré, adresse du palais de l'Élysée.

Sécurité oblige, je montre patte blanche, et je pénètre dans l'antre du pouvoir français. La bâtisse est impressionnante, la hauteur sous plafond est vertigineuse. Le lieu est chargé d'histoire et ce qui me frappe, ce sont les dorures : il y en a partout, même sur les uniformes impressionnants des gardes et des huissiers de la République.

Le ton du personnel de ce que l'on a coutume d'appeler le « château » est courtois, mais tous restent à bonne distance, dans le plus parfait respect du protocole.

Des mains gantées me débarrassent élégamment de mon imperméable, puis on m'installe dans cette grande et magnifique salle à manger dans laquelle est dressée une somptueuse table.

Mehdi Qotbi, est déjà là. Nous sommes un peu plus d'une dizaine de convives. L'assistance compte de brillants banquiers, des hommes d'affaires, des avocats… et seule-

ment quatre femmes, dont la magnifique comédienne Nadia Farès, dont je découvre la marocanité, et moi.
Le déjeuner est bien évidemment « placé » et, entre chuchotements et curiosité, chacun déambule pour identifier son nom.
Je m'aperçois que Nadia Farès et moi sommes placées aux côtés du Président, l'une à sa droite, l'autre à sa gauche. Découvrir son nom collé à celui de monsieur le président de la République Française n'a rien d'anodin, c'est même assez impressionnant, et j'avoue avoir ressenti une certaine fierté à voir le nom de mon père collé à celui du chef de l'État français.

Le chuintement discret de nos échanges est soudainement interrompu par une voix forte, haute et pleine. Un peu comme au théâtre, on entendrait presque les trois coups, et l'huissier annonce : « Monsieur le président de la République ! »
La pression monte, la gorge se serre… Nous sommes bien en République, et pourtant, je m'attends presque à voir débouler Louis XIV, tellement le moment est surréaliste et la scène monarchique.
Notre prestigieux hôte fait son entrée, aussi fracassante que son annonce. Mais en décalage complet ! Il est d'une décontraction déconcertante. Il nous salue presque comme si nous nous étions croisés la veille à la pétanque. Aucun chichi, très loin des codes protocolaires. C'est indiscutable, le Président est un humain, il vient apparemment de la même planète que nous, il est d'une normalité et d'une proximité difficiles à croire, à analyser et encore moins à vivre sur l'instant.
Une fois tous installés, il m'aborde en me parlant de Papa : « Alors comme ça, votre père était un très bon tisserand à Cholet ? » L'homme d'État avait bien appris sa fiche ! C'est assez impressionnant, cette capacité qu'ont les hommes politiques à synthétiser les informations sur chacune des personnes qu'ils sont amenés à croiser…
Entre l'entrée et le plat, le Président me chuchote en souriant : « Vous voulez que je vous dise un secret ? Avec Bernadette, le soir, nous vous regardons sur TF1, vous savez la rediffusion d'*Exclusif* vers minuit et demi ? » J'ai imaginé la scène une fraction de seconde en riant intérieurement. Il était à la fois drôle et touchant. J'avais l'impression qu'il était juste lui-même.
Le meilleur reste pour la fin, lorsque s'engage une discussion sur les Arabes en France. Il va rompre les échanges, très sûr de lui : « Les Arabes ceci, les Arabes cela, on pointe du doigt toujours les mêmes ! Mais les Chinois, les Chinois, hein, on en parle ? Pffff ! On ne sait même pas ce qu'ils font de leurs morts ! »

Entre chuchotements pour certains et silences gênés pour d'autres, moi, personnellement, j'ai cru que j'allais m'étouffer sans savoir s'il fallait en rire ou en pleurer.
Selon lui, la communauté asiatique ne déclarerait pas ses morts pour continuer à utiliser leur identité, faire venir d'autres membres de leurs familles *ad vitam aeternam*, sans que personne n'explique ce qu'ils font des corps... Jacques Chirac, c'était aussi ça. Merci pour ce moment, feu *Mister* Président!

Au début de l'année 2013, je vais encore connaître une rencontre hors norme.
Je suis à l'époque très active sur Twitter concernant les questions géopolitiques en Occident, en Afrique, au Moyen Orient, et sur le conflit Israël/Palestine.
C'était encore la belle époque de Twitter, nous avions une sorte de code de respect et ce, quelles que soient les opinions. Les discours de haine, les injures et vulgarité d'aujourd'hui n'étaient même pas envisageables à cette époque. On pouvait échanger avec le monde entier, le vrai monde entier. On pouvait débattre avec des personnalités intouchables dans le monde réel. Le réseau servait également de relais de solidarité avec les civils de zones en guerre. Des civils qui allaient devenir les nouveaux reporters de guerre devant l'accès impossible à la presse internationale, comme cela a été le cas en Syrie. C'était la vraie signification à donner à ce que l'on appelle un réseau social.
Je reçois une notification de nouveaux *followers*, et parmi mes nouveaux abonnés, un profil attire tout particulièrement mon attention. Il s'agit de Uri Savir, ex-directeur général du ministère des Affaires Étrangères de l'État d'Israël, membre de la Knesset et négociateur en chef des accords d'Oslo. Devant un C.V pareil, il y avait de quoi tomber de sa chaise.
J'ai d'abord cru à un compte *fake*, je ne pensais pas une seule seconde que cet homme pourrait chercher à me contacter.... Impossible. Pas à ces niveaux-là, et pas de cette façon. Je fais une recherche éclairée grâce à M. Google et tout concorde. Un œil sur sa *timeline* Twitter pour vérifier que le compte est actif, et depuis combien de temps. Je vérifie sa liste d'abonnés, tout a l'air bien réel et crédible. Je ne dis rien, je reste dans mon coin et décide de laisser venir.
Le premier message arrive assez rapidement. Échanges de cordialités puis, assez vite, il me demande un échange de contacts.
Rendez-vous téléphonique dans un premier temps. Nous échangeons sur nos visions du monde, et il me propose un rendez-vous à Paris, tout en restant assez évasif sur l'objet. Nous devons nous rencontrer au bar de l'hôtel Raphaël, avenue Kleber dans le seizième arrondissement. L'angoisse monte sur le trajet, je peux être un peu parano dans certaines situations, et je m'interroge toujours sur cette rencontre.

À peine arrivée, on me dit que Son Excellence m'attend au fond du bar. Je suis rassurée, l'homme a l'air d'être ici comme à la maison. Il prend un Perrier, moi un Coca Zéro.
Il a une stature impressionnante, le genre de physique que l'on n'a pas envie d'énerver. Il est grand, corpulence forte, la soixantaine aux cheveux grisonnants, le visage habillé d'une paire de lunettes épaisses.
Le ton est très cordial, l'homme très posé, autant dans sa diction que dans sa façon de placer sa voix. On sent tout de suite le diplomate. Nos échanges se font dans un mix d'anglais et de français. Une langue qu'Uri Savir maîtrise très bien, d'ailleurs.
Il me parle très vite des négociations des accords d'Oslo, de la face secrète de l'organisation de ces mille un jours de négociations pour un accord de paix. Du montage de l'opération passée sous les radars des États-Unis. Pour lui, il ne pouvait y avoir d'accord de paix entre les camps palestiniens et israéliens tant que ceux-ci étaient dans le jeu.
Il me narre l'épopée et comment, pour déjouer les différents services de renseignements, ils se sont tous donné rendez-vous en blouson en cuir noir à l'aéroport du Bourget, direction la Norvège, pour tenter de sortir un accord de paix durable. Il me raconte aussi comment les ennemis d'hier sont devenus les meilleurs amis et comment ces années passées ensemble, totalement isolés en Norvège leur ont permis d'aller les uns vers les autres, d'apprendre à se connaître et à s'apprécier.
Je buvais son récit. J'avais l'impression d'être dans un film d'espionnage.
C'était impressionnant et surréaliste, pour moi d'être là, aux côtés du patron des négociations des accords d'Oslo!

Uri Savir est très proche de Shimon Perez. Tous deux partagent la même vision pour obtenir la paix entre les peuples israélien et palestinien.
Il me dit avoir suivi mes interactions sur Twitter et aimer ma vision de la paix.
Je suis effectivement une pro-paix convaincue et, en tant que mère, je pense que l'on ne peut pas continuer à accepter que les enfants meurent d'un côté comme de l'autre. Cette position m'a valu bien des débats, parfois un peu plus violents sur Facebook. C'est un sujet très sensible et difficile à aborder sans se retrouver assaillie par une armée de trolls haineux.

Depuis les accords d'Oslo, Uri Savir est toujours très proche de Shimon Perez et préside le Perez Peace Center.
Il me parle enfin de l'objet de notre rencontre : le projet Yala Young Leaders.

Un projet qui rassemblerait l'élite des étudiants israéliens et palestiniens pour créer la diplomatie de la paix de demain, une initiative des deux pays. Des accords seraient signés avec les universités les plus prestigieuses du monde, comme Harvard et Princeton. La page Facebook avait déjà réuni plus huit cent mille abonnés, et le cap était fixé à un million pour organiser une rencontre entre Barack Obama et cette nouvelle élite. Je trouve évidemment l'idée très pertinente et correspondant aux valeurs que je défends.
Uri Savir me demande d'observer le réseau et de lui faire un retour. Il rentre à Tel Aviv. Nous restons en contact et il me propose de créer et diriger l'organisation pour l'Europe, le Maghreb et l'Afrique. J'accepte, mais à condition d'avoir une réunion tripartite avec les Palestiniens. Il s'engage à organiser cela très vite. Dès le lendemain, je me retrouve *board member* aux côtés de personnalités allant de Marc Zuckerberg et Bill Gates à Sharon Stone.
Je commence à travailler sur la structure juridique avec Laurent, mon compagnon et brillant avocat d'affaires associé à un grand cabinet français. Dans le même temps, j'observe la vie et les échanges des élèves de l'organisation.
Je reste vigilante, sur mes gardes, car je sais aussi que le Mossad recrute beaucoup dans la communauté arabe et maghrébine depuis les attentats du 11 septembre 2001.

Je revois Uri Savir à Paris, et ce dernier rendez-vous se fait chez moi, avec Laurent, pour valider l'aspect juridique de l'organisation.
Je sens notre invité moins à l'aise, moins clair sur les objectifs. Est-il gêné par l'entrée en jeu d'une tierce personne ?
Par la suite, je continue à observer le trafic de l'organisation sur Facebook et Twitter et un détail me perturbe. Ce sont toujours les mêmes profils qui interagissent, une vingtaine seulement, avec des échanges assez anodins et inconsistants.
Je commence sérieusement à penser que c'est un système qui se cache derrière les profils, pas des vraies personnes.
Uri insiste à plusieurs reprises pour que je vienne à Tel Aviv. Mon emploi du temps ne me le permet pas vraiment à l'époque et, surtout, je n'ai toujours pas de réponses concrètes à mes questions.
Je vais peu à peu prendre de la distance. Nous continuons à échanger cordialement avec Uri, jusqu'au silence total.
J'ai contacté Tel Aviv en écrivant ce livre, j'ai été triste d'apprendre que Uri avait des problèmes de santé et que son état s'était aggravé. Ce qui pourrait expliquer son long silence…

Voilà l'histoire d'une rencontre invraisemblable, enrichissante, avec un grand monsieur qui a marqué l'histoire.
Le projet aurait été un excellent projet pour construire la paix de demain.
Au rayon des épisodes incroyables que ma vie professionnelle m'a permis de vivre, figure celui de la place Beauvau.

Nous sommes début 2006, et Muriel, mon agent, me contacte pour animer un débat sur le thème de l'orientation scolaire au CNIT, à la Défense. Le rendez-vous de préparation a lieu au conseil général des Hauts-de-Seine.
Le débat se passe visiblement bien, puisqu'ils nous recontactent pour un autre évènement: une rencontre tour de table, avec plusieurs dizaines de femmes des Hauts-de-Seine, durant laquelle nous allons échanger sur différentes problématiques rencontrées par les femmes de tous âges et toutes classes confondues, à l'approche de la Journée internationale des droits des femmes.
Un peu dans la précipitation, je donne mon accord pour animer gracieusement ce débat et une signature de convention avec Nicolas Sarkozy au ministère de l'Intérieur, avec un thème important pour moi : les violences conjugales.
L'évènement et la signature de convention sont prévus pour le 6 mars 2006.
Premier rendez-vous au ministère de l'Intérieur avec Laurent Solly, directeur de cabinet du ministre. Il est très aimable, prévenant, le contact facile, a un physique plus que flatteur, très loin de ce que l'on peut imaginer dans ce genre de fonction. Il est très décontracté tout en restant dans la bonne distance.
Les yeux clairs, le sourire à la fois timide, charmeur et sincère, il aurait pu jouer l'un des chirurgiens dans la série *Nip Tuck* !
Lorsque j'arrive dans son bureau, Laurent Solly a le nez dans le courrier des contribuables. Image étonnante ! Il nous explique que « la maison » met un point d'honneur à traiter et à répondre à chaque doléance.
Avant d'en venir à l'objet du rendez-vous, nous échangeons sur le climat politique, « la karsherisation », puis arrive la question des contrôles d'identité abusifs.
Même si ni moi, ni mes parents et ni mes sœurs n'avons jamais connu ce problème, car nous n'avons toujours eu que des rapports bienveillants avec la police nationale, je connais la question avec l'expérience de mon frère Khalid.

Après quelques dérapages dans sa jeunesse, mon frère, père de trois enfants brillants à l'école, est devenu restaurateur. Khalid est un épicurien, il aime la bonne cuisine, les bons produits. Il tient « Le Plein d'Épices », un restaurant italien, une table bien connue des notables de Cholet. Seulement voilà, tous les soirs à la fermeture de l'établissement, il a droit à un « Vos papiers M. Boubekri ! »

Je raconte ça à Laurent Solly en insistant sur le fait que, au-delà de l'aspect récurent et franchement pénible de ces contrôles, je ne comprends pas comment on peut expliquer que l'on contrôle une identité, tout en soulignant l'identité du contrôlé.
À peine ai-je terminé, que Laurent Solly, stupéfait, se colle au dossier de son fauteuil et dit : « Cholet, Cholet… c'est le Maine-et-Loire… », tout en appuyant sur l'une des dizaines de touches de son impressionnant téléphone hyper sécurisé.
Il enchaîne : « Passez-moi le préfet du Maine-et-Loire ! ».
Je me retrouve en pleine séquence de *House Of Cards* ! J'essayais de lui faire des signes en mode « heu…non mais heu…ne vous dérangez pas ». Rien à faire, il est lancé : « Monsieur le Préfet, c'est M. Solly, je vous appelle pour un problème d'excès de zèle de la part de certains agents de police de Cholet sur M. Boubekri. Cela doit cesser immédiatement. Je compte sur vous pour en informer le commissaire local. Si ça devait se reproduire, c'est le Ministre directement que vous aurez au bout du fil. Merci, M. le Préfet. »
Avec Muriel, mon agent, nous restons littéralement scotchées devant cette scène hallucinante qui a dû durer quarante secondes, action et réaction comprises.
Merci M. Solly, car depuis votre appel, mon frère n'a jamais eu à souffrir d'un autre contrôle abusif.

Nous restons à échanger dans un climat bon enfant, quand surgit Rachida Dati. Comme une tornade burbeurysée, elle fait irruption sans frapper, puis, sèchement, fait remarquer à Laurent Solly qu'elle ne le connaissait pas si souriant, avant de disparaître en claquant la porte. La dame avait l'air très énervée. La scène était digne d'un vaudeville. Nous sommes tous gênés, personne n'a rien compris, mais cela ne va pas s'arrêter là !

Nous quittons le grand bureau du directeur de cabinet du ministre, pour rencontrer l'équipe avec laquelle je vais travailler. Une équipe de femmes exceptionnelles et brillantes, de la délégation aux victimes, avec à sa tête la commandante Chapalain et Karine Lejeune, aujourd'hui colonelle de Gendarmerie nationale.

Avant de rentrer dans le vif du sujet, je découvre le déroulé de l'après-midi du 6 mars 2006 : discours de Nicolas Sarkozy - projection film documentaire – débat - signature de convention - cocktail.

Les responsables de la délégation me confient les éléments nécessaires à la préparation du débat, statistiques, études, textes de lois, historiques, profils des participants, quand tout d'un coup, Miss burbeurysée jusqu'à l'orteil vient fracasser l'ambiance sérieuse et sereine de notre assemblée.
The tornade *is back*!
Elle prend le *lead* de la réunion sans aucune attention, ni respect pour ces femmes chevronnées qui elles, maîtrisent le dossier. Pourquoi adopter cette attitude méprisante et hautaine avec elles ? Que veut-elle démontrer, si ce n'est qu'elle peut tomber dans le pathétique et le ridicule ? Personne n'ose dire mot ou la contredire, toutes sont terrorisées par la furie.
À ce moment-là, j'ai un sentiment de honte absolue qui m'envahit.
J'ai honte pour deux raisons. La première, car c'est une femme qui parle à des femmes, la deuxième, car elle est censée, quelque part, nous représenter… Une pile survoltée, visiblement bien protégée, et dont la spécialité n'est que de fabriquer de la peur et, surtout, du vent.

Son hystérie ne va pas s'arrêter là.
Je suis visiblement une épine dans son pied, un danger imminent, une rivale potentielle pour son règne auprès de Nicolas Sarkozy. Elle était la seule et souhaitait rester la seule ! Gare à ceux qui tentaient d'approcher son roi. Nous n'avions pourtant aucun point commun si ce n'était nos origines, et peut-être un peu notre histoire.
Je ne suis pas politique et ne souhaite pas l'être, je ne suis pas attirée par le pouvoir, ni par les hommes de pouvoir. Je ne suis pas une lèche-bottes et n'appartiens à aucune pseudo cour.
Elle va donc déployer une énergie folle à modifier le déroulement du débat pour réduire au maximum toutes formes de contact ou d'interaction avec sa chasse gardée, le ministre de l'Intérieur. Elle va tout déconstruire jusqu'à rendre le déroulé d'une incohérence comme j'ai rarement vu. Peu importe le sujet et les victimes, elle n'en a que faire. L'attitude est lunaire, incompréhensible, irréelle, au cœur de l'un des ministères les plus puissants du gouvernement français.
Faut-il avoir si peu confiance en soi pour agir de la sorte, agir comme une gamine capricieuse dans un bac à sable ? Il y a des personnalités qui ne savent pas gérer le pouvoir, qui deviennent des lames de rasoirs, des armes de destruction du capital humain, et ce à quelque niveau que ce soit.

J'ai très peu de temps pour préparer le débat, digérer les informations et les textes de lois. L'audience est composée des états-majors de tous les corps intervenant dans les cas de violences conjugales. Cela va des magistrats aux pompiers, en passant par la gendarmerie, la police, les avocats, le corps médical, ainsi que les associations les plus actives qui font un travail formidable.
J'apprends énormément sur le processus des violences que subissent ces femmes, ce chemin insidieux qui va les enfermer d'abord psychologiquement dans une prison infernale avant l'arrivée des coups, des viols, des noyades et de la mort, avec pour témoin de première ligne, les enfants. Nous n'avons pas conscience de l'impact dévastateur que tout cela a sur leur développement psychologique.
J'apprends sur le profil de ces hommes qui tuent mentalement, qui frappent et qui finissent par tuer tout court. Ils sont pour la plupart au-dessus de tout soupçon, planqués derrière une belle image qu'ils prennent bien soin de travailler, en priorité en société. Ils paraissent parfaits aux yeux du monde extérieur, irréprochables, tellement doux, tellement serviables, incapables de faire du mal à une mouche.
« C'est elle, la folle ! Lui ? C'est impossible ! Il est si gentil ! Il fait tellement pour elle ! De quoi se plaint-elle ? Elle a dû le pousser à bout ! ». Voilà ce que l'on dit souvent, nous, société bien pensante, grande défenseure des droits des femmes, mais incapable d'être à l'écoute réelle d'une femme qui a mal.
Une société vénale, hypocrite, souvent intéressée, et qui va jusqu'à hiérarchiser ses priorités. Face à des intérêts privés ou professionnels avec le bourreau, une femme maltraitée n'a aucun poids. Elle peut bien crever !

Les violences conjugales sont un enfer qui touche toutes les classes sociales, toutes les ethnies et toutes les religions. C'est un cancer universel. Même si les chiffres révèlent l'existence d'hommes victimes de violences conjugales, c'est un miroir grossissant qui révèle combien le rapport de domination de l'homme sur la femme est viscéralement ancré dans sa chair et ce, partout dans le monde.

Nous sommes la veille du débat et je cours après le discours d'entrée de Nicolas Sarkozy, pour éviter de faire des doublons.
Je suis dans ma voiture, je rentre de tournage, il doit être vingt heures lorsque je reçois plusieurs appels de ma sœur Majda. Ça ne sent pas bon. Je me gare sur le côté et j'appelle.

Et là, je vais connaître l'un des plus grands chocs de ma vie. Un choc qui va définitivement me rapprocher de toutes les victimes et me lier encore plus profondément au débat. À côté de moi, sur le siège passager, des milliers d'informations, de statistiques et de témoignages de victimes. Je les fixe, paralysée et totalement muette, sidérée par ce que je viens d'apprendre. Ma petite sœur Sarah est une femme battue depuis sept longues années.

Aucun de nous ne comprend, nous sommes sous le choc. Ma petite Sarah, mon bébé, a été passée à tabac sans que je le sache. Je n'ai rien vu. Comment ni moi ni le reste de ma famille n'avons-nous pu ne rien percevoir, ne rien sentir et ne rien voir venir ? Nous sommes bouffés par la culpabilité. Un sentiment de honte m'envahit, et je me dégoûte de ne pas avoir su la protéger.

Je comprends mieux pourquoi c'était de plus en plus souvent son mari qui répondait à son portable, pourquoi elle disparaissait parfois dix à quinze jours... le temps que les traces s'effacent.
Je suis incapable de prendre le volant, mon corps est comme glacé, mes jambes flageolent, j'ai une haine indescriptible.
Les seules choses qui sortent sont un cri strident de douleur et des insultes hurlées. Tout ce que j'ai à frapper, c'est le volant de ma voiture. Derrière les vitres embuées, j'écoute le récit glaçant de ce que ma petite sœur Sarah a enduré.

Peu importe le discours de Nicolas Sarkozy, mon introduction sera dédiée à Sarah, à mes petits bouchons, Assya, Jassim, Sabrine et à toutes les victimes.
Sarah et ses enfants ont mis du temps à se reconstruire après ça, le chemin a été long et douloureux pour sortir la tête de cette noyade mentale.
Je suis très fière d'eux, de leur courage, de leur combat et de la force de leur lien, devenu petit à petit indestructible.

Madame Burbeurysée, quant à elle, finit par m'envoyer le discours du ministre de l'Intérieur, trop tard, bien sûr, et surtout pas sur ma boîte mail personnelle ou celle de mon agent.
Non !
C'est le service des relations publiques de France Télévision qui m'appelle pour m'informer de la réception du mail indiquant : « Chère Ness, voici le discours de Nicolas Sarkozy pour le débat que tu animeras pour lui... ».

Pourquoi a-t-elle fait cela ? Pour que le président de France Télévision en soit informé. À l'époque, Patrick de Carolis est un chiraquien, il déteste Nicolas Sarkozy. Elle entretient donc l'espoir de me mettre ainsi sur un siège éjectable.
Mission accomplie, Miss Burbeurysée.
Mon crime était d'avoir défendu une noble cause et, si c'était à refaire, je signerais demain.

Quelques mois plus tard, le 15 mai 2007, soit la veille de l'élection présidentielle qui oppose Jacques Chirac à Nicolas Sarkozy, je suis chez moi, et reçois un coup de téléphone lunaire. Il est environ vingt et une heures trente, et c'est le ministère de l'Intérieur qui m'appelle : « Nicolas Sarkozy souhaiterait que tu présentes le rassemblement populaire demain. » Je mets du temps à réaliser et à digérer la nouvelle.

Nicolas Sarkozy, opposé à Jacques Chirac, est annoncé vainqueur dans les sondages et, au vu de l'appel que je reçois, pour eux l'histoire est déjà pliée.
Quand on vous demande de faire votre job pour le président de la République Française et que vous n'êtes ni Oprah Winfrey, ni Johnny Hallyday, difficile de refuser.
Après tout, c'est mon job, et puis la perspective de vivre de l'intérieur ce moment de l'histoire aiguise ma curiosité.
Tout doit rester confidentiel, on me dit que je recevrai les instructions en temps et en heure. Je m'endors perplexe… C'est presque irréel.
En fin de matinée je reçois les premières instructions : convocation fin d'après-midi, place Beauvau au ministère de l'Intérieur, et je dois être prête à intervenir.
J'emmène avec moi mon confrère et ami, le grand reporter Karim Baila, pour ce qui va être ma deuxième séquence *House of Cards*.
En chemin, nous sommes pris d'une crise de fou rire nerveux qui ne va plus nous quitter.
Arrivés place Beauvau, nous sommes réunis dans un bureau avec les conseillers du ministre de l'Intérieur. Les yeux rivés sur l'écran de TF1, nous attendons dans un silence religieux les résultats des élections. Avec Karim, nous hallucinons du décalage de la situation, et réprimons notre envie de rire.
J'attends que l'on me donne un conducteur de la soirée, un déroulé, une programmation d'artistes ou d'intervenants, mais toujours rien.
Il est vingt heures, les résultats tombent, Nicolas Sarkozy est élu président de la République. Le silence est subitement interrompu par les applaudissements, les cris de joie et les accolades de son équipe, et tout s'accélère pour nous. Il faut rejoindre tout de suite la place de la Concorde.

Munis de nos badges d'accès, avec Karim, nous nous rendons sur place à pied. Le parcours est désert et le quartier est déjà totalement bouclé par les forces de l'ordre. Nous arrivons sur place, la Concorde est déjà prête à accueillir la foule. Une immense scène est installée, les cars-régies sont là, et les caméras grues qui balaient l'espace sont déjà en test. Le dispositif est impressionnant. Je me sens minuscule au milieu de tout ça. Petit hic, avec Karim, nous sommes totalement livrés à nous-même. Pas de traces de producteur, de régisseur, de programmateur ou d'assistant-réalisateur. Je ne sais même pas qui est aux manettes en régie. Aucune consigne, aucun conducteur.
C'est un peu la panique, d'autant que la place de la Concorde commence à être bondée. Alléluia, nous découvrons les loges ! Et peut-être de l'aide ? J'aperçois Frédéric Lefèvre. Il est l'un des « Sarko *boys* », l'un des hommes forts du cercle proche de Nicolas Sarkozy qui ont emmené l'homme politique jusqu'à la présidence.
Frédéric Lefèvre a l'air aussi perdu que moi. Je comprends alors qu'il va falloir tout faire à l'improvisation totale, sans aucun repère ni filet. Johnny Hallyday vient d'arriver dans sa loge. Mireille Mathieu aussi, après avoir fait arrêter le TGV qui la conduisait en province.

Je monte sur scène, devant une foule compacte. La place de la Concorde est noire de monde, jusqu'à l'avenue des Champs-Élysées. À ma droite, sur la scène, je découvre un piano près duquel, bien caché du public, est sagement assis l'un des poids lourds de l'industrie musicale, Pascal Nègre, le patron d'Universal Music France. L'image a quelque chose d'inimaginable.
La programmation des artistes se fait minute par minute, en *live*. C'est Frédéric Lefèvre qui assure donc le job de programmateur artistique. Il passe son temps à courir entre les loges et la scène, le téléphone greffé à l'oreille.
Tout est tellement confus qu'il faut combler les vides sur scène, mais pas façon programme musical. Cela tient plus du rôle de chauffeur de salle de *meeting* politique, car celui que tout le monde attend, la star du soir, c'est Nicolas Sarkozy.
Crier « Nicolas, Nicolas, Nicolas ! » n'était pas prévu au programme. Ce n'est pas mon job. J'ai l'impression de basculer dans un spectacle de Chantal Goya.
Je ne sais tellement pas faire ce genre de choses que la situation commence à me peser, à me stresser, et j'arrive même sur une séquence à nous situer « place Vendôme » au lieu de « place de la Concorde ». Tout est tellement bordélique !
Sarkozy n'est toujours pas là, et ce qui devait être une curiosité, une autre expérience, devient un boulet difficile à supporter.
Toutes les deux minutes, Frédéric Lefèvre m'annonce son arrivée, sauf que le président de la République fraîchement élu reste aux abonnés absents.

Dans la fosse, j'aperçois Laurent Solly, son directeur de cabinet. Il sourit, bon enfant, et vit l'instant d'une manière presque candide. Lorsque je l'aperçois, je ne peux m'empêcher de penser que quelque chose ne tourne pas rond. Pourquoi ne sont-ils pas avec le taulier, eux qui sont si proches, eux qui ont été d'une fidélité sans faille, eux qui ont œuvré pour le hisser à la fonction suprême ? Ils font partie de sa garde rapprochée dans tous les sens du terme, que font-ils dans cette galère ?

Sur scène, j'annonce Faudel, qui interprète le titre *Mon pays*.
En quittant la scène, nous échangeons des sourires complices avec Pascal Nègre, qui attend, lui aussi.
Au moment de remercier Faudel sur scène, les cris de la foule s'emballent, nos voix sont quasiment masquées par les hurlements de ces dizaines de milliers d'âmes. Je tourne la tête, et là, sans que personne ne m'informe de quoi que ce soit, j'ai sous les yeux le président Sarkozy. Il se précipite sur moi et m'enlace comme si nous étions copains comme cochons.
Surprise, je jette un œil interrogatif vers Faudel, et là, je comprends tout !
Sarkozy avait fait une campagne très à droite, quoi de plus belle première image que celle de Sarkozy président entouré de deux Arabes pour envoyer un message fort, celui d'être le président de tous les Français et de toutes les communautés. Un message positif envoyé au monde. J'aurais juste aimé être consultée.

Très vite, Nicolas Sarkozy est rejoint par Cécilia et leur fils. Mal à l'aise, je préfère me retirer vers le fond de la scène. Je ne veux pas être sur la « photo ».
De ma place, je vois un autre spectacle se jouer.
Les ministres et têtes d'affiche de l'UMP se précipitent comme des midinettes hystériques à un concert de Justin Bieber. Ça court, ça se bouscule pour être au plus près de leur « idole ».
Parce que c'est comme ça qu'ils le regardent, comme une idole, un dieu, un super-héros. Devant ce bal très amusant de personnalités politiques ayant laissé leur dignité aux vestiaires des pom-pom girls, je vois Brice Hortefeux se prendre les pieds dans un énorme retour-son posé au sol et se vautrer, avant de se relever en mode « même pas mal ! » pour terminer sa course de champion vers la meilleure place.
Ils étaient tous si drôles, si touchants, et finalement, si humains.
Les personnalités les plus détachées sur cette scène un peu hystérique sont Cécilia et ses fils.

Tout ce beau monde quitte la scène avec NIIICOOOLAS ! direction la fameuse soirée du « Fouquet's ».
Avec Karim, Fréderic Lefèvre et Laurent Solly, nous restons dans les loges en compagnie des artistes pour faire redescendre la pression. Le public se disperse doucement. Les artistes quittent la Concorde, et nous filons chez mon ami Tony Gomez à l'Étoile, aujourd'hui l'Arc. Les sourires des deux « Sarko *boys* » sont sincères, mais les regards sont souvent pensifs, perdus entre joie et déception. Je décide de ne pas aborder le sujet, car il est des moments où il faut avoir l'élégance de respecter certains silences.
Ce que je retiendrai d'eux, c'est une fidélité sans faille à leur mission, beaucoup d'humilité, une proximité réelle avec la « vraie » vie, celle-là même que l'on retrouve chez les gens qui mettent réellement la main dans le cambouis.
Comment ressortir de cette expérience sans un *a priori* certain ?
Côté fidélité, Nicolas Sarkozy pouvait aller se rhabiller. Cette soirée ne transpirait que trahison et ingratitude, venant d'un homme qui n'a jamais cessé de clamer sa fidélité aux siens. Durant son parcours politique, un adjectif lui colle aux basques, celui du traître et ce soir-là, il n'a jamais aussi bien porté ce titre.

Je n'ai jamais été encartée politiquement.
Depuis l'émission *Y'a Débat* en 1995, j'avais compris que la politique était avant tout un jeu de pouvoir et de lutte permanente pour le garder. Et ce que j'ai vu depuis me l'a bien confirmé.
La démocratie mérite que l'on retienne uniquement les idées et les projets forts dans l'intérêt de la nation et de celui du citoyen.
Le milieu politique est un monde sans foi ni loi, composé de requins prêts à tout pour conserver leurs petits pouvoirs, leur confort, leurs chauffeurs, les cocktails dans leurs ministères, livrés par les grands traiteurs parisiens, tout cela aux frais du contribuable « vache à lait ». À quoi bon avoir dans les ministères toutes ces cuisines, tous ces chefs et leurs brigades, ces caves de grands vins ? Comme dans une chasse à l'homme, dans cette petite cour monarchique, chacun est prêt à écraser l'autre pour sauver son titre de noblesse.
Toutes les idées qui peuvent nous hisser vers le haut, qu'elles viennent de gauche comme de droite, doivent servir l'intérêt de la démocratie et de sa République.
La réal politique, le buzz pour le buzz, et la chasse au pouvoir pour le pouvoir, sont les pires ennemis de toute démocratie. Mais sont-elles encore ce que l'on appelle une démocratie ?

19

CONCLUSION

L'écriture de ce livre a été l'occasion incroyable de redéployer le tapis de mon histoire et de la découvrir avec un autre regard.
Un isolement total avec un compagnon étrange, que j'ai rencontré dès la première ligne, et que j'ai appris à apprivoiser. Il s'agit de l'immense escalier de ma mémoire. Il m'a permis de plonger à des niveaux insoupçonnés et d'y ouvrir des tiroirs inconnus, des tiroirs scellés, y rencontrer ma colère enfouie dans des sous-tiroirs, inconsciemment cachée dans les profondeurs. Après chaque chapitre douloureux, je plongeais sans aucun contrôle dans un coma de deux heures précises, comme s'il s'agissait du temps exact qu'il fallait à mon nouvel ami pour remettre tout à sa place et ne laisser aucune trace.

La télévision et sa lumière sont un reflet de la société, version exacerbée. Quand tout brille, la lumière vous transporte et vous fait voyager dans un monde fantastique, toucher du doigt des moments que peu de personnes peuvent ne serait-ce qu'imaginer. Perché parmi les étoiles, vous vous sentez peu à peu devenir intouchable, presque immortel. Mais si vous n'êtes pas armé d'un socle solide, les pieds bien ancrés au sol, vous vous noyez dans cette folie douce, sans imaginer la vitesse de la chute ni la violence de l'impact.

Comment tu as fait ? Une question des milliers de fois posée, aussi bien par des Leila, Chloé, Bertrand, Rachid, Diango, Yuan, et à laquelle j'espère avoir un peu répondu.
Les parcours, quels qu'ils soient, sont tous une question d'objectif et dépendent de la force de l'intention que l'on y met. Il faut le porter aux tripes. Le mien était de rendre hommage à mes parents, les rendre fiers et heureux. C'était viscéral, et la télévision est arrivée sur le chemin de cette ambition totalement par hasard.

C'était aussi de retourner la tête haute dans le pays qui m'avait vue naître et quelque part, remplir le contrat des attentes de notre roi.
Il faut être armé mentalement, ne jamais rien lâcher, rester debout même devant l'innommable. Apprendre à gérer son égo, mettre le mauvais à la poubelle et ne garder que l'égo « haut », le bon égo, celui qui vous permet d'avancer en vous libérant du regard des autres. Avancer, c'est aussi savoir dire « non », ne pas tomber dans les amitiés factices et énergivores. Avancer, c'est ne pas baisser les bras devant la traîtrise, les coups bas, les êtres sans foi ni loi. Les amitiés sont rares et seul le temps les détermine et les passe au tamis pour ne vous laisser que les meilleures.
Avancer, c'est se bagarrer pour vos idées, prendre des risques, oser le culot ! Tant que vous ne risquez ni la taule, ni la mort, qu'avez-vous à perdre ? Rien.
Avancer, c'est l'humilité d'apprendre de tous, tout le temps, jusqu'à la mort.
Avancer, c'est savoir prendre du recul, prendre le temps de s'observer et observer le monde avec un autre angle, avoir une autre vision, se remettre en question car il n'y a rien de pire que le fait de rester sur ses acquis pour tout planter.
Enfin, avancer c'est d'abord accepter tout son être, ses composantes, être soi-même dans un monde qui vous prépare à tout, sauf à être soi-même, croyez-moi, ça fait toujours mouche !

J'ai aussi découvert ma colère, moteur inconscient, pour retourner la tête haute au Maroc, pays qui m'a vu naître et que j'adore.
C'est aussi l'histoire d'un conditionnement fort dès l'enfance. Apprendre à se dépasser, et à s'adapter en permanence aux différentes situations.
Petite générale de mes parents, la responsabilisation dès l'âge de six ans, et la prise de conscience de la réalité de la vie sont les composantes essentielles de ce qui a fait de moi l'adulte que je suis.
L'importance des mots que nous glissons dans les oreilles de nos enfants dès qu'ils viennent au monde sont cruciaux pour la façon dont ils vont se construire, et vont déterminer qui ils seront une fois adultes, ainsi que la confiance qu'ils auront en eux.
Le « mille et un hommes » de mon père en est la preuve incontestable. Un ancrage d'une force dont on ne soupçonne pas l'impact sur mon fonctionnement. Cette phrase, cet échange, a absolument tout rendu possible. Les yeux rivés sur l'objectif, je n'avais pas le temps de penser aux obstacles.

J'étais une jeune femme marocaine pratiquement née en France, carte de séjour et passeport marocain en poche. C'est pourtant France 2, chaîne puissante du service

public français qui va me mettre à l'antenne au début des années quatre-vingt-dix. Derrière mon mètre soixante-deux, mon visage encore rond, celui que l'on garde un peu après l'adolescence, mes longues boucles et mes binocles ronds, personne ne m'a jamais demandé ni mes papiers, ni de changer.
C'est aussi ça, la France!
C'est elle qui a rendu cela possible et je ne l'oublie pas!
Si elle l'a fait pour moi, alors elle peut le faire pour tous! Si j'ai pu avoir le parcours que j'ai eu, alors tout le monde peut y arriver. Il suffit juste de porter son avenir dans la tête et dans les tripes. À condition d'être fier de ce que l'on est, d'où l'on vient, qui que l'on soit, Pierre, Zineb, Manuel, grand, petit, rond, provincial, quelle que soit l'origine sociale, sans porter son identité comme on porte un fardeau et faire abstraction de tout élément qui puisse venir parasiter la trajectoire. Se retrousser les manches, ne pas compter ses heures et être très exigeant avec soi-même.

Le plus difficile à la télévision, c'est d'arriver à y mettre le pied. C'est un univers très fermé, un monde de réseau où l'on apprend tout ou presque sur le terrain, et c'est aussi ça qui rend ce monde extraordinaire. Vous pouvez sortir d'une école de journalisme et être un piètre journaliste comme être totalement novice et avoir ce don de l'analyse, de la recherche et de la curiosité. Se rendre toujours disponible et surtout être capable d'avoir un point de vue qui soit votre signature est indispensable pour devenir un excellent journaliste.
C'est l'un des rares milieux qui permet des ascensions fulgurantes. Pour évoluer dans cet univers, il faut être solide, garder les pieds bien ancrés au sol et maîtriser l'art de détecter puis de rejoindre les microréseaux d'influence. C'est très amusant à observer de l'extérieur, sociologiquement c'est passionnant, et sur le terrain ça donne lieu parfois à la promotion d'incompétents sympathiques.
Pour durer dans ce monde, il est important de ne pas se couper de la « vraie vie » et des « vraies gens ». Ils sont la meilleure source d'inspiration. Avoir un émotionnel et un mental d'acier, une humilité constante pour apprendre de tous et tout le temps.

Cet outil incroyable qu'est la télévision garde sa force de frappe. Il est un vecteur puissant de transmission des idées. Un outil fabuleux mais à double tranchant quand il est entre de mauvaises mains.

J'écrivais en préambule que j'avais éteint mes écrans, oppressée par le climat délétère qui y régnait. Nous avons chacun la responsabilité de ne pas rester passif devant l'intolérable. Il ne peut y avoir de banalisation de la haine, car elle finira par projeter tout un monde contre un mur…

Avez-vous déjà lu les cent questions de l'entretien en préfecture pour une demande de naturalisation ? Elles reprennent essentiellement des points historiques importants et les valeurs fondatrices de la République.

Lorsque j'observe certains plateaux de télévision, certains articles, certaines propositions des hommes politiques, j'ai bien l'impression qu'aucun d'entre eux n'aurait été digne d'être naturalisé français.

Les réponses principales étant les principes fondamentaux de la République et le respect de ses lois, je me demande alors comment le processus légal de dépôt de candidatures à la fonction suprême peut laisser la voie libre à un Éric Zemmour, s'il ne respecte pas lui-même les réponses obligatoires à la naturalisation française ?

Je veux bien que l'on m'explique cette aberration qui crache sur les principes qui font la grandeur de la France. Nous avons une chance inouïe de vivre dans ce pays dont beaucoup ont oublié l'essence, l'ADN. Tout part en vrille comme dans une chute incontrôlable vers le néant. Que laissons-nous à nos enfants ? J'éprouve une honte crasse car ils sont indignes de se dire français.

Ce livre est aussi un appel à certains journalistes, je ne suis rien qu'une petite voix qui ne prétend pas détenir des vérités absolues, mais devant le grand n'importe quoi auquel nous assistons, il est temps pour chacun de nous de dire « STOP » !

Avoir une carte de presse vous rend responsable, vous donne un rôle important dans la garantie du bon fonctionnement démocratique. Alors, à moins que vous n'ayez signé la charte d'éthique pour la bafouer, je ne comprends pas. Pour les plus jeunes, je sais que les places sont chères, les salaires sont loin de faire rêver, mais, bordel, ne laissez pas faire ça ! Pas dans le pays de Jean Zay, de Germaine Tillion, de Pierre Brossolette, de Jean Moulin et tous les autres !

Nous avons tous notre responsabilité et notre rôle à jouer en tant que citoyens de France ou du monde. Se taire, c'est être complice. Se taire, c'est laisser faire. C'est observer la toile qui se tisse, comme un piège dans lequel nous allons tous tomber, celui de la division. Nous avons le devoir de pas tomber dans cette toile dégueulasse que l'on tisse sous nos yeux depuis trop longtemps.

Je sens parfois venir l'odeur nauséabonde des siècles sombres, ces espaces-temps baignés de sang, pour une croyance ou une religion. Sommes-nous devenus amnésiques ? Avons-nous oublié combien l'humain, facilement manipulable à coups de propagande à répétition, pouvait basculer comme des milliers de moutons dans l'innommable ? Juifs, musulmans, chrétiens, bouddhistes, athées, qu'est-ce qu'on s'en fout ! Que chacun puise sa spiritualité dans le respect de l'autre !

Je suis de culture musulmane et ma foi est de l'ordre de l'intime. Elle est entre moi et Dieu. Un seul dieu, celui de tous les hommes, avec toutes leurs différences. L'Islam n'a pas de clergé, chacun est donc individuellement responsable de sa lecture et de son rapport au Coran. J'ai été biberonnée à un Islam de la paix. Celui qui appelle au combat avec soi-même et sa propre conscience. Un combat spirituel, mais aussi philosophique, une sorte d'autoanalyse, une remise en question de sa pensée et de son être vis-à-vis du monde. Une religion du partage avec l'autre, quel qu'il soit et d'où qu'il vienne. Mon Islam est celui du Maroc, pays dans lequel règne un roi qui est aussi commandeur des croyants, et protecteur de tous les croyants. Entouré des meilleurs théologiens et scientifiques de l'Islam, voilà ce que répondait feu le roi Hassan II au sujet de l'infériorité des femmes dans l'Islam : « Il ne saurait y avoir d'interprétation ni d'imam, ni d'émir des croyants, ni de moufti, ni de quiconque. La loi coranique comme celles des traditions du prophète est claire : l'homme et la femme sont des frères siamois devant les droits et les obligations, il n'y a rien qui justifie la sujétion ou l'infériorité de la femme. » *L'heure de vérité* – 17/12/1989.
C'est dans cet Islam-là que j'ai grandi. Quant à l'Islam d'Europe, il est devenu une sorte de bouillon de cultures différentes. L'Afrique du Nord n'est pas le Moyen-Orient ni l'Asie, le Maroc n'est pas l'Iran, etc. Ajouté à cela l'ingérence des pays comme le Qatar et l'Arabie Saoudite, qui distillent leur wahabisme dans les quartiers à coups de milliards de dollars. Leur cible : nos gamins. Perdus, sans repères, en quête d'identité et ignorants. Pourquoi ignorants ? Parce qu'ils ne lisent pas l'arabe et la plupart ne maîtrisent même pas le dialecte du pays d'origine de leurs parents. Leur seule langue, c'est le français. Ils sont donc les cibles idéales de ces sombres prédateurs.

Partout dans le monde, l'ignorance, l'exclusion et la misère sont les terrains de chasse favoris des VRP du wahabisme et de leurs extrêmes.
Le résultat de plusieurs décennies d'inaction, d'échec des politiques et un immense carnage en termes de construction des identités. L'exclusion et le rejet induisent de manière sournoise une négation d'office de toute notion d'appartenance à l'identité française, à l'État nation de tout un pan de notre jeunesse. Un parcage en bonne et due forme de ces bâtards de la République.

Je refuse que l'on continue à me pointer du doigt, que l'on me salisse directement. C'est à nous, musulmans, de taper du poing sur la table, de refuser ces raccourcis et de reprendre le contrôle de notre image. Enfermés dans un seul et même prisme, celui de la violence sanguinaire, celui de la volonté d'islamiser la République quand la quasi-totalité des musulmans n'y ont même jamais songé. Les termes utilisés comme par exemple, le grand remplacement ou la charia comme loi de la République frôlent le ridicule et l'aberration pour la quasi-totalité des musulmans de France, qui participent à la vie sociale et économie d'un pays qu'ils considèrent comme le leur. La plupart sont patriotes et ont la France dans les tripes. Un pays dont ils respectent les valeurs, des valeurs dont ils ont conscience de l'importance qu'elles ont eue dans leur vie.
Il existe une poignée de psychopathes qui rêvent d'une conquête islamique de l'Europe, oui, mais comme tout danger, c'est un combat commun que nous devons mener contre cette folie. Certains plongent dans une incroyable schizophrénie, entre les discours religieux extrêmes et tous les interdits qui vont avec, le web et son lot de pornographie servie à volonté arrosé de certains morceaux de rap servis par des révolutionnaires de studios.
Pourquoi ce qui tente d'être fait en France dans l'intérêt de la sécurité et la stabilité du territoire, choque, alors que pour le Maroc, par exemple, la réforme du champ religieux représente un réel projet sociétal ?
Pour Le roi Mohammed VI, dès 2004, l'objectif est l'impératif constitutionnel de préservation de l'unité nationale. En 2010, il met en place avec le conseil des oulemas, une mise à niveau de l'encadrement religieux. Dans le souci de préserver le référentiel religieux du Maroc basé sur la modération, la tolérance et le juste milieu, et de le prémunir contre les tentations de l'extrémisme, de l'ostracisme et des excès.
Ainsi qu'on pouvait le lire dans l'article du journal *Atlas Info* daté du 26 juin 2010 : « Le Maroc s'est basé dans sa démarche de rénovation du champ religieux sur une stratégie intégrée, globale et multidimensionnelle, comprenant trois volets : l'institutionnel, l'encadrement et l'éducation islamique authentique. Il va aller plus loin encore en impliquant les femmes jusqu'au haut conseil des oulemas. Une juste consécration pour le roi Mohammed VI, étant donné la place reconnue à la femme dans la révélation et la tradition prophétique, en ce qu'elle est l'égale de l'homme en matière de prescriptions. »

En 2021, sans être tombés dans le piège des printemps arabes, sans violence, les Marocains finiront par mettre à la porte du pouvoir les islamistes politiques avec pour arme, leurs bulletins de vote.

En France, les musulmans n'ont pas de conseils de vrais scientifiques religieux, pourquoi ne nous rapprochons-nous pas de pays comme le Maroc, dont le spirituel et l'ouverture sont bien plus proches des valeurs de la France dans la notion de tolérance, d'ouverture et de respect ?
Lorsque je fais des veilles pour observer le monde digital, j'entends des choses comme : « On n'est pas des oubliés, on n'existe pas ! » On ne peut plus laisser dire ou penser ça. À tous ceux qui sont allés chercher leur rêve, nous devons témoigner de tous les possibles. La France n'est pas un pays parfait, mais sur bien des aspects, c'est un pays extraordinaire.

C'est lorsque l'on voyage que l'on prend le temps d'écouter les rues du monde et que l'on se rend compte que nous avons tout, l'essentiel et le plus important. Pourtant, nous continuons à pleurer comme des pisseuses.
Si tu veux t'en sortir ou crever en maronnant, c'est ton choix et ton choix seul. Chacun est maître des décisions qu'il prend ou pas pour sa vie. Personne ne te met un flingue sur la tempe pour accepter de ne rien tenter ou choisir la facilité. Le rêve de ton voisin n'est pas le tien, et ses blocages non plus. Si tu baignes dans un univers de complaintes et de discours victimaires, alors tu crèveras dedans. Cela s'appelle se trouver des excuses, être en échec avant d'avoir levé le petit doigt.

Tout ça pourquoi ? La peur du jugement des autres ! L'égo tue toutes les ambitions. Quand on veut réussir, il faut savoir être totalement hermétique au jugement des autres. Ne pas avoir peur de l'échec, car c'est comme ça que l'on devient grand et que l'on se tient fièrement droit et debout sur ses jambes. Ce qui nourrit, c'est ton expérience, ce ne sont pas les remarques des gens aigris qui restent figés dans leurs frustrations. Pour avancer, il faut aussi avoir le courage de se couper de son environnement premier, car faire du surplace n'a jamais fait avancer personne.

Je suis une immigrée marocaine et comme je l'ai dit dans ce livre, pour moi l'immigration choisie n'est pas un gros mot. Cela permet d'être reçu avec dignité. Lorsque j'entends le mot « camp », cela me glace les tripes. Toutes ces âmes errantes vivant dans des conditions humainement inacceptables, ce n'est pas ça la France, et ce n'est pas pour vivre ça que l'on se déracine. La plupart de ces personnes refuse de se laisser filmer le visage par honte, honte d'être reconnu par les siens restés au pays, car partir c'est réussir, c'est forcément pour mieux, pas pour vivre sous des tentes de fortune dans la rue ou dans des camps. Il y a ceux qui fuient la misère et ceux qui cherchent

la sécurité en fuyant les zones de guerre. Zones de guerre dans lesquelles nous avons été souvent impliqués pour des raisons clairement douteuses. Ce flux migratoire n'est que le résultat de nos indécentes ingérences et chaque pays impliqué doit en assumer les conséquences.
L'immigration est un enjeu pour demain. Lorsque l'on prononce de manière insistante le mot « grand remplacement », on omet de préciser que la pyramide des âges de l'Europe est clairement à l'envers.
En termes de démographie, le vieux continent va bientôt franchir la ligne rouge. Plus de jeunesse pour travailler, cela veut aussi dire plus d'actifs pour payer les retraites et les différents droits sociaux. Économiquement, cela sent le roussi.
La France comme les autres pays aura besoin de sang neuf, d'où le vrai motif de la panique généralisée autour d'une Europe islamisée par cette migration pourtant vitale.

Question : toute nation est-elle souveraine dans ses droits à imposer les conditions de résidence sur son territoire ? Si oui, alors elle doit juste être claire et transparente sur ses objectifs et conditions d'accueil. Demain, les ressources humaines seront sur le territoire africain, pendant que nous abandonnons le peu de jeunesse qu'il nous reste en stock. Les politiques sont hors-sol, trop occupés à faire leur communication sur Twitter, et laissant l'action au placard.

Notre jeunesse est perdue entre deux mondes, le monde physique encadré par des lois et le monde virtuel sans foi ni loi, un immense espace sans limites ni frontières et dans lequel les repères volent en éclats. Un espace fourre-tout dans lequel coexistent pépites et aberrations en tout genre. Je ne suis déjà pas partisane du modèle actuel des sondages, de leur mise en lumière à outrance et de leur impact sur une démocratie. Mais je suis horrifiée de constater que les réseaux sociaux organisent eux-mêmes des sondages sur leur plateforme, tout en sachant pertinemment que certains utilisateurs possèdent plusieurs comptes, dont beaucoup sont anonymes… Certaines personnes très en vue font également des sondages via leur compte et balancent les résultats comme une réalité…

Si les réseaux sociaux ont un réel impact sur le *process* démocratique, alors il est impératif qu'ils soient mieux encadrés.

Voilà l'histoire et le monde de la première femme d'origine arabe en *prime time* sur des chaînes majeures occidentales. J'ai livré mon parcours pour que chacun puisse y puiser de l'inspiration. Pour faire taire les vendeurs de l'impossible et témoigner de l'extraordinaire capacité de l'humain à se dépasser.
Il y a eu des hauts, il y a eu des bas, il y a eu des rencontres incroyables comme improbables et parfois cruelles et violentes.
J'ai appris sur moi et mes qualités, mais aussi à travailler mes défauts comme l'impatience, à être moins exigeante et moins dure avec ceux qui ne vont pas au même rythme que le mien, à être moins « maladivement perfectionniste », et à ne pas imposer aux autres mes généralités.
Il y a eu des moments douloureux, ceux qui vous laissent en vrac. Il y a eu beaucoup de passion dans chaque chose que j'ai vécue ou entreprise. Je ne regrette rien car chaque minute m'a appris des choses sur moi, et a participé à créer les facettes qui me composent aujourd'hui.
Je continue d'apprendre, je continue à observer le monde pour mieux l'anticiper. Les médias, pour moi, aujourd'hui, c'est dans l'ombre que je les côtoie, et que je les étudie. Forte de ce que la lumière m'a apporté, je peux transmettre mon savoir, ma connaissance et mes techniques. En allant étudier en Suisse, j'ai ajouté un bagage immense à mon expérience, ce qui me permet d'aller plus loin dans mes missions d'accompagnement ou de conseil.
Aujourd'hui, je veux aussi me centrer sur l'humain et l'écoute. Faire des conférences, partager mes connaissances. M'associer avec mes mentors Michel Wozniak et Nathalie De Marcet autour d'un très beau projet.
Je remercie Dieu et mes parents pour les valeurs fortes qu'ils m'ont transmises et qui m'ont accompagnée à chaque instant. Ces valeurs sont le socle commun de tous ceux qui viennent de loin et qui ont réussi. Ce constat, je l'ai fait dans l'émission *VIP CLUB* avec des dizaines d'invités, des dizaines de réussites venant de tous les univers et de toutes les ethnies. Tous habités par les mêmes valeurs de réussite, de travail, de respect, mais aussi de reconnaissance et d'amour profond pour les parents et leur histoire.

La vie a son lot de moments enchantés et de claques en pleine gueule, celles qui vous sonnent, puis celles qui vous mettent KO. Quelle que soit la claque que vous prendrez, c'est elle qui vous fera grandir et vous permettra d'avancer.

Avancer suppose de ne pas passer son temps à se lamenter. Il n'y a aucune place pour la victimisation, elle est votre pire ennemi. Vampire assoiffé, elle ne fera que vous voler ce que vous avez de plus précieux : le temps.

TABLE DES MATIÈRES

N° d'impression : 168052
Achevé d'imprimer en février 2022 par CPI Firmin-Didot en France